Bernd A. Mertz
Liebe – Opfer – Magie

Bernd A. Mertz

Liebe – Opfer – Magie

DER MENSCH ALS GEHEIMNIS DES KOSMOS
DIE PRAXIS DER ESOTERISCHEN HOROSKOPDEUTUNG

Edition Astrodata

Copyright ©1993
Edition Astrodata, CH–8907 Wettswil
Alle Rechte vorbehalten

Lektorat: Hans-Heini Lanz
Herstellung: Armando Bertozzi
Satz: Noriam Publishing Service, CH–Dagmersellen
Druck: Freiburger Graphische Betriebe, D–Freiburg i. Br.
Horoskope: Astrodata AG, Zürich (Mertz-Aequal-Methode)
Umschlagbild: Image Bank

ISBN 3-907029-25-9

Inhalt

Wozu dieses Buch? 7

Erster Teil

Die Magie der Astrologie 13
   1 Was heisst Magie? 15
   2 Magie und Astrologie 17
   3 Die Praxis der esoterischen Astrologie 19

Die esoterische Bedeutung der Planeten 21
   4 Mond: Die Seele, die Opfer fordert – die Seele, die sich opfert 25
   5 Sonne: Das Ziel in dir – der Weg zum Sein 36
   6 Mondknotenachse: Bäume wachsen nicht in den Himmel 44
   7 Venus: Die Liebe des Himmels – die Liebe auf Erden 49
   8 Merkur: Das Denken als Geschenk des Himmels 59
   9 Mars: Der unbändige Selbsterzieher 66
 10 Jupiter: Die Schatzkammer in dir 73
 11 Saturn: Mach den Hüter der Schwelle zu deinem Freund 81
 12 Uranus: Die Intuitionals Flügel des Ikarus 88
 13 Neptun: Vom animalischen Instinkt zur einfühlenden Inspiration 95
 14 Pluto: Der unbewusste Trieb zur Macht 103

Zweiter Teil

Die esoterische Bedeutung von Tierkreis, Häusern und Aspekten 115
 15 Die Fiktion des Tierkreises: Die Färbung der Kräfte 117
 16 Die Häuser: Die Landkarten deiner Interessen 122
 17 Die Wandlungsachse des Ichs: Haus 1 und Haus 7 124
 18 Die Wertachse: Haus 2 und Haus 8 130
 19 Die Missionsachse: Haus 3 und Haus 9 133
 20 Die Erb- oder Karmaachse: Haus 4 und Haus 10 140
 21 Die Kreativachse: Haus 5 und Haus 11 144

22 Die Leidachse: Haus 6 und Haus 12 ... 150
23 Die Aspekte: Äussere Anblicke und innere Ausblicke ... 156
24 Genie und Last: Von der Täuschung zur Hellsichtigkeit ... 163

Die Planeten-Partnerschaften ... 169
25 Verleugne deine Schatten nicht ... denn erst zwei sind ein Ganzes ... 171
26 Sonne und Mond: Geist und Seele ... 175
27 Merkur als Morgen- und als Abendstern: Vom Alltag zur Philosophie ... 179
28 Venus als Morgen- und als Abendstern: Reale und höhere Liebe ... 184
29 Mars und Pluto: Der helle und der dunkle Trieb ... 190
30 Jupiter und Neptun: Entfaltung und Inspiration ... 194
31 Saturn und Uranus: Bewahrung und Aufbruch ... 201

Der vorgeburtliche Neumond ... 203
32 Die archetypische Aufgabe in dir ... 205
33 Deutungsbeispiele ... 207

Ausblick ... 216

Literaturverzeichnis ... 218

Horoskopquellen ... 219

Wozu dieses Buch?

In der Astrologie gibt es drei Hauptrichtungen:

Richtung I: Die Ereignis-Astrologie
Diese Richtung ist nach wie vor die am meisten verbreitete. Die Fragenden wollen möglichst präzis wissen, wann dieses und jenes geschieht, wann geheiratet wird, wann welche Krankheit droht, wann ein Lottogewinn ins Haus steht etc. Seit der Zeit der alten Römer beherrscht diese Richtung bis heute die Astrologie, was nicht wenig dazu beitrug, dass sich viele von der Astrologie abwandten oder die Sterndeutung sogar bekämpften.

Johannes Kepler, einer der grössten Astrologen und Astronomen, der stets für die Astrologie eintrat, verurteilte die Ereignis-Astrologen aufs schärfste. So schrieb er in den *Harmonices mundi,* IV. Buch, 7. Abschnitt, die Hauptursache für die Irrtümer der Horoskopie läge darin, dass sich die «landziehenden Astrologen» in ihrer Torheit, die «an Wahnsinn grenzt», nicht als «Schauende zu einer urbildhaften Auffassung der Gestirnseinflüsse durchringen können; sie tun so, als kämen die Auswirkungen der Gestirne ganz stofflich und mechanisch mit Haut und Haaren vom Himmel herab, obwohl die Gestirne im Himmel verbleiben und uns, abgesehen von den Sonnenstrahlen, nichts Sinnfälliges heruntersenden».

Kepler betonte ferner, dass die «grob stoffliche Auffassung» der «Gestirnseinflüsse dann zur sprudelnden Springquelle des hässlichsten astrologischen Aberglaubens wird, was das eigensüchtige Gewinnstreben begünstigt, was die Horoskopie verächtlich und die Horoskopdeuter lächerlich macht». Er nannte diese Astrologen «leichtfertig und unbedachtsam, meist gemein, niedrig und kindisch denkend». Aber seine Worte haben im Grunde – wie andere Warnungen – nicht viel bewirkt. Die Ereignis-Astrologie blüht wie eh und je.

Richtung II: Die psychologische Astrologie
Diese Richtung gewinnt Schritt für Schritt an Boden. Beeindruckt durch die grossen Psychologen, die seit der Wende zum 20. Jahrhundert immer mehr an Einfluss gewannen, wandelte sich teilweise auch die Astrologie in die psychologische Richtung, und man betrachtete die Aussagen des Horoskops von der psychologischen Warte aus.

Die psychologisch arbeitenden Astrologen wurden so zu Lebensberatern, die nicht auf der Grundlage von Ereignissen, sondern auf der Grundlage von Erkenntnissen beraten. Hier werden die Ratsuchenden selbst in die Verantwortung genommen. Schuldzuweisungen an Saturn oder einen anderen sogenannten Übeltäter der Planeten gibt es nicht mehr, wie sich auch kein Horoskopeigner auf einen Wohltäter wie Jupiter verlassen sollte. Man kann bei dieser Richtung auch von einer Erkenntnis-Astrologie sprechen, die darauf baut, dass mit Erkenntnis allen Ereignissen am besten zu begegnen ist. Besitzt man also die richtige Erkenntnis, dann kann man alle Ereignisse gut und für sich selbst fördernd bewältigen. Mit dieser Einstellung führt die psychologische Astrologie (auch astrologische Psychologie genannt) weit weg von der Ereignis-Astrologie und vermag echte Hilfen zu geben.

Richtung III: Die esoterische Astrologie
Mit dieser Richtung wollen wir uns hier im weiteren Sinn beschäftigen. Die esoterische Astrologie kann als «hohe Schule» der Astrologie bezeichnet werden. Sie führt auch in die tieferen Geheimnisse der magischen Astrologie ein. (Mit dem Begriff Magie bzw. magisch werden wir uns in Kapitel 1 auseinandersetzen.)

Die esoterische Astrologie betont das Innere. Das Wort Esoterik leitet sich vom griechischen Wort «esoterikos» ab, was soviel bedeutet wie innen, geheim, verborgen. Das heisst aber nicht, dass hier eine geheime oder okkulte Disziplin angesprochen wird, sondern dies ist als Aufforderung zu verstehen, ins eigene Innere zu schauen, um das Verborgene, das Geheime in sich zu suchen und zu finden.

Grob gesagt kann formuliert werden: Der Tierkreis ist nicht aussen am Himmel, sondern er lebt in unserem Inneren, wie die Planeten auch nicht am Himmel zu suchen wären, sondern in uns selbst.

Die esoterische Astrologie trägt auch dazu bei, dass sich der einzelne Mensch in den Kosmos einbezogen fühlt. Er ist nicht nur an das irdische Leben gebunden, sondern in den grossen Ablauf des Kosmos eingebunden. Was sich im Makrokosmos abspielt, das lebt im Mikrokosmos eines jeden von uns. Diese Erkenntnis kann uns grosse innere Geborgenheit bringen, gerade wenn wir Leid erfahren.

Der Arzt, Chemiker und Zeitgenosse von Kepler, Joh. Bapt. van Helmont, der auch als Nachfolger von Paracelsus betrachtet wird, unterschied daher zweierlei Menschen in ein und demselben Menschenwesen: einen äusseren und einen inneren. Der äussere Mensch war für ihn ein mit Verstand und Willen begabtes Naturwesen, der innere, der «homo internus» dagegen ein Wunderwesen. Allein in diesem Wunderwesen erwacht das «wahrhaft göttlich schaffende Urbild» im Menschen. Diesem Wunderwesen können wir uns nur mit der esoterischen Astrologie nähern.

Paracelsus sprach von der taghellen Sinneswelt, in der sich unser Alltag mit seinen äusserlichen Geschehnissen und Sorgen abspielt. (Dafür zuständig sind die Ereignis- und die psychologische Astrologie.) Diese wies er dem «greifbaren elementischen» Leibe des Menschen zu. Die tieferen schöpferischen Erlebnisse (dafür zuständig ist die esoterische Astrologie) wies er jedoch dem sternenhaften (siderischen) Leibe zu, der ungreifbar gesehen, also geschaut, werden müsse.

Diese Schauung muss nach *innen* – nicht nach *aussen* – erfolgen. Der Weg zur Innenschau führt astrologisch über die esoterische Astrologie. Im *Cherubinischen Wandersmann* von Angelus Silesius heisst es: «Halt an, wo laufst du hin? – Der Himmel ist in dir, suchst du Gott anderswo, du fehlst ihn für und für.»

Es ist also der innere Himmel, der den Menschen regiert. Dazu Paracelsus: «Der Planet im Himmel regiert nicht dich noch mich, der in mir aber. Der Astronomus, der aus dem äusseren Planeten die Nativitäten (Horoskope) beurteilt, der irrt; denn sie tun nichts im Menschen.» Und schliesslich das A und O der Aussage von Paracelsus: «Der innere Himmel mit seinen Planeten, der tut's, der äussere demonstriert und ist ein Zeiger des inneren.»

Darum soll es in dieser Arbeit gehen. Wir werden dabei völlig neuen Seiten, Betrachtungen und Folgerungen der Astrologie begegnen.

Wir wollen zum Schluss dieser Einführung an einem praktischen Beispiel zeigen, was «esoterisch leben» bedeutet.

Erkrankt jemand schwer (oder erleidet er einen nachhaltigen Schicksalsschlag), dann gibt es zwei Möglichkeiten, damit umzugehen. Der Exoteriker, der also mehr das «Reale» in den Vordergrund stellt, wird alles tun, um bald gesund zu werden, und sich dabei auf Ärzte und passende Medikamente verlassen. Dann wird er sein Leben fortführen wie bisher und sich scheinbar des Lebens erfreuen wie vor der Krankheit. Gut so.

Der Esoteriker wird dasselbe tun, *darüber hinaus* aber gründlich nach dem Sinn der Krankheit, beziehungsweise des Schicksalsschlags fragen. Er wird den tiefen Sinn einer Infektion, einer bösartigen Wucherung, einer Unbeweglichkeit, einer Herzattacke, einer Atemlosigkeit erfahren wollen. So wird er wohl nicht nur gesund, sondern sogar geheilt. Er wird sein Leben nicht mehr wie bisher gestalten. Er hat sich Gedanken gemacht und ist zu Erkenntnissen gekommen, die ihn in eine neue Richtung leiten, die sein Schicksal, sein Leben ab nun verändern. Er wird ein gewandelter Mensch sein! Das ist der entscheidende Unterschied.

Lerne ich aus meinen Schicksalserlebnissen oder nicht? Um dieses Lernen geht es. Und hier vermag die esoterische Astrologie entscheidend zu helfen, denn sie weist uns den Weg zu unserem Selbst, unserer eigenen Mitte, und damit zur wahren Lebensmeisterung.

Erster Teil

Die Magie der Astrologie

Kapitel 1
Was heisst Magie?

Über Magie gibt es seit gut 3000 Jahren sehr unterschiedliche Aussagen. Es wird davon gesprochen, dass Magie eine Technik sei, die auf dem Glauben an geheime Kräfte im Menschen wie im Weltall beruhe. Diese Technik setze die Wechselwirkung von Makrokosmos und Mikrokosmos voraus.

Dann wird von der höheren Magie gesprochen, der Theurgie. Das Wort setzt sich aus «theos» gleich Gottheit und «ergon» gleich Werk zusammen. Es gab Zeiten, da Magie und Religion zusammengebracht wurden, obwohl die Religionen – besonders das Christentum – immer von der Verheissung nach dem Tode sprachen, während für die Magie eher der Lehrsatz des «hic et nunc» (hier und jetzt) massgebend war.

Magie galt lange Zeit neben der Mathematik und der Astronomie als Wissenschaft, die jedoch mit der Astrologie fest verbunden war. Die antike Magie, so lässt sich folgern, war auf die materielle Welt ausgerichtet, operierte aber mit den unsichtbaren Mächten. Von daher galt die Magie einst als eine esoterische Technik oder Disziplin – sie war eine Geheimwissenschaft. Eine Geheimwissenschaft jedoch war nicht jedem zugänglich, dazu musste man einen Einweihungsweg absolviert haben, also gezielt geschult worden sein.

Nach der Ansicht von Plinius dem Älteren (23/24 –79 n. Chr.) beruhte die Macht der *magi* (Magier) vor allem auf den Disziplinen «medicina, religio und artes mathematicae». Das bedeutet für uns heute: Heilkunst, Ritual/Religion und Astrologie. Das Wort *religio* ist nicht genau mit unserem heutigen Begriff Religion gleichzusetzen, sondern es drückte früher den Glauben an eher übernatürliche Mächte aus. Auch Jesus von Nazareth wurde seinerzeit als ein grosser Magier («magus») betrachtet, ebenso wie manche andere geschichtliche Persönlichkeiten. Diogenes Laertius meint im Vorwort zu seiner Schrift *Leben und Meinungen der Philosophen,* dass die Magie der Ursprung der Philosophie sei. Magier, die vor Gericht gestellt wurden, wie Apollonios von Tyana, verteidigten sich mit dem Argument, dass sie Philosophen seien und daher wissen wollten, wie die Magie wirke, wenn es sie gäbe. Magie wurde also, wie vieles, was anderen unheimlich war, oft mit Aberglauben gleichgesetzt.

Das erleben ja heute wieder die Astrologen, die sich dem Vorwurf ausgesetzt sehen, sie hingen einem uralten Aberglauben nach. Plutarch (ca. 45–125 n. Chr.) sprach davon, dass der Vorwurf des Aberglaubens die übertriebene Furcht vor allem Übersinnlichen darstelle.

Viele antike Theurgen (sogenannte höhere Magier) konnten sich vorstellen, dass eine Seele den Körper verlässt, zum Himmel aufsteigt, dort ihre Gottheit trifft, dann jedoch in den Körper zurückkehrt, um von diesem Erlebnis zu berichten.

Zur Zeit des Alten Testaments wurden auch Moses und Aaron als grosse Magier bezeichnet, deren Magie allerdings eher auf dem ägyptischen Wissen und Kulturgut beruhte. Salomon, bewundert für seine umfassende Weisheit, schreibt man folgende Aussage zu: «Er (Gott) lehrte mich den Aufbau der Welt zu verstehen und die Art und Weise, wie die Elemente wirken, den Anfang und das Ende von Zeitaltern und von dem, was dazwischen liegt ... den Kreislauf der Jahre und der Sternbilder ..., die Gedanken der Menschen ... die Macht der Geister ... Alles, ob geheim oder offen, habe ich gelernt.» Salomon als grosser Magier!

Diese Worte erinnern an die Bitte um die Gabe der Lehre im *Alten Testament* (*Buch der Weisheit* 7, 15–21), wo wir diese Texte fast wortgleich finden.

Es waren also die Magier, die das Suchen nach den Geheimnissen des Lebens aufnahmen und durch ihr Wissen um einige der Geheimnisse Einfluss und Macht gewannen. Aber sie gewannen nicht nur Einfluss, waren nicht nur Philosophen, sondern strebten nach dem Wesen und Wirken der Weisheit, folglich nach der schöpferischen Kraft des Himmels. An die Aufgabe, Weisheit zu suchen, wird in der Bibel ausdrücklich gemahnt *(Das Buch der Weisheit* 6, 1–21).

Dass Magier und die Magie schon in antiker Zeit angegriffen, angeklagt und verfolgt wurden, ist eine andere Sache, denn selbstverständlich gab es unter den Magiern auch schwarze Schafe, Scharlatane und Betrüger. Insofern haben sich die Zeiten bis heute nicht geändert.

Kapitel 2
Magie und Astrologie

Die Magier schauten natürlich zum Himmel, um die Zeichen des Firmaments zu deuten und zu ergründen. Da Astrologie stets mit der Astronomie verbunden war, mussten die Magier auch «mathematikos» sein, was nicht genau mit Mathematikern gleichzusetzen ist, sondern mehr auf die astrologischen Berechnungen hinweist.

Astrologie galt als Vorrecht der Herrschenden. Aber schon in der Antike unterschied man zwischen Voraussagen für ein Land, was mit der heutigen Mundan-Astrologie gleichzusetzen ist, und Voraussagen für den einzelnen Menschen. Dabei stand lange Zeit die Ereignis-Astrologie im Vordergrund.

Die drei Weisen im *Neuen Testament* wurden als Magier bezeichnet und waren doch Astrologen, die einem Stern folgten, womit – wie wir heute wissen – die grosse Konjunktion von Saturn und Jupiter im Jahre 6 vor der Zeitwende gemeint war.

Magier, die auch Sterndeuter waren, hatten auch die Aufgabe, sogenannte ungünstige Einflüsse der Sterne von den Menschen fernzuhalten, was wohl hiess, die Menschen so zu beraten, dass sie die Sterne – egal ob günstig oder ungünstig – richtig zu nutzen wussten. Doch dieses Gesetz wich dann recht bald einem gewissen Fatalismus. Immerhin: das Wissen um die Zeichen des Himmels war das Kapital der Magier und Sterndeuter.

Das magische Wissen beruhte auf den dreizehn Regeln des Hermes Trismegistos (des Dreimal Grössten), die, so erzählte man sich, auf einer Smaragdtafel eingraviert waren und aus hellenistischer Zeit stammten, wenn auch auf ägyptischer Grundlage beruhten. Von den dreizehn Regeln gilt die erste als Vorwort, die dreizehnte als Fazit.

Wir wählen für unser Thema einige Regeln, die mit zur Grundlage der esoterischen Astrologie zählen.

Regel 2: Das Untere ist wie das Obere, und das Obere ist wie das Untere. Sie wirken zusammen, um das Wunder des «Einen Dings» zu vollbringen.
Regel 3: So wie alles durch das «Eine Wort» des «Einen Wesens» erschaffen wurde, so entstand alles durch das «Eine Ding» durch Anpassung. (Das «Eine Ding» scheint das Vollkommene zu sein.)
Regel 4: Sein Vater ist die Sonne, seine Mutter ist der Mond. Der Wind trägt es in seinem Bauch. Die Erde ist seine Amme.

Regel 8: Brauche deinen Verstand im vollen Umfang, und erhebe dich von der Erde in den Himmel. Dann steige ab vom Himmel auf die Erde und verbinde die oberen mit den unteren Kräften. So wirst du Ruhm auf der ganzen Welt ernten, und deine Namenlosigkeit wird sogleich von dir weichen.

Regel 12: Deshalb nennt man mich den «Dreimal Grössten Hermes», denn ich besitze die drei Teile der kosmischen Philosophie.

Die «drei Teile» der Philosophie sind wohl mit Sicherheit die Disziplinen Magie, Astrologie und Alchemie.

Man hat später (und heute noch) den Hermes Trismegistos mit dem griechischen Götterboten Hermes beziehungsweise dem römischen Merkur gleichgesetzt, was kaum stimmen dürfte. Der Hermes Trismegistos geht viel eher auf den ägyptischen Gott Thoth (auch Thot geschrieben) zurück, der als Gott der Weisheit und des okkulten (geheimen) Wissens galt, wozu auch die Magie und die Astrologie gehörten. Der Gott Thoth hatte die Hieroglyphen (heilige Bilder) und die heiligen Schriftzeichen erfunden. Er schuf den Kalender, das Mass der Zeit, und alle anderen Messsysteme und fasste alles im *Buch des Thoth* zusammen. Dieses Buch ist zum grossen Teil identisch mit dem *Ägyptischen Totenbuch,* das als Einweihungsbuch zu verstehen ist und sich geistig mit dem Tod auseinandersetzt.

Für die esoterische, magische Astrologie war immer die direkte Beziehung des Menschen zum Himmel ausschlaggebend. Und diese Verbindung schuf die Seele, die zum Himmel aufstieg und dann auf der Erde davon berichtete. Dr. Otto Lankes schreibt in seinem Buch *Das Weltbild der Astrologie:* «Damit gelangen wir zu dem tiefsten Geheimnis im Weltbild der Astrologie. Im Erlebnis der Ferne des Sternenhimmels erschaute der Mensch der Frühzeit die Seelen der Vergangenheit in innig erfühlter Gegenwart.»

Kapitel 3
Die Praxis der esoterischen Astrologie

Zwei Stichworte sind für die Praxis der Deutung fest einzuprägen: *Polarität* und *Schauung*. Alles – aber auch alles – hat seine Polarität.

I. In der esoterischen Astrologie ist die Kenntnisnahme der Polarität die Voraussetzung zur richtigen Deutung. Das gilt für alle Faktoren der Astrologie.

II. Das Bild steht völlig im Vordergrund. Zwar kann das Bild vom Computer errechnet und gezeichnet werden, aber ansonsten müssen wir uns vom Computerdenken zurückziehen. Es geht nicht um die Hundertstelsekunde, nicht um die kleinen und kleinsten Computer-Aspekte, es geht nicht um eine haargenaue Millimeterarbeit in den Jahresübersichten, sondern allein um die Schauung.

Der Mensch ist als Geheimnis des Kosmos zu betrachten, und dieses Geheimnis kann niemand mit einem noch so guten und präzisen Computer erfassen. Je mehr der Computer in der Deutung eingesetzt wird, um so mehr geht die Seele, das wahre Innere des Menschen, verloren oder wird ins Abseits geschoben. Zur esoterischen Deutung eines Geburtsbildes müssen daher ganz neue – und doch sehr, sehr alte – Wege wieder beschritten werden, wenn auch die Grundregeln der Astrologie durchaus *mit*gelten und *mit*berücksichtigt werden sollen.

Die esoterische Astrologie will das Innere eines Menschen erfassen, sein Geheimnis, seine wahre Individualität und seine Aufgabe. Natürlich hilft die esoterische Astrologie auch im praktischen Bereich; aber sie geht darüber hinaus, um den ganzen Menschen zu erfassen und damit das, was exoterisch (also von aussen) kaum wahrzunehmen ist.

Nur so kann der Mensch seine wahre Mitte gewinnen, die dann eine ungeheure Kraftquelle darstellt.

Wir können sagen, dass erst durch die esoterische Astrologie die sogenannten «Transsaturnier» (also die Planeten jenseits der Umlaufbahn des Saturn) Uranus, Neptun und Pluto in ihrer wahren Bedeutung zu verstehen sind.

Bei dieser Art der Betrachtung müssen wir auch auf die Erfahrungen der indischen Astrologie zurückgreifen, beispielsweise was die 27 Mondstationen betrifft, welche die Stationen der seelischen Entwicklung darstellen.

Wie die landläufige Astrologie baut auch die esoterische Ausrichtung zuallererst auf den Planeten und deren Schatten auf. Dann wird die Färbung der Planeten mit den Färbungsschatten berücksichtigt. Dazu kommen die realen Ausrichtungen, die wir durch die Häuser erfahren. Die Schicksalspunkte (siehe Literaturverzeichnis) werden in die Deutung miteinbezogen, ferner die Aspekte. Hier allerdings ist wohl der grösste Gegensatz zur gebräuchlichen Astrologie zu sehen, denn auf diesem Sektor muss am meisten «umgedacht» werden, um zu einem befriedigenden Ergebnis zu kommen.

Die esoterische Bedeutung der Planeten

Zehn Planeten kennen wir offiziell. Da aber Venus und Merkur je einmal Morgen- und einmal Abendstern sind, was jeweils völlig verschiedene Aussagen ergibt, können wir im Grunde mit zwölf Planeten rechnen.

Alle Planeten sind völlig gleichwertig! Auch die Gestirne Sonne und Mond sind *nicht* höher einzuschätzen als irgendein anderer Planet. Aussagen wie «Ich bin ein Widder» oder «Ich bin eine Jungfrau» gibt es in der esoterischen Astrologie nicht. Sie sind allein exoterisch und heben die Sonne in besonderem Masse unerlaubt hervor. Auch die Stellung in den Tierkreisabschnitten ist in der esoterischen Ausrichtung ein wenig anders als in der landläufigen Astrologie zu werten. Die Symbole unserer Kräfte, ob Saturn oder Mars, sind immer gleich zu verstehen. Saturn bleibt im tiefsten stets Saturn, Mars bleibt immer das Symbol des Willens und Antriebs; allein wie Wille und Antrieb sich nach aussen bemerkbar machen, das entscheidet die Tierkreisfärbung mit. Aber dies ist eher exoterisch. Esoterisch geht es um die Kräfte an sich und weniger darum, «wie» sich diese Kräfte äussern und zeigen.

Die Reihenfolge, in der wir hier die Planeten besprechen, hat also nichts mit einem besonderen Wert zu tun. Eine Ausnahme bildet der Mond, der esoterisch vielleicht am leichtesten zu begreifen ist.

Kapitel 4
Mond

DIE SEELE, DIE OPFER FORDERT – DIE SEELE, DIE SICH OPFERT

Der Mond symbolisiert in der Astrologie die Mutter, das Kind, das Volk, die Seele, das Unbewusste. Esoterisch gesehen steckt im Mondsymbol jedoch sehr viel mehr. Nicht zu zählen sind die Überlieferungen der Legenden, die mit dem Mond verbunden sind. Die Mondmysterien waren bedeutungsvoll bei allen alten Völkern, und heute noch halten einige Naturvölker (und auch zivilisierte Völker) beispielsweise am Mondkalender fest.

Die «Magie» des Mondes galt immer als besonders beeindruckend, und sie wirkt und fasziniert bis in die heutigen Tage. Sehr schnell wurde der Mond mit der Mutter gleichgesetzt, weil das Zeitgesetz des Mondes dem Monatsrhythmus der Frau entspricht. Dann wurde das Bild des Mondes mit dem des wachsenden Menschen und dem der schwangeren Frau verglichen. Der Mond wird geboren, wächst bis zum Vollmond an und nimmt wieder ab, bis er stirbt, das heisst, bis er scheinbar vom Himmel verschwindet. Dieses Sterben des Mondes erschreckte die Menschen, bis sie wahrnahmen (oder sich sicher waren), dass der Mond immer und ewig bis ans Ende der Welt am dritten Tag wieder neu aufersteht. Damit wurde der Mond zum grossen Hoffnungssymbol der Menschen, die ja als einzige Lebewesen auf der Welt mit dem Wissen um den Tod geboren werden und unter dieser Wissensbürde leiden.

Später wurde der Aspekt der Hoffnung noch mehr betont. Wenn der Himmel zusätzliche Zeichen gab, wurde der Mond mit einem Messias gleichgesetzt. Man denke nur an die berühmte Mondfinsternis am Tage und zum genauen Zeitpunkt der Kreuzigung von Jesus von Nazareth zu Ostern im Jahre 33 nach der Zeitwende. Schliesslich lernten die Menschen auch am Mond, dass Opfer erbracht werden müssen, wenn das Leben weitergehen soll. Wie der Mond am Himmel starb, um wieder neu aufzuerstehen, so opferten sich nun die Menschen, damit es den anderen besser gehe, damit das Leben erhalten bliebe (später ersetzten Tieropfer die Menschenopfer). Ostern war stets ein Mond-Sonnen-Fest, da nun die Sonne für die nächsten sechs Monate die Herrschaft übernahm. Gärtner wissen, dass bei zunehmendem Mond gesät, bei abnehmendem Mond geerntet werden soll.

Im Mond sahen die Menschen auch ein Tier: den Hasen, ein Symbol der Fruchtbarkeit. Noch heute bringt er uns als Osterhase mit den Ostereiern neues Leben. In China war dieses Bildsymbol auch bekannt, wie es uns folgende lehrreiche chinesische Überlieferung einer indischen Legende sehr deutlich offenbart. Sie schildert, wie der Hase zum Mondbild wurde. Kein geringerer Gott als Buddha wollte eines Tages die Tiere auf die Probe stellen (Tiere waren damals Vorbilder für die Menschen). So nahm Buddha die Gestalt eines Brahmanen (Priester der Hindu) an, der sich im Wald verlaufen hatte, und der nun völlig am Ende der Kräfte war. Auf seine Hilferufe nahten die Tiere des Waldes und brachten ihm allerlei Nahrung. Nur der Hase war verzweifelt, er hatte nichts – als sich selbst. In seinem glühenden Verlangen zu helfen sprang er ins Feuer und liess sich braten, damit der Erschöpfte nicht zu hungern brauchte. (Auch der sterbende Mond, das letzte Mal morgens am Osthimmel zu sehen, geht in die glühenden Strahlen der Sonne, um zu sterben.) Als Buddha dies gesehen, gab er sich zu erkennen, pries die Erhabenheit dieses Opfers und sagte zu allen Tieren: «Wer sich selbst vergisst, wird, und wenn er die niedrigste Kreatur ist, den Ozean (damit war der Himmel gemeint) des ewigen Friedens erlangen. Mögen alle Menschen aus diesem Beispiel lernen und sich zu Taten des Mitleids und Erbarmens bewegen lassen.» Nach diesen Worten befahl Buddha, die Mondscheibe mit dem Bilde des Hasen zu schmücken – als leuchtendes Beispiel für alle Zeiten.

Opfer zu bringen, damit das Leben gelinge, das war die Lehre des Mondes, wobei die Lehre als eine Aufforderung der Gottheit angesehen wurde und in der esoterischen Astrologie auch als solche gewahrt blieb.

An der Stellung des Mondes im Horoskop ist nämlich als Anlage erkennbar, wie weit der einzelne Mensch bereit ist, Opfer für sein Leben oder für das anderer zu bringen. Um dies zu erfassen, müssen wir uns mit einem Bild beschäftigen, das die zwei wichtigsten Mondbewegungen aufzeigt. Das sind die Bewegungen des zunehmenden und des abnehmenden Mondes. Nach seiner Konjunktion mit der Sonne nimmt der Mond zu.

Abb. 1 zeigt – entgegen dem Uhrzeigersinn – den Lauf des Mondes in rund 29 1/2 Tagen. Die Zeichnung ist vereinfacht, da sie nicht berücksichtigt, dass die Sonne in dieser Zeit zirka 29 bis 30 Grad weiter vorrückt. Uns geht es aber darum, dass der Mond, ist er zum Vollmond aufsteigend, eher Opfer von seiner Umwelt fordert. Er will wachsen und sich als Licht der Nacht so gross wie die Sonne zeigen. Ist dies geschafft, dann ist der Mond bereit, sich zu opfern, er nimmt (Lauf auf der linken Hälfte des Bildes) ab, um sich in den Strahlen der Sonne für ein neues Leben sterbend zu opfern. Im Horoskop müssen wir also schauen, ob der Mond zu- oder abnehmend ist. Ist der Mond auf dem Weg zur Oppositionsstelle der Sonne, dann ist er zunehmend, wandelt er dagegen auf die Sonne zu, dann ist er abnehmend.

Bei den meisten Menschen, die es in der Öffentlichkeit zu etwas gebracht haben, findet man im Horoskop einen zunehmenden Mond, wie meine Erfahrung bestätigt. Aber auch berühmte Leute, die im Horoskop einen abnehmenden Mond stehen haben, bringen es zu etwas – wenn auch in sehr viel geringerem Masse. Das sind dann die Diener einer Sache, die Diener eines Staates, einer Aufgabe. Jedoch nicht jeder zunehmende Mond fordert mit Erfolg! Das hängt von seiner Einbindung im Horoskop ab. Ein Saturn (aber nicht nur dieser Planet) vermag hier manche Forderung zu bremsen oder unwirksam zu machen.

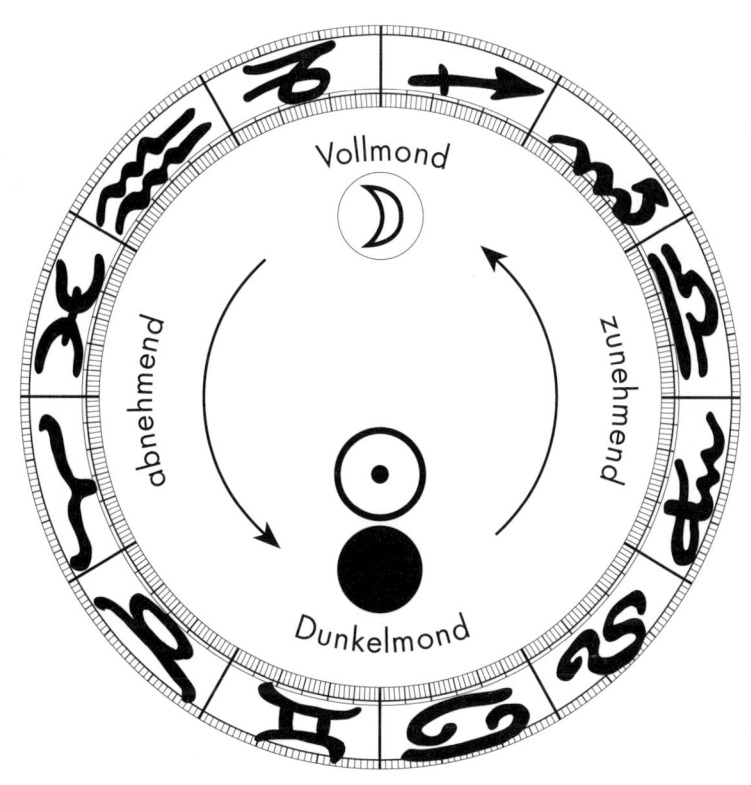

Abb. 1
Zu- und abnehmender Mond

Auch bei den Mondstellungen, die eher opferbereit zu nennen wären, wird sich die angezeigte Opferbereitschaft durch Eingliederung ins Gesamtbild nicht immer verwirklichen lassen. Es geht uns hier nur darum, die alte mystische, magische Erfahrung der esoterischen Astrologie aufzuzeigen. Das Horoskop eines bekannten Militärs kann uns da genauere Hinweise geben.

General **Norman H. Schwarzkopf** (Abb. 2) führte im Golf einen perfekten Computer- und Luftkrieg gegen den Irak. Er forderte viele Opfer auch von seinen eigenen Untergebenen, die sehr langwierige, dafür präzise Vorbereitungen abwarten mussten, so dass manchen schon ein Wüstenkoller drohte. Die Gegner wurden danach förmlich überrannt und überrollt. Unzählige Iraker mussten unter dieser Präzisions-Maschinerie ihr Leben lassen oder viele Leiden ertragen. Und doch haben diese Opfer sicher viele andere Menschen und Soldaten vor dem Tod bewahrt.

Ein noch grösseres Opfer musste dieser Oberbefehlshaber jedoch selbst bringen. Allen Informationen nach war er überzeugt davon, dass der Krieg viel zu früh beendet wurde. Man berichtet, sein Ziel sei es gewesen, mindestens die Hauptstadt Bagdad einzunehmen, um so auch den Norden des Landes besser unter Kontrolle zu bekommen. Der Krieg war für den General zu früh beendet, aber er musste sich als demokratischer Heerführer den Anweisungen des Präsidenten beugen.

Die Sonne im Horoskop von Norman H. Schwarzkopf finden wir Ende Löwe. Der genaue Oppositionspunkt wäre folglich bei zirka 29 Grad Wassermann. Da der Mond Ende Steinbock liegt, geht er auf die Oppositionsstelle zu, ist also zunehmend. Aber er steht nur zirka 34 Grad vor dem Punkt auf der Ekliptik, wo er zum Vollmond wird und damit am Ende seiner Wachstumsentwicklung angelangt ist. So kurz vor dem Ziel lässt sich eine saturnisch gefärbte, zähe Seele (Mond im Abschnitt Steinbock) nicht abbremsen. Sie will mit aller Macht zum Ziel, was durch die Opposition zu Mars und Pluto noch deutlicher wird.

Doch die esoterische Aussage berücksichtigt auch, in welchem Aufgabengebiet sich die Seele entwickelt. Hier hat sie die Aufgabe zu dienen, die Pflicht zu erfüllen und mit den Kräften hauszuhalten (Mond im 6. Haus). So werden die Opfer also nicht für die eigene Person verlangt, sondern für eine Aufgabe, die anderen gegenüber zu erfüllen ist. Das mag für den Horoskopeigner oft zu einer Zerrissenheit führen, denn der Mond steht ja im uranischen Confinis-Aspekt zu Saturn, der im esoterischen Sinn die Seele so mitzieht. Dadurch wurde der persönliche Ehrgeiz, etwa als Präsidentschaftskandidat anzutreten, (zumindest vorerst) gebremst. Das Quadrat des Mondes zur leicht eitlen Stellung des Jupiter unterstreicht dies noch von einem anderen Anblick her. (Vieles – wie Aspekte und Häuser – ist hier vorweggenommen, um sofort praktische Beispiele erläutern zu können.)

Jeanne d'Arc, die Jungfrau von Orléans, ist bereits eine legendäre Person: ein Bauernmädchen, das sein Land befreite und einen König in Reims krönte und dafür alle Opfer auf sich nahm. Ihr Kampf ist eine Tragödie der Selbstaufopferung, zumal sie später den Engländern ausgeliefert wurde.

Norman H. Schwarzkopf

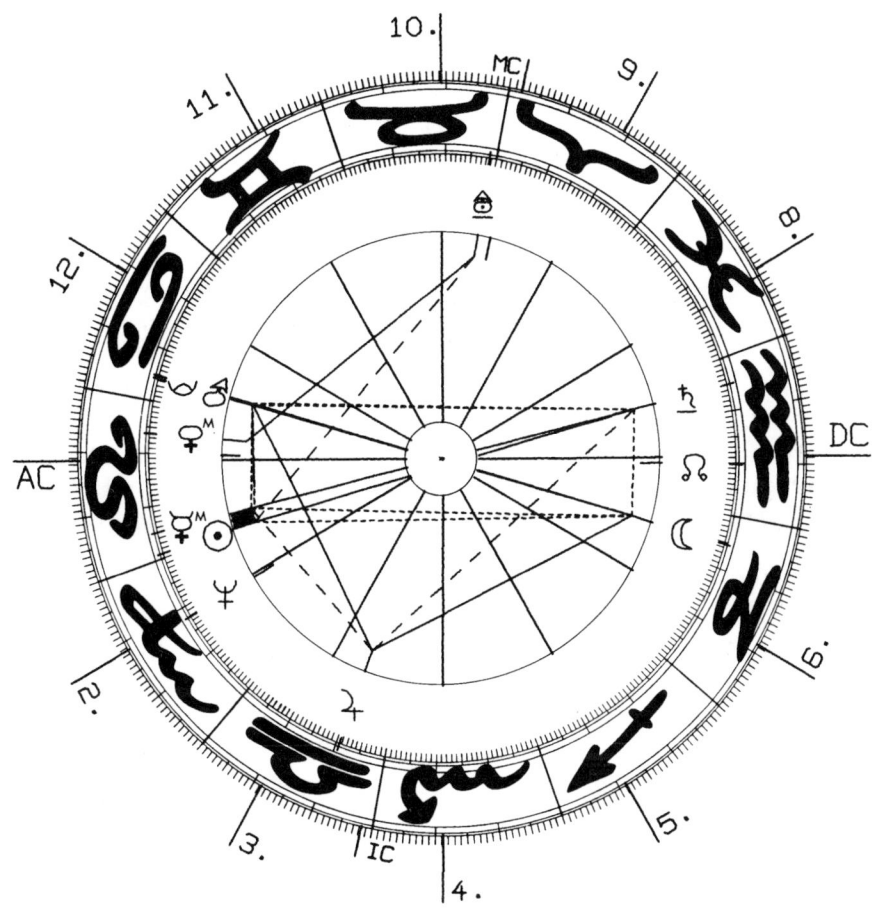

Abb. 2
22. 8. 1934, 4.45 h EST (SZ), Trenton/NJ, USA

Die Sonne steht in den letzten Graden des Abschnitts Steinbock. Ihre genaue Oppositionsstelle ist im Zeichen Krebs, beim Aszendenten der Jeanne d'Arc. Der Mond jedoch liegt in der Mitte des Abschnitts Waage. Er ist also abnehmend und läuft auf die Stelle des sich opfernden Dunkel- oder Neumondes zu.

Esoterisch (darauf kommen wir noch bei den Aspekten) ist dies ein klares Zeichen der Opferbereitschaft, wenn es um die Gerechtigkeit geht, zumal der Mond eine enge Konjunktion mit Jupiter hat. Dass dieses Mädchen, von der Seele getrieben, dabei ungewöhnliche Wege ging, wird durch das Trigon des Mondes zu Uranus allzu deutlich unterstrichen. Der Quincunx-Aspekt zu Saturn (neptunisch zu werten) zeigt die Schicksalstäuschung der Seele an, die auch durch starken Opferwillen nicht abzuwenden ist. Jeanne d'Arc unterlag bei ihrer Einsatz- und Opferbereitschaft einer Illusion, was durch das Quadrat des Mondes zu Venus unterstrichen wird, da die seelische Aufgabe in Konflikt mit den persönlichen Emotionen geriet. So schien kaum vermeidbar, dass sie schliesslich als Hexe verbrannt wurde. Die Historie belegt jedoch, dass diese Jungfrau von Orléans für alle Taten einstand und letztlich für alles die persönliche Verantwortung übernahm.

Der Mond symbolisiert die Seele. Da die Seele jedoch im esoterischen Sinn auch das Unsterbliche im Menschen darstellt, müssen und können wir in der Seele auch unsere Vergangenheit mehrerer Lebenserfahrungen sehen. In der Regel benötigen wir dafür ein «vorkarmisches Horoskop» (siehe Literaturverzeichnis *Karma in der Astrologie).* Aber schon die Mondstellung im Individualhoroskop vermag uns viel über das Tiefverborgene und die Aufgabe dieses Lebens zu sagen.

Uralt ist die Überzeugung, dass auch die Seele des Menschen aufersteht. Nach Plutarch (45–125 n. Chr.) vergeht zwar der Leib in der Erde, doch Seele und Geist würden nach einer gewissen Zeit der Läuterung zum Mond aufsteigen und dort ein glückliches Leben weiterführen, bis die Seele schliesslich mit der Substanz des Mondes verschmelze und der Geist zu seiner eigentlichen Heimat, der Sonne, gelange, die ihn endlich wieder zu Mond und Erde zurückschicke. «Wenn dann die Sonne wieder mit ihrer lebenspendenden Kraft den Geist sät, empfängt ihn der Mond und bringt neue Seelen hervor, und die Erde gibt als drittes den Körper dazu.» So sprechen wir in der esoterischen Astrologie auch von alten und neuen Seelen, was jedoch zugegebenerweise nicht immer leicht zu erkennen ist.

Es gibt da eine kleine Faustregel, dass die jungen Seelen oft durch den aufsteigenden Mond in einem der Tierkreisabschnitte zu erkennen sind, während die alten Seelen im absteigenden Mond der letzten Tierkreisabschnitte symbolisiert werden. Unsterblich sind sowohl die neuen wie die alten Seelen. Zusätzlich von Bedeutung wäre bei diesem Schlüssel selbstverständlich eine Saturnverbindung (eher ältere Seele) beziehungsweise eine Marsverbindung (eher jüngere Seele), wie natürlich auch Verbindungen mit anderen Planten, was durch die praktische Horoskoparbeit erst genauer zu bestimmen ist.

Der astrologisch/esoterische Mond ist auch das Symbol für die Spende der Fruchtbarkeit. Ohne diese Fruchtbarkeit kann der Geist kaum schöpferisch sein

Jeanne d'Arc

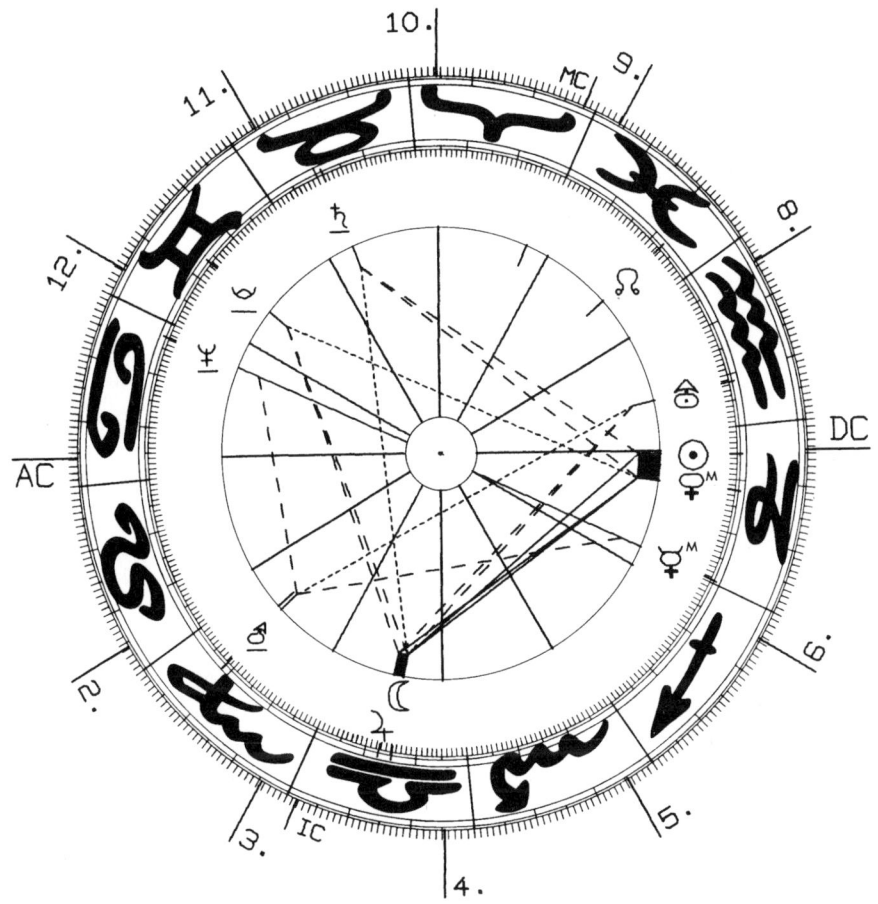

Abb. 3
15. 1. 1412, 16.30 h LT, Domrémy-la-Pucelle, F

(Näheres unter «Sonne»). Im Altertum sprach man vom Mond als *ourania gaia*, «die Erde des Himmels». Er ist – ohne die Sonnenlichtreflexion selbst dunkel – als die «Finsternis anzusehen, die sich das Licht schafft», wie es Goethe formulierte. Die meisten Mondgöttinnen galten daher auch stets als Geburtshelferinnen und wurden besonders von den Müttern angebetet.

Es ist uralter Glaube oder esoterisches Wissen, dass im Lichte des Mondes Vergangenheitsseelen erschaut werden können. Kein Wunder, dass dort, wo Karma und Wiedergeburt selbstverständliches Gedankengut sind, heute noch in der Astrologie die Mondstationen eine ganz wesentliche Rolle spielen. Die einzelnen Mondstationen sind jeweils 13 Grad 20 Bogenminuten voneinander entfernt. 13 Grad 20 Bogenminuten entsprechen der Tagesdurchschnittsgeschwindigkeit des Mondes. Drei mal 13 Grad 20 Bogenminuten ergeben 40 Grad, und 9 x 40 Grad ergeben 360 Grad, also die Gradzahl des Tierkreises. Der 40-Grad-Aspekt spielt daher heute noch in Indien eine wichtige Rolle.

Setzen wir den Beginn des Tierkreises – also den Punkt 0 Grad Widder – mit der ersten Mondstation gleich, dann bekommen wir im Tierkreis folgende 27 Markierungen.

1. Mondstation = 00° 00' Widder	
2. Mondstation = 13° 20' Widder	
3. Mondstation = 26° 40' Widder	
4. Mondstation = 10° 00' Stier	1. Nonagon-Aspekt
5. Mondstation = 23° 20' Stier	
6. Mondstation = 06° 40' Zwillinge	
7. Mondstation = 20° 00' Zwillinge	2. Nonagon-Aspekt
8. Mondstation = 03° 20' Krebs	
9. Mondstation = 16° 40' Krebs	
10. Mondstation = 00° 00' Löwe	3. Nonagon-Aspekt
11. Mondstation = 13° 20' Löwe	
12. Mondstation = 26° 40' Löwe	
13. Mondstation = 10° 00' Jungfrau	4. Nonagon-Aspekt
14. Mondstation = 23° 20' Jungfrau	
15. Mondstation = 06° 40' Waage	
16. Mondstation = 20° 00' Waage	5. Nonagon-Aspekt
17. Mondstation = 03° 20' Skorpion	
18. Mondstation = 16° 40' Skorpion	
19. Mondstation = 00° 00' Schütze	6. Nonagon-Aspekt
20. Mondstation = 13° 20' Schütze	
21. Mondstation = 26° 40' Schütze	
22. Mondstation = 10° 00' Steinbock	7. Nonagon-Aspekt
23. Mondstation = 23° 20' Steinbock	
24. Mondstation = 06° 40' Wassermann	
25. Mondstation = 20° 00' Wassermann	8. Nonagon-Aspekt

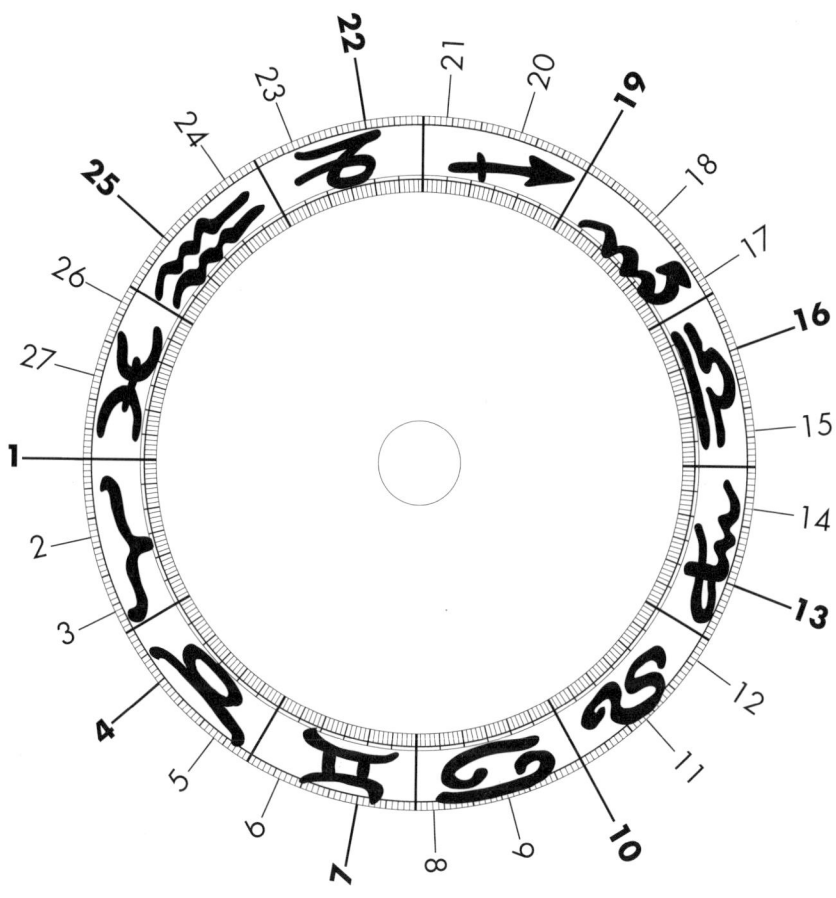

Abb. 4
Mondstationen

26. Mondstation = 03° 20' Fische
27. Mondstation = 16° 40' Fische
1. Mondstation = 00° 00' Widder   9. Nonagon-Aspekt

Wenn wir uns diese Übersicht näher ansehen, dann bemerken wir, dass sich in den Feuerzeichen jeweils je drei Mondstationen befinden. In allen anderen Elementen finden wir dagegen nur je zwei Mondstationen. Dafür gibt es in den Wasserzeichen nicht einen Nonagon-Aspekt (von 0 Grad Widder ausgehend). Es hat den Anschein, als wären die Mondstationen in den seelischen Zeichen Krebs, Skorpion und Fische nicht so wichtig. Die Wasserzeichen sind irgendwie viel näher mit dem Mond verwandt als die anderen Elemente.

Wichtig ist nun, wo sich der Mond im Individualhoroskop befindet: zwischen zwei Mondstationen oder bei einer Mondstation. Wir können hier einen Orbis von jeweils 2 Grad 30 Bogenminuten (Grösse eines Sektors) nach jeder Seite geben. Steht der Individual-Mond *nicht* bei oder in der Nähe einer Mondstation, sollte festgehalten werden, zwischen welchen Mondstationen er sich befindet, weil diese Reifestufen sind. Als nächstes wäre zu untersuchen, in welchem Verhältnis die Sonne zu einer Mondstation steht. Befindet sie sich in direkter Nähe, dann ist sicher der «Geist» mehr seelisch ausgerichtet als sonst. Besteht für die Sonne jedoch kein naher Aspekt zu einer Mondstation, ist es weniger wichtig, zwischen welchen Mondstationen sie steht. Seelische Entwicklungsphasen sind hier allerdings immer recht gut abzulesen. Entscheidender ist, ob Sonne oder Mond – bei einer Mondstation stehend – einen Aspekt miteinander haben. (Hier sei auf das Orbisproblem hingewiesen, das wir später noch näher erläutern werden.)

Man kann sich die Orte der Mondstationen am Rand des Tierkreises einzeichnen, was bei Jahreshoroskopen allerdings doch beträchtlich verwirrt. Aber als Bild ist dies sehr einprägsam. Auch die starke Betonung der Feuer- im Gegensatz zu den Wasserzeichen wird deutlich. Noch deutlicher wird, dass die Mondstationen nie direkt in Oppositionen gegenüberliegen. Wir finden auch keine direkten Quadrate oder Sextile, dafür aber jede Menge Trigone innerhalb der gleichen Elemente.

Beispiele: Von 0°00' Widder zu 0°00' Löwe beziehungsweise zu 0°00' Schütze. Oder: Von 3°20' Krebs zu 3°20' Skorpion oder zu 3°20' Fische. Schliesslich: Von 20°00' Zwillinge zu 20°00' Wassermann oder zu 20°00' Waage. Als letztes Beispiel: Von 10°00' Stier zu 10°00' Jungfrau oder zu 10°00' Steinbock. Die anderen Trigone mag sich jeder selbst heraussuchen.

Die Mondstationen spiegeln also eine Harmonie wider, und sie betonen die Elementlehre der Astrologie auf das Ausdrücklichste. So taucht die Frage auf: *Bringt uns die Seele die Harmonie?*

Steht ausser Sonne und Mond noch ein anderer Planet in der Nähe (Höchstorbis 2 Grad 30 Bogenminuten), dann mag auch dieser Planet unter dem Gesichtspunkt des Unbewussten gesehen und gewertet werden, wenn auch vielleicht nicht ganz so eindringlich wie bei Sonne und Mond. Sind etwa Venus und Mars in der Nähe der Mondstationen zu finden, so bekommen – was Gefühl, Emotionen und Antrieb betrifft – seelische Belange oder Gewissensprobleme beim Einsatz dieser Kräfte eine besondere Ausrichtung. Folglich kann bei solchen Konstellationen der Schluss gezogen werden: *Die Seele ist immer dabei!*

Das ist natürlich stets der Fall, aber hier in besonderem Ausmass. Es hilft andere Menschen zu verstehen, denn oft sind deren seelische Belange ohne Einbeziehen der Mondstationen (die übrigens früher oft Mondherbergen genannt wurden) nicht verständlich. Gerade bei psychosomatischen Fragen kann das ausschlaggebend sein.

Der Mond ist also als Symbol der Unsterblichkeit der Seele: Diese Art der Unsterblichkeit kann heute meist schwer nachvollzogen werden. Aber schon zirka 500 v. Chr. beantwortete der pythagoräische Arzt Alkmäon die Frage, warum die Menschen sterben, mit dem Satz: «Sie müssen sterben, weil sie nicht mehr den Anfang mit dem Ende zu verknüpfen wissen, wie es die göttlichen Gestirne in ihren kreisförmigen Bahnen tun.»

Der Mond symbolisiert auch das Wasser, ohne das es kein Leben auf diesem Planeten gäbe. Natürlich ist die Sonne genauso unentbehrlich, aber die Sonne zeugt, der Mond empfängt, trägt aus und gebiert. Das müssen wir bei der alles überspannenden Symbolik der esoterischen Astrologie beachten und diesen Kräften in uns gerecht werden. Wie der Mond durch die Sonnenstrahlen beschenkt wird, werden auch wir – wie unsere Erde – von der Sonne beschenkt, und dieses Geschenks haben wir uns würdig zu erweisen. Daran mahnt uns der Mond wie kein anderer Planet durch sein Bild des Werdens, des Vergehens und des erneuten Werdens.

Die Sonne ist – wie wir noch sehen werden – für uns im tiefsten nicht von dieser Welt, aber der Mond. Daher wurde er einst als oberste Gottheit angesehen. Erst viel später löste ihn die Sonne in dieser Funktion ab, als die Menschen erkannten, dass unsere Welt weitaus grösser ist als die Erde und der Himmel, den wir sehen. Der Mensch, der noch nicht weit- oder tiefsichtig war, wollte über die Welt des Mondes (der Erde) hinausstreben. So bekannte er sich zur Sonne. In den Religionen ist diese Entwicklung zur Vormachtstellung der Sonne deutlich nachzuvollziehen. Dadurch war die Gottheit zwar nicht mehr so nahe wie der Mond, aber sie schloss nun den weiteren Raum, das wahre All, den ganzen Kosmos mit ein. Wird der Mond also in seiner esoterischen Symbolik richtig verstanden, dann weist uns die Seele den Weg zum Geist, ja zum Sein schlechthin.

Kapitel 5
Sonne

DAS ZIEL IN DIR – DER WEG ZUM SEIN

Die Sonne symbolisiert in der Astrologie den Vater, das bewusste Ich, das Herz, die Herzensangelegenheiten, die Grundeinstellung, die Autorität, den Staat. Esoterisch steckt im Sonnensymbol jedoch sehr viel mehr.

Wohl keine andere horoskopische Kraft ist in der Geschichte der Astrologie so exoterisch, das heisst äusserlich, gedeutet worden wie die Sonne. Kein Planet wurde und wird noch heute derart mit dem Tierkreis in Zusammenhang gebracht wie die Sonne. Selbst astrologische Laien wissen, dass sie «ein Widder, eine Jungfrau, ein Schütze oder ein Wassermann» sind, weil sie in einem bestimmten Zeitraum des Jahres Geburtstag haben. Dabei müssten sie sagen: «Meine Sonne steht im Abschnitt Widder, im Zeichen Jungfrau, im Abschnitt Schütze oder Wassermann.» Nur das wäre korrekt. Aber nein, auch was die Deutung betrifft, drängt man die Sonne in einen jahreszeitlichen Ablauf, so dass sogar Naturwissenschaftler ihre Freude daran haben könnten (Näheres zu diesem Thema unter «Die Fiktion des Tierkreises».) Es wird dabei immer vergessen, dass die Sonne immer die Sonne bleibt – egal ob sie sich ein Frühlings-, Sommer-, Herbst- oder Winterkleid anlegt. Es ist schlichtweg unsinnig zu sagen, die Sonne sei im Abschnitt Wassermann vernichtet. Die Sonne ist nie vernichtet!

Auch die Statistik besagt keinesfalls, wie oft behauptet wird, dass Menschen mit einer Löwesonne vitaler wären oder länger lebten als Menschen mit einer Wassermannsonne. Die gesamte Einteilung von Herrschern, Vernichtung, Erhöhung etc. ist exoterisch und verlegt die sogenannte «Sternenwirkung» in rein äussere Bereiche.

Esoterisch geht es uns aber nicht um die äussere, sondern um die innere Sonne, nicht um die äussere Autorität, sondern um die innere, nicht um das äusserlich Schöpferische, sondern um das Schöpferische in uns, und mag dies zunächst noch so verborgen sein. Die Schiefe der Ekliptik – also des Tierkreises – zum Äquator bringt uns zwar die Jahreszeiten, aber eben nur im äusseren Ablauf der Natur. Viele Menschen unterwerfen sich ungern diesem Rhythmus, der ihnen im Verlauf der Monate auferlegt wird. So fliehen sie im Winter in den «sonnigen» Süden, ohne zu ahnen, dass sie damit die Flucht vor ihrer inneren Sonne ergreifen.

Die innere Sonne erleuchtet *jede* Jahreszeit, wenn wir die Aufgabe unserer esoterischen Sonne erst einmal erkannt haben. Gerade in der «dunkleren» Jahreszeit entstehen die kreativen Werke und Gestaltungen, entsteht das wahrhaft «schöpferische» Wissen, das uns weiterbringt. Die Menschen im Norden haben zwar längere Zeit gebraucht, um aus dem Dunkeln herauszutreten, dann aber schufen sie die Zivilisation der letzten zwei Jahrtausende (mit allen Fehlern), während die Kulturen des Südens untergingen. Auch dies soll nur als Symbol, aber als eindringliches Symbol gesehen werden. Heute haben wir eine Völkerwanderung vom Süden zum Norden beziehungsweise von den armen zu den reichen Ländern. Auch hier gilt wie beim Mond: *Das Licht wächst aus der Finsternis.* Nach den alten Ägyptern wird das Licht aus dem Dunkeln geboren, weil der unscheinbare schwarze Mistkäfer, der Skarabäus, die Sonne durch die Nacht ans Licht schiebt, das aus dem Osten kommt.

Ex oriente lux! Diese Legende der Ägypter ist höchste, weise Esoterik! Eines der sogenannten niedrigsten Tiere hilft der Sonne zum Licht, ein Käfer, der nur im Dreck wühlt, dabei eine dunkle Kugel vor sich hinschiebt, ist das Symbol für das stete Wiederkommen des befruchtenden, schöpferischen Sonnenlichtes.

Diese Symbolik gibt uns grosse Hoffnung: nichts ist so unscheinbar, dass es nicht der Sonne nahe kommen kann! Ich muss nicht Ikarus sein, um mich der Sonne zu nähern, jedes unbedarfte Wesen findet sein Sonnenlicht, das es zur wahren Sonne führt.

«Chepre» (Käfer) hiess die Sonne, die des Morgens im Osten sichtbar wurde, die sich im Süden auf der Höhe stehend zum Gott «Re» wandelte, um sich dann gegen Abend als Gott «Aton» auf einen Stock gestützt gen Westen dem Untergang zuzuwenden. Dies ist das «wahre» Rätsel der Sphinx, das später bei den Griechen lautete: Wer geht morgens auf vier Beinen, mittags auf zwei, abends auf drei? Die Antwort, die Oedipus gab, lautete: der Mensch! In der Kindheit auf vier Beinen kriechend, auf der Höhe des Lebens auf zwei Beinen stehend, im Alter mit Hilfe des Stockes auf drei Beinen gehend. Welch ein Wandel ins Profane, da nun der Mensch die Rolle des Schöpfers einnahm und somit nicht mehr im Dienste der Sonne stand, wie es die alten Pharaonen noch taten. Sie fühlten sich auf Erden als Vertreter des Lichts, und sie sorgten für seinen Ruhm. Die Pharaonen, die sich als Stellvertreter Gottes betrachteten und die dafür von ihren Völkern hoch verehrt wurden, mussten aber Vorbilder sein. Richter über ihr Verhalten war die Priesterkaste. Und diese Priesterkaste hatte entdeckt, dass die Sonnen- und Mondfinsternisse berechenbar waren! Die Menschen von damals hatte es stets sehr erschreckt, wenn sich am hellen Tage die Sonne vor dem azurblauen Himmel verfinsterte. Gott, so hiess es, entzog den Menschen sein Licht. Zwar ging jede Finsternis vorbei, aber sie wurde doch als böses Omen, das der Himmel damit gab, angesehen.

Mit der Berechnung der Finsternisse über die Mondknoten wurde nun eigentlich der Tierkreis (die scheinbare Sonnenbahn) entdeckt, denn der ursprüngliche Name des heutigen Tierkreises war Ekliptik, was vom Wort «Eklipse» gleich Finsternis stammt. Das tiefe Wissen über die astronomischen Berechnungen war einst streng geheim, es wurde von den Priestern eisern bewahrt und nur in entscheidenden historischen Situationen angewandt, da die Priester wussten, wie wichtig das strahlende Licht der Sonne für alle war. Versündigte sich ein Pharao gegen die priesterlichen Gesetze, so wurde er unter anderem mit Hilfe einer Sonnenfinsternis bestraft. Diese Strafen machten einen tiefen Eindruck auf das Volk, weil man sie leicht als Strafen des Himmels auslegen konnte. Boleslaw Prus (1845–1912) schildert in seinem Roman «Pharao» ein solches Geschehnis, das zwar nicht dokumentarisch belegt sein mag, aber doch recht gut aufzeigt, wie es sich im 11. Jahrhundert vor Christus in Ägypten hätte zutragen können.

Es war in Memphis. Die Priesterschaft hatte den Pharao angeklagt. Der Pharao stand dem Volk mit dem Rücken zur Sonne gegenüber. Er versuchte sein unzufriedenes Volk zu beruhigen, indem er sich gegen den Stadtgott Ptah stellte, so dass das Volk den Tempel dieses Gottes stürmen wollte. Da traten die Priester – minutiös war dies geplant! – hervor. Der Erzpriester, der im Roman Herithor genannt wird, klagte den Pharao an und gab ihm das Wort zur Verteidigung in dem Moment, als sich die Sonne hinter dessen Rücken zu verfinstern begann.

Das Volk schaute gebannt zum Himmel, der Priester rief laut über den Versammlungsort: «Götter! Unter Euren Schutz stelle ich die heiligen Orte gegen die Gotteslästerer.» Da wurde es «nachtdunkel»! Die Sterne funkelten vom Himmel, und die Sonne war schwarz und mit einem flammenden Kreis umgeben (die Corona der Sonne). Die Menschen waren entsetzt, warfen die Balken, mit denen sie den Tempel zerstören wollten, in den Sand und duckten sich am Boden, die himmlische Strafe erwartend.

Nun hatten die Priester gewonnen. Sie baten die Götter, die Dunkelheit weichen zu lassen, sie flehten um das Licht der Sonne und riefen: «Erhöret unsere Gebete!» Da wich die Dunkelheit von der Sonne, das Volk richtete sich betend langsam wieder auf und ging auf den Pharao los. Dieser schwieg, er wusste, er hatte verloren. Die Priester nahmen den Herrscher in die Mitte und führten ihn ab. Denn in solch einem Fall blieb dem Pharao nur noch übrig, seine Abdankung zu unterschreiben. Er wurde ausser Landes verwiesen oder in einem Raum seines Palastes eingesperrt, wo er bald – meist durch Gift im Essen – starb, was als göttliche Strafe angesehen wurde.

Diese Legende lehrt uns, dass die Astrologie mit der Beobachtung von Sonne und Mond begann und dass man schon in der Frühzeit in der Lage war, Finsternisse zu berechnen. Als man die Zeitgesetze gefunden hatte, wurde darauf der Messkreis für den scheinbaren Sonnenweg aufgebaut; aus der Ekliptik wurde der Tierkreis.

Jetzt erst wurden nach und nach die anderen Planeten entdeckt: zuerst Venus als hellster Planet, Jupiter, der rote Mars, schliesslich Saturn und am Ende Merkur. Wichtiger für uns ist jedoch die Tatsache, dass die Menschen nun die Sonne als höchste Gottheit erkannten, dann anerkannten. Sie hatten zunächst wohl Angst, wenn unser Zentralgestirn scheinbar von einem Drachen verschlungen wurde (daher die Ausdrücke «Drachenkopf» und «Drachenschwanz» für die beiden Mondknoten), aber die Angst verging bald, weil ja eine Finsternis nie sehr lange und selten total war, so dass sich die Sonne ziemlich schnell «aus dem Drachen» befreien konnte. Aber eines blieb: das böse Omen, das die verfinsterte Sonne oder der verfinsterte Mond den Menschen gab.

Johann Sebastian Bach

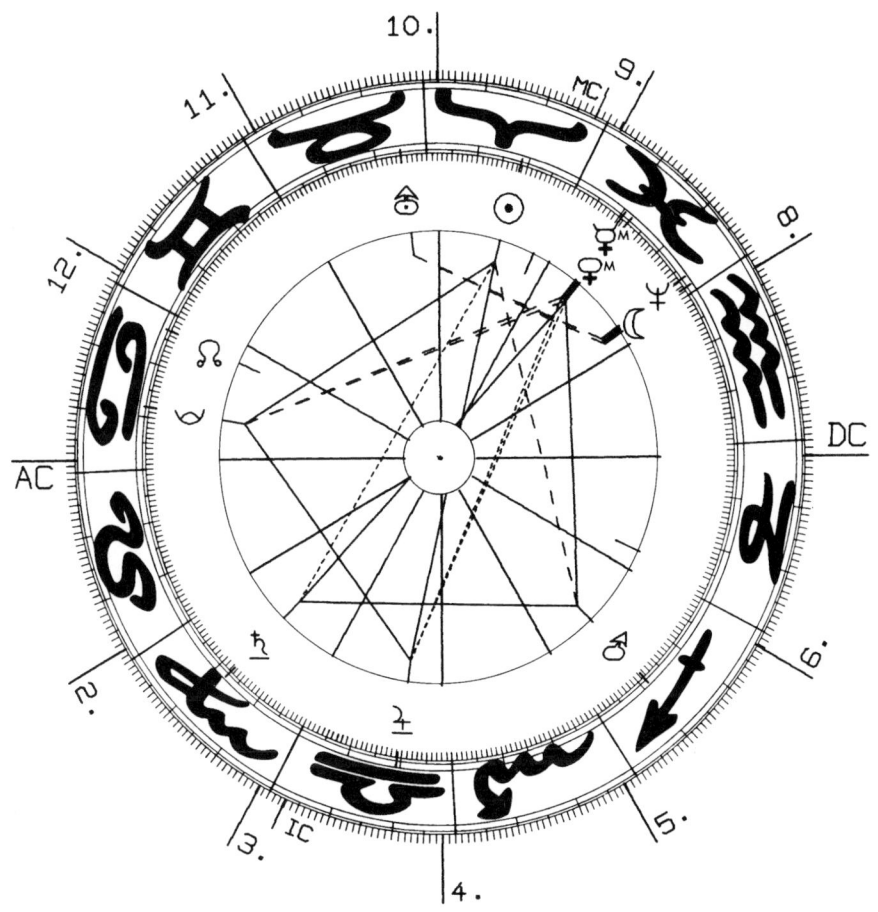

Abb. 5
31. 3. 1685, 11.30 h LT, Eisenach, D

Die Anbetung der Sonne lebt also seit uralten Zeiten unauslöschlich in uns, und diese Anbetung sollte durch die Esoterik auch in der Astrologie weiterleben. Es geht hier allerdings um die innere Sonne eines Menschen. Und diese Sonne kennt jeder, es ist die Sonne im Radix. Sie stellt auf der Suche nach dem Schöpferischen sozusagen das zu erstrebende Ziel in uns dar. Und diese Kraft ist nie vernichtet und steht nie im Fall. Zwar gibt es noch andere Zielpunkte im Horoskop, so die Richtung des Berufes oder den Punkt, der unsere Berufung anvisiert, aber diese Ziele sind eher exoterisch, ganz besonders das Ziel der Berufsausrichtung.

Die innere Gottheit als Kraft des Schöpferischen gibt uns allein die Sonne. Nähere Hinweise bekommen wir durch die Aspekte der Sonne zu den Planeten, durch das Element, in dem die Sonne steht, sowie durch ihre Stellung in einem der Häuser, die wir auch esoterisch sehen müssen. Darüber werden wir noch sprechen.

Wie in der Realität erst die Sonne allen Planeten ihr Licht schenkt und damit Kräfte erzeugt, so gibt auch die Sonne im Geburtsbild den anderen Planeten Licht und Kraft.

Das Bild muss sich einprägen: Die Sonne im Horoskop schenkt den anderen Planeten ihr schöpferisches Licht. Das führt zu dem Schluss, dass die anderen Planeten im Sinne der Sonne ihre Kräfte wirken lassen sollen. So sind alle Kraftsymbole im Horoskop (und nichts anderes stellen die Planeten dar) Kinder der Sonne, die in ihrem Sinn ihre Gaben einzusetzen haben. Unsere Horoskopsonne stellt also unsere innere Autorität dar, die natürlich erst erarbeitet werden muss.

Nur eines sollte stets bewusst sein: Ohne Sonne geht nichts! Wir können auch sagen: Alle Kräfte müssen für die Sonne eingesetzt werden. Dies ist die Grundrichtung jeder esoterischen Horoskopdeutung.

Im Horoskop von **Johann Sebastian Bach** (Abb. 5, vorherige Seite), des wohl bedeutendsten Komponisten des deutschen Barock und der protestantischen Kirchenmusik, steht die Sonne hoch oben auf die Himmelsmitte zugehend im kämpferischen, das Neue bringenden Zeichen Widder (Protestantismus) sowie im «gläubigen» 9. Haus der Religionen und der Horizonterweiterung. Bachs Verwurzelung in tiefer Religiosität war sicher ein sehr starker Antrieb zu seinen Schöpfungen, wobei Religiosität und Esoterik nicht einmal sehr weit voneinander entfernt sind. Seine Matthäus- und die Johannespassion werden noch in vielen Jahrzehnten zu den bedeutendsten Kompositionen der Kirchenmusik zählen. Eines seiner Hauptwerke muss noch genannt werden: die H-moll Messe. Darüber hinaus schrieb er Choräle, Kantaten und Fugen. Von 1723 bis zu seinem Tode (28.7.1750) war er Thomas-Kantor in Leipzig. Sein Ich ging ganz in das Sein der Aufgabe ein. Die protestantische Kirche fand in ihm ihre höchste künstlerisch-musikalische Ausdrucksmöglichkeit.

In der Kunst von Johann Sebastian Bach (Jupiter im 3. Haus und im Gegenschein zur Sonne) vereinigte sich alltäglicher Fleiss und Beherrschung der Kunstmittel mit christlicher Gläubigkeit und dem inneren Ich-Kern. Seine Sonne strahlt innen wie aussen auf den Höchststand des Tages zugehend, während sich die indi-

Napoleon

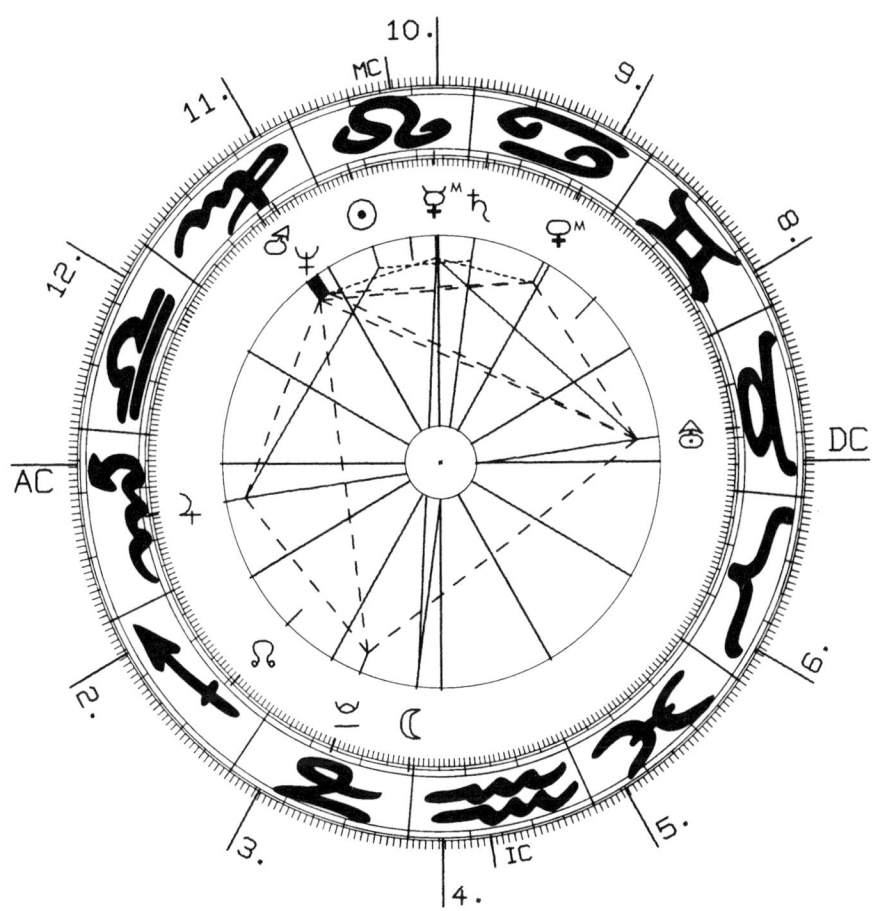

Abb. 6
15. 8. 1769, 11.25 h LT, Ajaccio, Korsika, F

viduellen Planeten Mond, Venus und Merkur mit Neptun in der hingebenden Färbung des Abschnitts Fische und im 8. Haus allen Grenzfragen öffnen. Dies ist – astrologisch gesehen – Voraussetzung für das Leuchten der eigenen Sonne, um makellos das eigene Sein zu verwirklichen.

Napoleon war ein Mensch, dem geniale Fähigkeiten in die Wiege gelegt wurden. Doch seine innere Sonne hat er wohl kaum gelebt. Sicher war er ein erfolgreicher Feldherr und Eroberer, doch fand er als Mensch erst in seiner letzten Gefangenschaft zu sich, in der er sein Lebensdrama in etwa begriff. Wie bei Bach und bei Goethe steht seine Sonne hoch oben auf das MC zugehend, hier im feurigen Abschnitt Löwe (Abb. 6, vorherige Seite). Das Quadrat zu Jupiter im 1. Haus zeigt persönliche Entfaltung und Ehrgeiz an, aber die Sonne hat auch den Zerrissenheits-Aspekt zum Schicksalsplaneten Saturn – für die esoterische Astrologie zwei herausragende Aspekte. Der Siegeswille des Ichs scheint jedoch zu hinderlich, um den Schicksalsablauf halbwegs objektiv zu verstehen. Der Mond zeigt dazu an, dass Opfer mehr von anderen als von sich verlangt werden. Die Sonne strebt nach äusserer Autorität (10. Haus) und besitzt kaum die Kraft, auch mal verlieren zu können, was erst echte Autorität und Persönlichkeit ausmacht.

Sicher lebte Napoleon mehr exoterisch, innere Zweifel plagten ihn kaum, obwohl er mit dem Endschicksalsablauf schwer fertig wurde. Schliesslich ist die Opposition von Merkur zum Mond, was gedankliche Einsicht und seelische Tiefe in der Ergänzung anzeigen kann, von den Elementen her kein echter Gegenschein, sondern spricht von Täuschungen oder Illusionen der ehrgeizigen Seele (Steinbockfärbung). Hätte er dies erkannt, dann wäre aus dem erobernden Feldherrn vielleicht ein grosser Staatsmann geworden, der Europa schon damals hätte einigen können.

Die Sonne symbolisiert also unser individuelles, persönliches Ziel, nach dem wir zu streben haben. Dabei ist es nicht einmal so wichtig, ob wir dieses Ziel vollständig erreichen. Das ägyptische Wissen, dass der Weg das Ziel ist, gilt auch hier. Viele Menschen leben mehr ihrem Aszendenten nach, und sie fühlen sich sehr wohl dabei; so soll sie keiner davon abhalten. Andere streben mit allen Mittel eine bedeutende Stellung in der Aussenwelt an, nun gut. Aber im esoterischen Sinn ist das alles nur Schein.

Mehr sein als scheinen! Dieses Wort gilt für die esoterische Horoskopbetrachtung und für die Verwirklichung der Anlagen, die im Radix zu erkennen sind. Die Sonne ist unser Sein. Zur Sonne geht unser irdischer Weg. Dieser Weg dient auch dazu, die unsterbliche Seele weiterzuentwickeln, so dass sich das Kapital ihrer Erfahrungen vermehrt. Das ist das Ziel.

Hierbei ist es wichtig, das Element zu berücksichtigen, in dem die Sonne steht. Ist der Weg feurig und temperamentvoll geprägt oder luftig und geistig? Ist er eher real und überlegt zurückzulegen oder führt uns mehr das Seelische zum Ziel? Egal wie, wir müssen zur inneren Sonne finden. Dabei ist es übrigens unwichtig, über welche Kraft der Start erfolgt, denn alle Kräfte sind ja stets mit der Sonne verbunden. Selbstverständlich spielen hierbei auch die Interessensgebiete der Horoskopeigner eine wesentliche Rolle, die meist über die Sonnenstellung in einem Haus erkannt werden können. Für diesen Weg vermag uns die seelische Kraft ein guter Weggefährte zu sein, denn die Seele hat sich diesen Körper ja ausgesucht, um dem Sonnenziel näherzukommen. Auch die Sonne wurde zeitweise (so in einem babylonischen Hymnus) als Erwecker der Toten angesehen, aber nie stand die Sonne am dritten Tag nach ihrem Tod auf! Das war der entscheidende Unterschied zum Mond.

Doch in der geheimnisreichen Schrift des Hermes Trismegistos (des Dreimal Grössten), die aus ägyptischen Quellen gespeist wurde, heisst das Sonnenwesen bereits «schaffende Gottheit» (Daimon). Mit dem Wort *Daimon* überschrieb Goethe seine «Urworte» und sprach von der «geprägten Form, die lebend sich entwickelt». Wir werden durch das Geburtsbild geprägt, haben uns aber im Sinne der Sonnenstellung zu entwickeln. Das Osterfest war im *Alten* und im *Neuen Testament* noch ein Mondfest. Es wurde zum Fest der Sonne, die uns ja nach dem Frühlingsanfang Kraft und Wärme für die Bewältigung des Lebens gibt.

Mag die Mondkraft nicht leicht zu durchschauen oder zu verstehen sein, die Sonnenkraft ist klar und eindeutig. «Die Sonne bringt es an den Tag» – auch wie wir uns geben, bemühen und unseren Charakter bilden. Der Sonnensohn Apoll übernahm in den Mythen die Aufgaben der Sonne und war dem Sonnengott Helios zumindest gleichgestellt. Als Phöbus Apollo herrschte er über das Orakel von Delphi, wo jeder, der das Orakel befragte, seine Wahrheit finden sollte. Seiner Sonne zu folgen, ohne die Kraft des Mondes ausser acht zu lassen, gibt Lebensfreude und Lebenslust. Und da ist es egal, in welcher Jahreszeit ein Mensch geboren wurde.

Wer seiner Sonne folgt, besitzt Schaffensfreude, Gestaltungskraft, Selbstgefühl und schöpferisches Vermögen. Der Mond ist Vergangenheit und Zukunft – die Sonne die Gegenwart.

Kapitel 6
Die Mondknotenachse
BÄUME WACHSEN NICHT IN DEN HIMMEL

In der esoterischen Astrologie ist die Mondknotenachse sehr wichtig, in der exoterischen Astrologie wird sie vielfach missbraucht, weil zuviel in sie hineingesehen wird. Die Mondknotenachse besteht aus zwei rein rechnerischen Punkten. Die Mondbahn, die 5 Grad von der Ekliptik abweicht, kreuzt diese jeweils zweimal: einmal Richtung Norden und einmal Richtung Süden. Beide Mondknoten, aufwie absteigend, stehen sich genau um 180 Grad gegenüber. Wie schon erwähnt, zeigen sie die Mond- oder Sonnenfinsternisse an. Nur wenn die Mondknoten bei Sonne und Mond stehen, ist eine Mondfinsternis möglich; wenn ein Mondknoten bei der Konjunktion von Sonne und Mond steht, haben wir es mit einer meist partiellen (also teilweisen) Sonnenfinsternis zu tun. Dies zu den astronomischen Grundlagen. Verdunkelt sich die Sonne, dann herrscht das Reich des Mondes, die Nacht. Die Sterne funkeln, die Erde liegt, obwohl es zwölf Uhr mittags sein kann, im Dunkeln.

Verdunkelt sich der Mond, dann bleibt es völlig dunkel, auch wenn das Licht ausgelöscht wird. Die Finsternisse zeigen also die Gegensätze der Lichter sehr deutlich an.

Dies beflügelte die Astrologen, über den tieferen Sinn einer Finsternis nachzudenken, denn die Lichter des Himmels geben doch Zeichen, die Aufmerksamkeit erheischen. Dabei beobachteten die alten Astrologen, dass diese Achsen, die sich entgegen den Planetenbahnen – also im Uhrzeigersinn – bewegen (astrologisch sind die Mondknoten nur rückläufig) durchaus auch Aussagen zulassen, wenn sie nicht mit Sonne oder Mond in Konjunktion beziehungsweise in Opposition stehen.

Der aufsteigende Mondknoten wurde mit der Sonne (unserem Ziel) in Verbindung gebracht, wozu sich dann die «höhere Sonne», der Jupiter, gesellte, weil dieser durch seinen zwölfjährigen Umlauf durch die Ekliptik mit der Sonne in einem Zeitgesetz eng verbunden ist.

Der absteigende Mondknoten wurde mit dem Mond in Beziehung gebracht; hier kam später Saturn dazu, weil dessen Umlauf durch den Tierkreis in Jahren dem des Mondes in Tagen entspricht.

So wurde dem Symbol des aufsteigenden Mondknotens die Entfaltung zum Ziel, dem absteigenden Mondknoten dagegen die Verwurzelung zugesprochen. Wenn ich also weiss, auf welchen Weg mich die Entfaltung führt (aufsteigender Mondknoten in den Häusern), so muss ich auch lernen, dass dies nicht auf Kosten der Wurzeln in mir (absteigender Mondknoten in den Häusern) geschehen darf. Ein Baum wächst nur so hoch zum Himmel, wie die Wurzeln dies erlauben. Kein Baum wächst bis in den Himmel. Dies ist auch eine starke esoterische Aussage und verrät ein tiefes Wissen um die Gestaltung unseres Lebens. Die Mondknotenachse ergänzt also all das, was wir unter Mond und Sonne ausgeführt haben. Mit diesen drei Faktoren ist ein Horoskop bereits weitgehend esoterisch auszudeuten, wenn die Häuser, damit auch der Aszendent, errechnet sind.

Oberflächlich betrachtet könnte nun die Meinung aufkommen, dass die Mondknotenachse fast das Gleiche aussagt wie Mond und Sonne. Das ist nur richtig, wenn die Mondknotenachse bei Sonne oder Mond steht. In diesem Fall handelt es sich um eine Finsternisgeburt, was bei der Deutung zusätzlich beachtet werden muss.

Grundsätzlich gibt die Mondknotenachse eher exoterische, das heisst vornehmlich reale Auskünfte, auf welchen Interessengebieten sich die Horoskopeigner (in bezug auf die Häuser) entfalten sollen und welche Verwurzelungen sie dabei nicht ausser acht lassen dürfen.

Dagegen zeigen Sonne und Mond die grundsätzlichen inneren Ziele und Wege an, die auch das karmische Verhalten miteinbeziehen. Die Mondknoten haben nichts mit vergangenen Zeiten und Leben oder gar mit dem Karma zu tun!

Die Mondknotenachse gibt hilfreiche Hinweise, wie ein Mensch auf einer eher vordergründigen Ebene, etwa in seinem Verhalten zur Umwelt und im Beruf, zu einer Ausgeglichenheit in seinem Leben finden kann. Die Aspekte der Planeten zu den Mondknoten sind nicht so stark zu werten, weil die Mondknoten keine Kräfte darstellen, sondern nur Rechnungspunkte sind.

Wegen des langsamen Laufes der Mondknotenachse (knapp 19 Monate durch ein Zeichen oder 18,6 Jahre durch den Tierkreis) sind hier auch die Tierkreisabschnitte weniger bedeutsam. Selbstverständlich gibt es Planeten, die noch mehr Zeit benötigen, um durch die Ekliptik zu wandern, aber Planeten symbolisieren eben Kräfte, was den grossen Unterschied zu den Mondknoten ausmacht.

Das Zusammenspiel von Mond, Sonne und Mondknotenachse beinhaltet eine bedeutungsvolle innere Logik. Man denke an die drei Prinzipien, nach denen ein Mensch beurteilt werden sollte: *Seele, Geist und Körper!*

Die Seele finden wir im Mond.

Den Geist in der Sonne.

Den Körper in der Mondknotenachse, wo wiederum die richtungweisenden Planeten Sonne (und Jupiter) sowie Mond (und Saturn) zu finden sind.

Geist und Seele bestimmen also vorwiegend den Körper. Oder umgekehrt gesagt, vom Körper aus finden wir zur Seele und zum Geist. Wie sagte Goethe: «Im Innern ist ein Universum auch!»

Betrachten wir das Horoskop einer Schauspielerin, die in den sechziger und siebziger Jahren in Europa zum Idol der Venus schlechthin wurde (Abb. 7, übernächste Seite). Sonne und Mond mit dem aufsteigenden Mondknoten stehen von den

Elementen her höchst harmonisch zueinander. Sie bilden ein grosses Trigon, was auf starke sanguinische Ausstrahlung hindeutet. Beziehen wir – was wir tun müssen – den absteigenden Mondknoten mit ein, dann bekommen wir eine Drachenfigurine. Der Drachenkörper ist das geschlossene Trigon von Sonne/Mond und aufsteigendem Mondknoten. Der sogenannte Drachenkopf (hier überschneiden sich die Begriffe «Drachenkopf» des Mondknotens mit dem der Figurine) wird auf der Basis Trigon Mond/Sonne mit je einem Sextil zum absteigenden Mondknoten gebildet. Die Mondknotenachse bildet das Rückgrat des «Drachens», und von diesem gehen Impulse zu Geist (Sonne) und Seele (Mond) aus.

Nun mögen manche die Nase rümpfen und fragen, was denn eine «Sexbombe» mit Geist zu tun habe. Nun, in der esoterischen Astrologie ist niemand gering einzuschätzen. Ausserdem bekannte sich diese Schauspielerin später zu einer höchst kreativen Tierliebe, wo sie ihre Seelenkraft (Mond) stark einsetzte. In ihrer Glanzzeit regte sie viele bedeutende Autoren und Regisseure zu grossen Leistungen an. Dazu bedarf es schon eines strebenden Geistes. Zudem ist bekannt, dass sie ziemlich schnell nach dem Start ihrer Kariere an den Projekten mitarbeitete, in denen sie eine entscheidende Rolle spielte.

Diese innere Harmonie von Sonne, Mond und Mondknotenachse ist nicht oft zu finden. Eine Anlage garantiert natürlich noch nicht automatisch eine Verwirklichung und Erfüllung der Lebensaufgabe. **Brigitte Bardot** kam aber dieser Aufgabe – soweit bekannt – mindestens sehr nahe, weshalb sie auch als Sexsymbol nicht so schnell in Vergessenheit geriet.

In esoterischer Betrachtung ist durch eine solche Konstellation die Aufgabe eines Menschen gut zu erkennen. Die meisten jedoch kommen ihrer Aufgabe nicht nach, weil sie diese gar nicht wahrnehmen, obwohl sie eigentlich ganz klar zu ersehen ist, wenn das Horoskop esoterisch ausgewertet wird.

Der Körper (Mondknotenachse) der Bardot wirkte und wirkt nur für das irdische Leben, aber für dieses war er ausschlaggebend. Dadurch wurde der Geist erfüllt und die Seele an Erfahrungen reicher, denn gerade das Kapital des Körpers führte mit Sicherheit zuerst auch zu Leid und manch schwerer Erfahrung.

Der erste Planet, der entdeckt wurde, war wohl Venus. Es war eine erstaunliche Leistung der Alten, die Wandelsterne zu erschauen. Das ganze Himmelsgewölbe bewegte sich ja scheinbar – in sich geschlossen – vom Osten zum Westen, nur am Nordpol drehten sich die Sterne um sich selbst. Dann fiel auf, dass zwei Sterne für jeweils nur kurze Zeit diese Geschlossenheit durchbrachen. Früh am Morgen konnte man den einen Stern am Osthorizont sehen, der scheinbar der aufgehenden Sonne entgegeneilte; deswegen wurde dieser Stern auch der Lichtbringer genannt. Dann war da ein anderer Stern, der am Abend, kurz nach Sonnenuntergang, am Westhimmel leuchtete und der Sonne recht schnell in die Dunkelheit nachfolgte. Verhältnismässig spät erkannte erst Pythagoras, dass beide Sterne ja ein Stern sind. (Damals war noch nicht bekannt, dass die Planeten keine Sterne sind, sondern das Licht, das sie reflektieren, nur von der Sonne bekommen.)

Brigitte Bardot

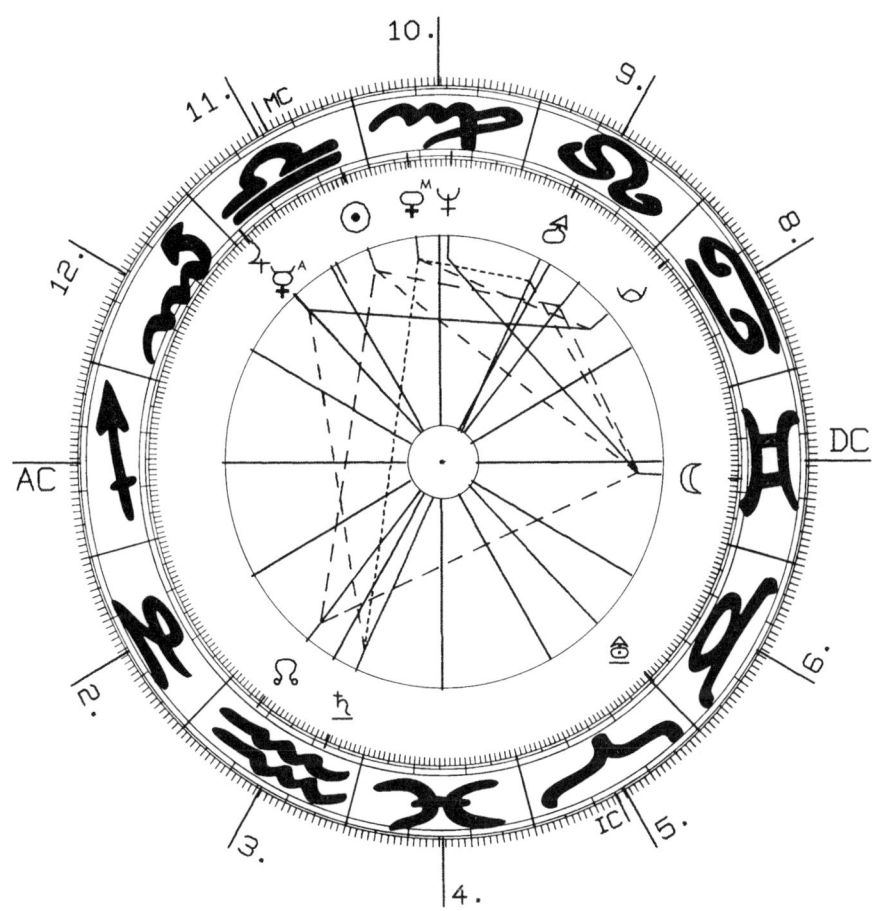

Abb. 7
28. 9. 1934, 13.15 h LT, Paris, F

Die Griechen nannten die beiden Sterne bald Phosphoros und Hesperos. Phosphoros war der Stern des Morgens am Osthimmel, Hesperos der Abendstern am Westhimmel. Dieser Planet, den wir heute Venus nennen, leuchtet also einmal als Morgenstern und einmal als Abendstern.

Dies stellte sich als schweren Tort für die Astrologie heraus, der heute noch anhält und die Deutung erschwert. Heute wird Venus nur noch als *ein* Planet gewertet, der Unterschied zwischen Morgen- und Abendstern wird kaum beachtet. Dabei ist in der Deutung der Unterschied höchst entscheidend! Das hängt wieder mit dem Mond zusammen.

Venus steht – ob als Morgen- oder Abendstern – stets mit der Mondsichel zusammen, die jedoch einmal ab-, einmal zunehmend ist. Die Dauer einer Periode als Abend- oder Morgenstern beträgt rund 240 Tage, also acht Monate. Acht Mal also steht Venus als Morgenstern mit der untergehenden Mondsichel, die sich opfert, am Osthimmel zusammen und führt den Mond in die Fackeln der aufgehenden Sonne. Beide, Mond und Venus als Morgenstern, verbrennen, ehe sie ins Paradies des Sonnenlichtes gelangen.

Nach diesen acht Monaten wird Venus zum Abendstern, der nur im Westen am Abendhimmel leuchtet. Und nun steht sie acht Monate hindurch mit dem aufgehenden, wieder auferstandenen Mond zusammen. Sie «gebiert» ihn alle vier Wochen (Mondsichel), führt ihn in ein neues Leben, das mit der hereinbrechenden Nacht beginnt. Daraus geht hervor, dass die Venus jeweils zwei Funktionen hat, die höchst unterschiedlich sind. Einmal geleitet sie den Mond in den Tod und damit ins Paradies, dann aber schenkt sie ihm neues Leben. So hat Venus als Morgenstern völlig andere Aufgaben zu erfüllen als Venus als Abendstern. Sie hat daher folgerichtig auch jeweils einen anderen Charakter.

Diese Bilder des Himmels müssen wir nun im esoterischen Bereich in uns aufnehmen, um Venus richtig zu verstehen. Übrigens kann Venus im Horoskop nur eines sein: Morgen- oder Abendstern. Beides an einem Tag geht nicht.

Kapitel 7
Venus

DIE LIEBE DES HIMMELS – DIE LIEBE AUF ERDEN

Venus symbolisiert in der Astrologie die Geliebte, die Kunst, das Gefühl, die Erotik, die Harmonie. Esoterisch gesehen steckt in der Venus jedoch sehr viel mehr.

Venus ist einmal die himmlische, wenn man will auch die seelische Mutter, damit die Madonna. Unberührt gebiert sie die Seele (Mond), wie gerade geschildert, aber sie begleitet die Seele auch beim Sterben aus dem Körper in das Paradies der Erneuerung. So ist sie eigentlich «die» weibliche Gottheit, die angebetet wird, die Gottheit, die über den Müttern und Frauen dieser Erde steht. Damit bekommen alle Venusfunktionen eine grosse Tiefe, und so gesehen kann man ihr dann auch die Liebe schlechthin zuschreiben, die zwar nicht ohne Erotik, aber weit über die körperlichen Freuden hinaus dieses Gefühl symbolisiert. Das war schon vor etwa 6000 Jahren so, als man diesen «Stern» in Sumer mit der Ischtar, in Ägypten mit der Isis, in Griechenland mit der Aphrodite, in Rom mit der Venus und im Christentum mit der Madonna, also der Mutter Gottes, gleichsetzte. Wir dürfen nur nicht vergessen, dass sich die genannten Himmelsgöttinnen aus der Venus als Abendstern entwickelt haben.

Venus als Morgenstern war das Symbol für andere Himmelsgöttinnen, die sich mitunter in den Mythen sogar sehr bekämpften. In Sumer war es Allat, in Ägypten Nephthys, in Griechenland Athene, in Rom Minerva, im *Neuen Testament* Martha neben Maria. Auch im Nibelungenlied tauchen, wenn auch nicht mehr in der Rangordnung, die beiden Göttinnen als Kriemhild und Brunhild auf, denn auch hier geht es um die Liebe im weitesten Sinn.

Die zahlreichen Mythen, die verschiedenen Archetypen, die vielen magischen Hoffungen aber auch Ängste, die sich im Bild der Venus zusammenballen, zeigen die menschliche Entwicklung und den Wunsch, mit dem Kosmos eins zu sein. In der Astrologie wird das heutige Symbol der Venus dieser tiefen Vielfalt kaum mehr gerecht. Gerade hier muss die esoterische Horoskopdeutung die unterschiedliche Auslegung berücksichtigen! Der Begriff Liebe ist etwas tief Göttliches und tief Menschliches. Er geht weit über den Wunsch nach Nestwärme hinaus, der in den anderen Lebewesen auch vorhanden ist.

Wir müssen die Liebe im weitesten Sinn auffassen, nicht nur in der engen Beziehung zwischen zwei Menschen. Heute existiert rundum die Meinung, dass *eine* feste Liebesbindung für das Leben nicht mehr reicht. Nun, darüber mag man streiten, aber Venus erläutert uns auch die Liebe zum Glauben, die Liebe zu einer Berufung, zu einer Heil- oder Sozialtätigkeit. Die Liebe zum Leben «untersteht» vom Symbol her der Venus, ebenso die Liebe zur Kunst, zur Natur, zum Denken, zur Philosophie.

Das allerwichtigste jedoch ist die Liebe zum Kosmos, um hier eine echte Eingebundenheit zu finden, mit der das Leid der Liebe, das nie ausbleibt, erst voll ertragen werden kann. Liebe braucht auch Einsatz und Wagemut, die wir in die Waagschale werfen müssen. Diese Qualitäten werden dann von Mars symbolisiert.

Liebe ist ein Geschenk – aber sie wird uns nicht geschenkt. Diese Einsicht ist meist nicht so leicht zu finden. Venus im Horoskop kann sie uns lehren, wenn wir sie nur richtig deuten und ihren esoterischen Sinn zu verstehen suchen.

Drei Merkmale sind für Venus wichtig zu unterscheiden: Venus kann erstens Abendstern, zweitens Morgenstern und drittens rückläufig sein. Abendstern ist Venus, wenn sie *im Tierkreissinn der Sonne vorausgeht* (mit einem «A» gekennzeichnet). Morgenstern ist die Venus, wenn sie *im Tierkreissinn der Sonne folgt* (mit einem «M» gekennzeichnet). Rückläufig ist Venus, wenn ein kleines «r» neben ihr eingezeichnet ist. (Bei Astrodata-Zeichnungen der Mertz-Aequal-Methode wird die Rückläufigkeit durch Unterstreichung der Planeten gekennzeichnet.)

In Babylon galt die Venus als leuchtende Fackel des Himmels und der Erde. Schon damals also wurde die Venus besonders auf die Menschen bezogen.

Als später Könige und Kaiser gekrönt wurden, galt sie als Krone der Sonne, wie es in der Offenbarung des Johannes so gut nachzulesen ist: «Und es erschien ein grosses Zeichen am Himmel, ein Weib mit der Sonne bekleidet und der Mond unter ihren Füssen und auf ihrem Haupte eine Krone.» (*Offb.* 12,1) Dies war das Symbol für die Liebe, die der Himmel den Menschen schenkte. *Das war das Zeichen!* Und die Menschen haben es einst auch völlig richtig verstanden. Die enge Verbindung der Venus mit dem Mond zeigt uns ferner, dass Liebe ohne Opfer kaum denkbar ist, Opfer und Liebe sind untrennbar verbunden.

Um der Tiefe dieser Venus/Mond-Themen näherzukommen, müssen wir uns die einzelnen Venuskonstellationen einprägen. Venus als Morgenstern verlangt meist grosse Opfer. Sie führt den Mond (als abnehmende Mondsichel am Morgenhimmel) in den Tod. Zwar will sie ihm später nach dem Opfertod neues Leben schenken, aber ohne vorherige Opfer geht das nicht. Und seit Jahrtausenden opfern die Menschen! In der Frühzeit waren es ihre Erstgeburten, später ihre Tiere, ihr Gold, ihr Silber und ihre Arbeitskraft. Wenn die Mutter des Himmels das fordert, muss es erfüllt werden, so schwer es auch fallen mag.

Das leichtestes Opfer scheint dabei noch zu sein, das irdische Leben zu meistern, ohne die Liebe zu verlieren. Das ist die Prüfung! Manchen fällt diese Lebensbewältigung so schwer, dass sie darüber die Liebe zu ihrem Schöpfer, zu ihrem Lebenspartner oder zum Dasein schlechthin verlieren. Sie sind es leid, weiterhin Opfer zu bringen, wo es doch anderen so viel leichter fällt, das Leben zu meistern, ja zu geniessen. Aber die Schmerzgrenze bei Leiden steht nicht im Bemessen des menschlichen Verstandes, die steht schon eher im Horoskop. Im Grunde lehrt das

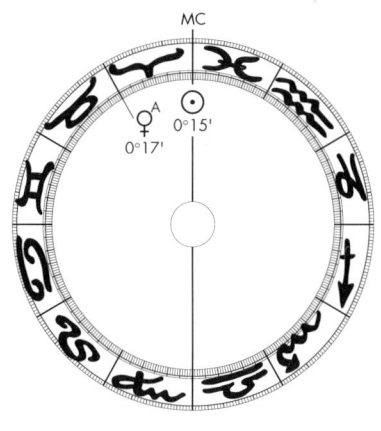

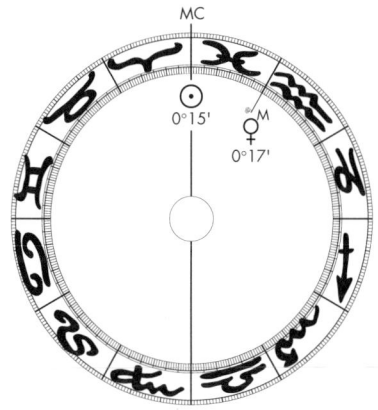

Abb. 8
Oben: Venus geht der Sonne voraus; unten: Venus folgt der Sonne

Leiden, dankbar zu sein, dass man überhaupt das Glück hat, auf dieser Welt zu sein und eventuell ein neues Leben zu gewinnen.

Venus verkörpert nun ausser diesen hohen Zielen und Aufgaben noch zwei wesentliche Merkmale: einmal die Schönheit, wobei wir durchaus zwischen innerer und äusserer Schönheit trennen müssen. Uns von der äusseren Schönheit zu lösen, um zur inneren Schönheit zu kommen, ist eine der schwersten Erfahrungen, die der Mensch machen muss. Denn mit der äusseren Schönheit hängt die Verführbarkeit eng zusammen. Venus – das sagen die alten Mythen – verführt. Sie hat den stärksten magischen Zauber, den wir uns überhaupt vorstellen können. Das Motto heisst: Ich verführe – aber ich werde auch verführt.

Etwas vereinfacht stellt sich die Frage: Wo zeigt mir Venus (ob bei Frau oder Mann) mein Verführungstalent, und wo zeigt sie zusätzlich die Lockungen, die mich magisch verführen? Das Exoterische der Verführung ist in der landläufigen Astrologie recht leicht auszumachen, wenn die Horoskopeigner nur halbwegs ehrlich sind.

Schwerer ist es, die innere Verführung herauszufinden, die einen Menschen durchaus zum Abgrund treiben, aber auch in die Höhen zu heben vermag. Alles hat seine zwei Seiten. Und diese zwei Seiten zeigt wie kaum ein anderer symbolischer Planet die Venus. Äussere Schönheit ist sowohl eine Gefahr für die, die sie besitzen, wie für diejenigen, die ihr erliegen. Dafür vergeht sie schneller. Innere Schönheit braucht ihre Zeit, ehe sie wirkt. Dies gilt für Venus als Abendstern genauso wie für Venus als Morgenstern.

Venus als Morgenstern

Schönheit ist ein Geschenk. Aber Schönheit verführt auch dazu, einen leichten Weg zu gehen, und da ist man in der Filmbranche besonders gefährdet, zumal wenn sich noch echte darstellerische Begabung mit dem guten Aussehen paart. Die Schönheit des amerikanischen Filmstars **Kim Novak** war ungewöhnlich. Kim Novak stammte aus sehr einfachen, man kann sagen beengten Verhältnissen, weshalb der Besuch des College nicht durchgehalten werden konnte. So begann sie eine Karriere als Fotomodell, wobei sie bevorzugt für die Werbung von Nachtwäsche eingesetzt wurde.

Sie führte später nach ihren grossen Filmerfolgen wie «Der Mann mit dem goldenen Arm» oder «Verdammt in alle Ewigkeit» ein einfaches Leben, und sie galt als der Star mit der schlichtesten Garderobe und dem geringsten persönlichen Aufwand. Sicher hatte sie es dadurch in Hollywood als Aussenseiterin nicht gerade leicht. Dazu kam, dass sie – in einer fast unglücklichen Liebe – ihrem Entdecker Mac Krim aus Detroit lange, lange treu blieb, obwohl sie stets umworben wurde. Aber gerade weil sie als Mensch bereit zum Verzicht (Opfer) war, wurde sie so sehr geliebt, vielleicht besonders von denen, die auf so vieles verzichten müssen und sich ihr Glück in den zwei Sehnsuchtsstunden einer Filmvorführung holen.

Kim Novak

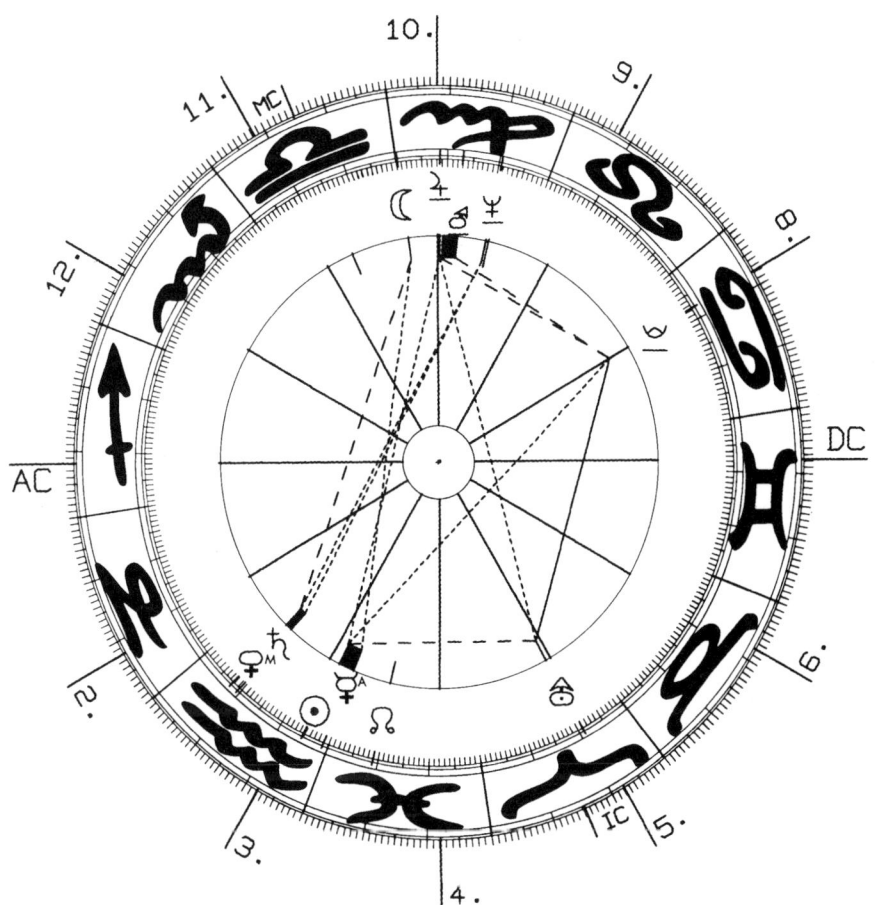

Abb. 9
13. 2. 1933, 3.13h LT, Chicago, USA

In ihrem Verhalten war sie übrigens rührend naiv. Bei den Filmfestspielen ging sie tagelang mit einem netten jungen Mann aus, der auf Grund eines Bildes in der Zeitung dann als Bankräuber von der Polizei festgenommen wurde.

Was sagt nun das Horoskop dazu (Abb. 9, vorherige Seite)? Selbstverständlich können wir hier nicht wie in einer individuellen Beratung ins Detail gehen, aber zur Einführung in diesen Themenkomplex dient dieses Bild schon sehr gut. Der Mond hat seine Vollmondposition in Löwe (Sonne in Wassermann) überschritten. Da er erst wenig abnehmend ist, dürfte es der Horoskopeignerin nicht leicht fallen, Verzicht zu üben. Aber die Notwendigkeit zum Opfer lebt doch in ihrer Seele.

Venus ist Morgenstern, wird also den Mond beim Gang in die Fackeln der Sonne begleiten, wobei er Dunkelmond wird. Zusätzlich geht Venus – sich Saturn unterwerfend – auf den Hüter der Schwelle zu, was immer auf einen Verzicht der vielen Venusmöglichkeiten hindeutet, dafür aber konzentriert auf die wesentlichen Venusaufgaben verweist, die zu leisten sind. Schönheit ist also nicht nur ein Geschenk, Kim Novak hatte sie in die Wiege mitbekommen, um mit ihr künstlerisch etwas auszudrücken, was andere berührt, wie etwa in dem Antisuchtfilm «Der Mann mit dem goldenen Arm». Hier werden also Schönheit, Kunst und Ausstrahlung in den Dienst einer Aufgabe gestellt, so dass man annehmen kann, dass es sich Kim Novak auch künstlerisch nie leicht gemacht hat.

Ihre anziehende Ausstrahlung (vier Planeten in Wassermannzeichen) lässt kaum erkennen, wie es in ihr aussah, zumal das «Individuelle» sich mehr im Alltag (Sonne/Merkur im 3. Haus) äusserte. Aber Venus/ Saturn (2. Haus) bestimmen die Selbstwertqualität und geben von daher Kraft. Flirrend das Bild, das sie gab!

Mal wurde sie «Miss Tiefgekühlt» genannt, dann wieder die «Blonde Brandstifterin». So konzentrieren sich auf diese schöne Schauspielerin viele sehr unterschiedliche Projektionen – sehnsüchtige für die Männerwelt, furchterregende für die Frauenwelt. Sie galt als hübsch und trotzdem talentiert (als wenn das eine das andere ausschliessen würde), als leidenschaftlich und trotzdem anständig, als rätselhaft (wohl wegen der geheimnisvollen grünen Augen) und trotzdem als klar und nüchtern handelnd. Für glücklich hielt sie sich selbst übrigens nicht – eher für einen Pechvogel. Kunststück!

Die Seele, der Mond, strebt hoch hinaus, wogegen Venus in Konjunktion mit Saturn die harten Pflichten anzeigt. Übrigens standen nach zwei Wochen Venus und die abnehmende Mondsichel wirklich am Morgenhimmel (als die Sonne schon im Abschnitt Fische stand). Wieder ein Omen, das in der Frühe am Firmament zu sehen war, und das wohl für das ganze Leben galt.

Hier wird deutlich, wie völlig verschieden dieses Leben im Gegensatz zu dem anderer blonder Sexbomben ablief, die mehr aus Eitelkeit und Erfolgssucht in die Showbranche streben. Wenn hier oder in anderen, ähnlichen Fällen eine esoterische Horoskopbesprechung möglich wäre, könnte gerade im flirrenden, verführerischen Showgeschäft manche Begabung vielleicht besser und schöpferischer eingesetzt werden.

Venus als Abendstern

Venus als Abendstern galt stets als die himmlische Göttin, die uns den Segen und die Neugeburt bringt. Aber wir dürfen nun nicht annehmen, dass der Weg, den Venus als Abendstern anzeigt, deswegen ein sehr leichter und angenehmer Weg ist für die betreffenden Horoskopeigner! Zwar war der Abendstern immer beliebter als der Morgenstern, auch wurden die Göttinnen, die den Abendstern symbolisierten, immer mehr verehrt und angebetet, aber die Pflichten gerade des neuen Werdens sind so gering nicht. Jede Mutter weiss, dass ein Kind ihr für lange Jahre Aufgaben aufbürdet, ehe es allein seinen Lebensweg antreten kann. Dies gilt für alles, was schöpferisch neu geschaffen wird. Die Sorgen und Ängste der Mütter sind hier zu sehen, aber auch das Bedürfnis für die Weiterentwicklung auf dieser Erde – egal auf welchem Gebiet.

So blieben Ischtar und Isis, Aphrodite und Venus wie die Madonna die Symbole, an die sich die Menschen in ihrer Not inbrünstig wendeten. Venus als Abendstern stand in jeder Kultur als Hintergrund für die Verehrung der Himmelskönigin.

Gnade und Heilung wurden stets von den dunklen Madonnen erhofft, die einst den Abendstern symbolisierten. (Im Lauf der Geschichte verschob sich dies des öfteren und trug zu mancher Verwirrung bei, so etwa in der Frage, ob die Madonna ihr Kind links oder rechts im Arm halten solle.)

Der Abendstern Venus ist auch die Göttin der irdischen Liebe, die ihre Hände segnend über die nächtliche Vereinigung hält. Dass aus diesen Bindungen aber auch Verpflichtungen entstehen, wird gerade heute oft vergessen. Glück in der Liebe, um die allgemeine Sehnsucht einmal etwas profan auszudrücken, gibt es nicht zum Nulltarif. Alles hat seinen Preis. Venus als Abendstern weiss das und signalisiert uns dies.

Auch Venus als Abendstern muss im Zusammenhang mit dem Mond gesehen werden. Ist der Mond *abnehmend,* wird Venus als Abendstern der abnehmenden Mondsichel *nie* begegnen.

Das Opfern ist dann nicht ihre Sache. Erst der zunehmende Mond, der Ansprüche stellt und Opfer von anderen erwartet, ist ihre Grundüberzeugung, was der Grundüberzeugung jeder Mutter, jeder Geliebten entspricht, die alles für ihr Kind, für ihr Glück fordert. Doch das Opfer ging voraus!

Das sehen wir deutlich am Beispiel Aphrodite! Sie ist auf sehr geheimnisvolle Art geboren. Saturn, der Sohn von Uranus, schnitt seinem Vater die Geschlechtsteile ab, damit keine bösen Dämonen und grausamen Titanen mehr geboren werden konnten, und warf sie ins Meer. Das Meer schäumte auf, und aus den Geschlechtsteilen stieg die schöne Aphrodite hervor. Das war das Zeichen! Nun sollte nur noch sie das Schöne gebären und bewahren.

In der Odyssee heisst es, dass Zeus die goldene Aphrodite aufforderte: «Aus dem Werke des Krieges schaffe du nur hinfort liebreizende Werke der Hochzeit.»

So wurde Aphrodite zur *Göttin der Liebe!*

Aber sie war nie die Göttin der billigen, der käuflichen Liebe, sondern der erfüllten, der treuen, der ewigen, ja der himmlischen Liebe – also der Liebe mit Idealzielsetzung. Venus als Abendstern ist also immer mit dem Mond in Beziehung zu setzen. Venus als Abendstern und Dunkel- oder Neumond zeigen uns, dass Venus dem gestorbenen Mond neues Leben schenken will. Venus als Abendstern und der zunehmende Mond fordern, wollen, steuern unbeirrt auf ein Ziel zu.

Venus als Abendstern und Vollmond signalisieren, dass ein Ziel erreicht ist, eine Umkehr bevorsteht. Venus als Abendstern und abnehmender Mond wollen uns sagen, dass das Neue nur über ein Opfer zu erringen ist.

Das schönste, eindringlichste Bild, das es hierfür als Horoskopbeispiel gibt, ist das Radix des **Jesus von Nazareth.** Wir sehen Venus als Abendstern weit von der Sonne entfernt, daher so hell leuchtend wie selten. Der Mond wandelt abnehmend auf die Sonne zu, damit anzeigend, dass die kommende Opferung bereits von der Seele angenommen ist, dass sie erwartet, ja ersehnt wird. Venus weiss und billigt dies, denn sie steht von den Elementen her im sogenannten «harmonischen» Aspekt zum Mond. Dazu kommt die Sonne, das Sein anzeigend, im Untergang am Deszendenten, in Opposition zu Saturn, dem Hüter der Schwelle. Erschütternder kann dies kaum in einem Radixbild gesehen werden.

Die Rückläufigkeit der Venus

Die dritte für uns wichtige Konstellation ist die Rückläufigkeit der Venus. Hier gibt es drei Grundpositionen:

Erstens: Venus ist rückläufig, aber noch Abendstern. Zweitens: Venus ist rückläufig und steht in genauer Konjunktion mit der Sonne. Drittens: Venus ist auf ihrem (scheinbaren) rückläufigen Weg an der Sonne vorbeigezogen und Morgenstern geworden.

Grundsätzlich bedeutet die Rückläufigkeit, dass Venus sich wandelt. (Es gibt auch die Wandlung der Venus vom Morgen- zum Abendstern, aber die ist von der Erde nicht zu sehen, da sie in einer oberen Konjunktion mit der Sonne stattfindet.)

Präzise zu verfolgen ist ihre Wandlung vom Abend- zum Morgenstern, die in der unteren Konjunktion, also von der Erde aus gesehen vor der Sonne, erfolgt.

Wird Venus (noch als Abendstern) rückläufig, dann muss sie die Wandlung zum Morgenstern annehmen. Ein Lernprozess! Steht Venus genau in Konjunktion mit der Sonne (Orbis nach beiden Seiten höchstens 30 Bogenminuten), dann ist sie von der Sonne verbrannt, geht also durch das Grab der tiefen Wandlung. Diese Wandlung mussten einst alle künftigen Adepten (Eingeweihten) in Ägypten durchmachen, als sie in ein Grab gelegt wurden, um die Situation des Todes bei lebendigem Leibe als Sinn einer tiefen Wandlung zu erfahren.

Ist Venus an der Sonne vorbeigezogen und noch rückläufig, dann nimmt sie die neue Aufgabe als Begleiterin des sterbenden Mondes an, wenn sie auch die

Jesus von Nazareth

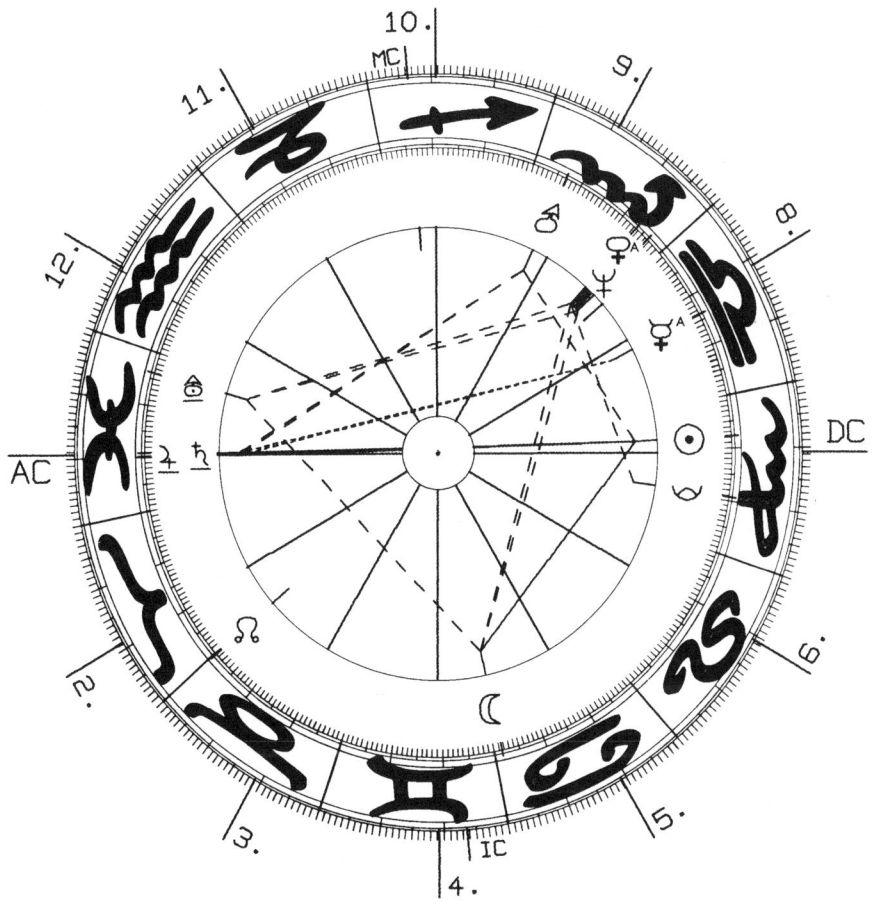

Abb. 10
17. 9. im Jahre 6 v. Chr., 17.55 h LT, Nazareth, IL

Rolle des Morgensterns erst lernen muss, weil die Erinnerung an ihre Rolle als Abendstern noch sehr spürbar ist.

Auch hier gibt dann der Mond die zusätzlichen Informationen. Geht es also um Liebe und Opfer, die zusammen etwas von der tiefmagischen Kraft verraten, müssen auch diese Stellungen der Venus berücksichtigt werden. Für die esoterische, individuelle Deutung eines Horoskops ist dies von grosser Wichtigkeit.

Kapitel 8
Merkur

DAS DENKEN ALS GESCHENK DES HIMMELS

Merkur symbolisiert in der Astrologie das Denken und Handeln, das Vermittelnde und Pragmatische sowie den Intellekt. Esoterisch steckt in Merkur jedoch sehr viel mehr.

Ich persönlich meine, dass Merkur weitgehend unterschätzt wird. Es wird zum Beispiel völlig beiseite gelassen, dass Merkur einst als der Adjutant des Saturn galt, den dieser zur Sonne schickte. Beide haben dasselbe bleierne Licht, so dass von der Schau her eine gewisse Gemeinsamkeit zu erkennen ist. Als nur die sieben alten Planeten bekannt waren, hielt Merkur die Verbindung zwischen dem Licht und dem Hüter der Schwelle. In der astrologischen Praxis schält sich häufig sehr deutlich heraus, dass Merkur das kommende «Saturnische» ankündigt. In den Sekundärdirektionen, den Progressionen, bewegt sich Saturn – besonders wenn er im Radix rückläufig ist oder es im Laufe der Jahre wird – so wenig, dass er oft ein ganzes Leben lang an seinem Radixort gefesselt bleibt.

Dann ist es gut, sich auf Merkur zu besinnen, ihn anzuschauen. Besonders in seinen Sekundärdirektionen ist Merkur für den Verstand und die Realität das, was der sekundäre Mond für die Seele ist. Der sekundäre Mond kündigt alles an, was die Seele, was das Unbewusste berührt, während Merkur die Omen für die Realität setzt.

Das ist eine der esoterischen Seiten von Merkur.

Um den Götterboten ranken sich nicht so viele bedeutende Legenden oder Mythen wie um die Venus. Das kommt daher, weil Merkur kaum sichtbar ist und immer im Schatten der Venus stand. (Kopernikus litt fast darunter, Merkur nie geschaut zu haben.) Merkur (griechisch Hermes) betete man nicht an, hat man nie angebetet! Nur einmal, und zwar in der magisch-esoterischen Historie, wurde er als grosse Persönlichkeit angesehen, indem man ihn mit Hermes Trismegistos, dem «Dreimal Grössten», verglich. Dieser Vergleich geht jedoch nicht auf, hier spielt die Namensgleichheit eine irreführende Rolle. Hermes Trismegistos geht wie erwähnt auf den ägyptischen Gott Thot zurück, aus dem später der griechische Chronos und der römische Saturn wurde.

Merkur besitzt in den Mythen viel Witz, er ist listig, er bestiehlt die Götter und ist im Grunde immer obenauf. Für die Menschen war er unersetzlich, weil er die Sprache der Götter so umsetzte, dass sie auf der Erde verstanden wurde. Redegewandtheit war eine seiner ganz grossen Tugenden, zudem war er Meister im Aushandeln, weswegen es im Mittelalter kein Haus eines Kaufmanns gab, in dem nicht wenigstens eine Merkurstatue als Talisman, als Zeichen der Verbundenheit, zu sehen war. Die esoterische Aussage über Merkur, die sich besonders auf die saturnische Bindung stützt, geht jedoch viel weiter.

Ohne Merkur ist keine Philosophie, sind keine vorausschauenden Gedanken, keine wahre Dichtung, ja nicht einmal menschliches Handeln möglich. Was wir tun, tun wir aus dem merkurischen Kraftbereich heraus, wie wir handeln, ist am Merkur zu ersehen, ob aus der Radixstellung oder aus den Direktionen und Transiten.

Vor allem ist Merkur Meinungsbildner! Unsere Grundeinstellung zu Lebensdingen, Schicksalsschlägen und Entwicklungen kommt ohne Merkur nicht zustande. Ob wir unbelehrbar sind, ob wir bereit sind, unsere Meinung zu ändern, oder ob wir uns lieber opportunistisch verhalten, als uns selbst im Handeln treu zu bleiben, das zeigt uns Merkur.

Es ist schon darauf hingewiesen worden, dass Merkur wahre Liebe zerstören kann, zum Beispiel wenn die Vernunftehe einer Liebesbindung vorgezogen wird, wenn wir Worte falsch auslegen oder wenn wir auf Ratgeber mehr hören als auf unser Herz. Merkur und Venus hatten nie eine enge Verbindung, was durchaus verständlich ist. Daher ist die Stellung von Merkur und Venus sehr wichtig: ob sie sich etwa im Confinis-Aspekt (30 Grad) anblicken, ein Sextil (60 Grad) miteinander bilden oder ob sie sich in einer Konjunktion vereinen.

Bei allem spielt natürlich eine grosse Rolle, ob Merkur Abend- oder Morgenstern ist. Zwar ist er nicht so bestechend am Himmel auszumachen wie die Venus, die sich immerhin bis 48 Grad von der Sonne entfernen kann, während Merkur als weitesten Abstand zur Sonne nur 28 Grad aufweist. Doch gelten die Grundgesetze, die wir bei der Venus ausführlich erläutert haben, auch für diesen Planeten.

Nur eines muss beachtet werden: Merkur wechselt sehr viel häufiger vom Abend- zum Morgenstern als Venus. So mag sich der Wechsel nicht so ganz dramatisch vollziehen. Andererseits bringt diese schnelle Veränderung die Chance, sich auf neue Situationen einzustellen, was in den Direktionen oft sehr wichtig erscheint. Merkur tanzt sozusagen um die Sonne herum.

Jeder Planet, der zur Sonne will, muss entweder vorher an Merkur vorbei, oder er begegnet ihm kurz nach seinem Zusammentreffen mit der Sonne. So weiss Merkur über alles Bescheid, was «da oben» geschieht. Deswegen erscheint mir Merkur besonders auf esoterischem Gebiet so bedeutsam und auch auskunftsbereit, wenn wir ihn nur fragen. Er ist, übertrieben gesagt, die «Pythia des Himmels».

Merkur als Morgenstern

Als Morgenstern symbolisiert Merkur mehr das Sichherumschlagen mit den alltäglichen Dingen. Aber er steht auch für die Auseinandersetzung mit dem Tod.

Nachdem die ersten Menschen Adam und Eva – verführt durch das Mondsymbol Schlange – vom Baum der Erkenntnis gegessen hatten, kam die merkurische Kraft im Menschen zum Tragen. Vorher gab es nur ein Tier, das schlauer als alle anderen war. Die Schlange als Mondsymbol wusste: Jeder Tod zieht eine Auferstehung nach sich. Nun aber, da die Frucht vom Baum der Erkenntnis aufging, erkannten Adam und Eva nicht nur, dass sie nackt waren, sondern dass sie aus dem Paradies vertrieben waren. Nun war der Verstand aufgewacht, der vorher selig im Paradies geschlafen hatte. (Dies lässt sich auf viele Entwicklungsstadien des Lebens übertragen.)

Wer weiss, dass er sterben muss, der handelt anders. Merkur als Morgenstern weiss dies. Auch an ihm wandelt die sterbende Mondsichel immer wieder vorbei, auch er holt als zweitschnellster Planet die Sonne immer wieder ein und verbrennt in ihr.

Wenn ich um mein Ende weiss, besteht die Gefahr, alles mehr vom Ich-Standpunkt aus zu sehen; so muss ich mir die Objektivität oft schwer erringen. Das ist die *eine* Seite. Die *andere* gebietet mir, mich um die Ordnung in dieser Welt zu kümmern, solange ich auf dieser Welt lebe, denke und handle. Aber Merkur als Morgenstern weiss auch um das Geschenk des Lebens, was ihn andererseits wieder froh, oft sogar heiter macht. Was für die Seele unbedingt gewiss ist, nämlich ihr Weiterleben, damit muss sich Merkur auseinandersetzen, aber sicher wird er nie sein. Er weiss nur, dass es den Hüter der Schwelle gibt, aber er weiss nicht genau, was dort behütet, was sich hinter der Schwelle zeigen wird.

Im Horoskop von **Dr. Samuel Hahnemann** (Abb. 11, übernächste Seite) haben wir Merkur als Morgenstern, und er ist «rückläufig». Das heisst, dass er vor kurzem noch Abendstern war und folglich voller Höhenflüge (was wir noch aufzeigen werden) und philosophischer Gedanken, mit der Gefahr, sich zu weit von der Realität zu entfernen. Vielleicht wurde er Morgenstern, um dies zu verhüten. Hier steht nun Merkur engstens mit dem Mond zusammen: Das Denken wird also von der Seele mitgetragen. Direkt daneben befindet sich der absteigende Mondknoten, was auf die feste Verwurzelung dieses seelischen Denkens hinweist. Dazu steht Merkur (mit Mond) in schöpferischer Zerrissenheit zum Gefühl. Damit war für Hahnemann die Aufgabe stets wichtiger als privates Glück, wenn er das auch im Alter ausglich, wie spätere Direktionen aufzeigen. Hahnemann war ein Arzt, der auf Grund der damaligen medizinischen Auffassungen zum Rebellen wurde. Die Verbindung von Merkur und Mond im 4. Haus deutet auf das Zurückgreifen auf alte Erfahrungen hin (Hippokrates, Paracelsus und Galen), aber der Morgenstern verweist auch auf praktische Massnahmen und Opferbereitschaft. Merkur begleitet hier wirklich den Mond auf seinem letzten Gang, der in zirka 30 Stunden Dunkelmond sein wird. Daraus erwächst eine starke, ja fast magische Kraft. Dieses innere Wissen hat Hahnemann dazu gebracht, Versuche an sich selbst und an seinen Familienmitgliedern vorzunehmen. Ohne diese Selbstversuche wäre er nie zu seiner Neuentdeckung der Homöopathie gekommen. Er jagte von einem Experiment zum anderen. Seine Versuche an gesunden Menschen begründeten seine Praxis und brachten ihm Wissen. Er stand damit im Gegensatz zu der gängigen Auffassung, dass Versuche mit Medikamenten am kranken Menschen zu erfolgen haben, und musste unheimlich viel Kritik, ja Spott ertragen. Das Gassenhauerlied «Hahnemann, Hahnemann, geh du voran ...» wird noch heute immer dann angestimmt, wenn jemand mit Mut benötigt wird und alle (etwa Politiker) sich drücken.

Da Venus auch Morgenstern ist (in Konjunktion mit Mars), hatte Hahnemann den emotionalen Mut, sein Werk so zu vollenden, dass heute noch viele Ärzte auf seiner Grundlage zu heilen versuchen. Da Merkur als Morgenstern und Mond im Abschnitt Widder ein Trigon zu Neptun im Zeichen Löwe bilden, helfen hier Instinkt und Inspiration des Neptun. Aber die Quincunxbeziehungen von Mars/Venus zu Neptun unterstreichen wohl auch, dass mancher Gefühlsantrieb nicht voll erfüllt werden konnte oder sollte. Die Aufgabe ging vor.

Merkur als Abendstern

Merkur als Abendstern nun ist anders zu werten: Da fliegen die Gedanken über die Erde hinaus, da wird an die eigene philosophische Kraft geglaubt. Der Himmel will mit allem Ernst ergründet, durchdacht und verstanden werden. Man will ihm alle Geheimnisse entreissen, und diese Geheimnisse werden dann in die Logik des Denkens eingebaut. Hilft der Mond (aufgehend oder zunehmend) und hilft vielleicht auch die Venus als Abendstern, dann sind wirklich Geistesstürme zu erwarten, die allerdings nicht immer von den berühmten Köpfen der Erde anerkannt werden. Immerhin will dieser Merkur alles wissen, um voraussehen und vorausplanen zu können. Das Unbekannte ist ihm fremd, also wird es entdeckt! Das Entdeckte jedoch wird oft als ein tiefes Geheimnis bewahrt. Hier kommt manchmal ein geistiger Snobismus zum Vorschein, der bis hin zum Egoismus führen kann. Was uns das Himmelsbild zeigt: Dieser Merkur wurde gerade geboren und muss schon bald sterben. Er geht kurz nach Sonnenuntergang auf, folgt aber ganz schnell der Sonne ins Dunkle nach. Hier ist Saturn immer im Geiste dabei. Daher sind Ernst und Konzentration auch Voraussetzung für den Höhenflug der Gedanken, denn in sich muss alles logisch und nachvollziehbar sein. In sich muss alles stimmen!

Der esoterische Merkur weiss um den Himmel, er weiss aber auch, wie gefährlich es ist, diesem Himmel zu schnell zu nahe zu kommen. Nur so konnte er der Führer in die Unterwelt (Merkur als Morgenstern) sein und wieder aus ihr heraus den Weg zum Himmel weisen (Merkur als Abendstern). Nur so konnte der Höllenhund Cerberus, der am Eingang wachte, überwunden werden.

Nostradamus wurde in einer Zeit der grossen Umwälzungen geboren. In diesen Tagen wurde die Trennung von Glauben und Wissen, von geistiger und weltlicher Macht vollzogen. Kopernikus hatte das astronomische Weltbild geradegerückt,

Samuel Hahnemann

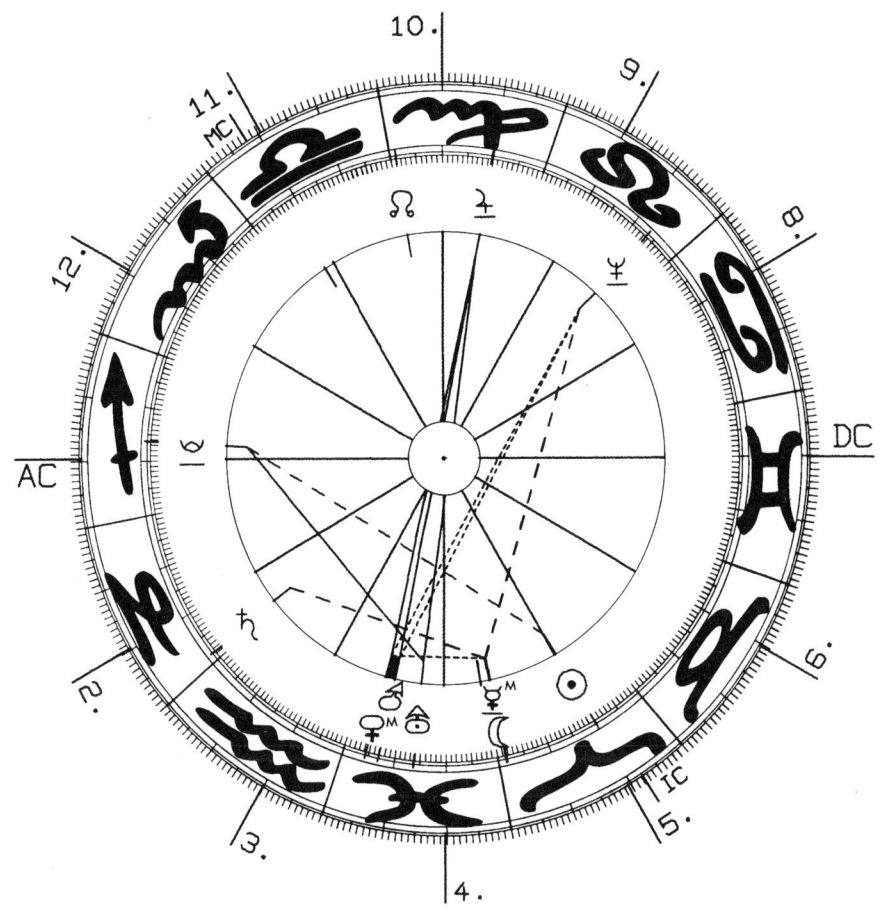

Abb. 11

10. 4. 1755, 0.10 h LT, Meissen/Sachsen, D

und nach Nostradamus sollte Kepler seine Planetengesetze entdecken und trotzdem der Astrologie wieder zu Ehren verhelfen.

Michel de Nostredame wuchs unter meist jüdischen Notaren, Ärzten und Kaufleuten auf, die vorher zum Christentum übergetreten waren. Früh gebildet durch diesen Umgang besuchte er die Universität in Montpellier, um dort Medizin zu studieren. Fünf Jahre später kam es zu verheerenden Seuchen, und die Schlacht von Pavia brachte viele Tote, so dass Michel de Nostredame nicht zögerte, seine Studien zu unterbrechen, um die Bewohner von Narbonne, Toulouse und Bordeaux zu pflegen.

Sein Merkur als Abendstern, also gerade auferstanden und hoch am MC, zeigt zusammen mit der Sonne seine hohen geistigen Ziele an, zugleich unterstreicht der abnehmende Mond die Opferbereitschaft, die Michel de Nostredame sehr früh entwickelte. 1530 kehrte er als Arzt nach Montpellier zurück. Nun beschäftigte er sich wie Paracelsus mit den Pflanzen als Heilkräuter, und im Zusammenhang mit den Wachstumsphasen auch mit den Konstellationen des Himmels. Er fertigte Gesundheitstees und Schönheitsmittel an. Damit verdiente er recht gut, so dass er sorglos leben konnte.

1546 brach eine Pestepidemie aus. Mit Verbissenheit kämpfte er gegen diese Seuche, und bald galt Michel de Nostredame als mutiger, engagierter und kompetenter Arzt. Er heiratete, bekam sechs Kinder und machte sich nun erst daran, Horoskope zu stellen. Seine ersten Arbeiten wurden 1550 in einem Almanach veröffentlicht. Für jeden Tag war der Mondstand angegeben sowie eine kurze Vorhersage. Fünf Jahre später schrieb er Monatsvorhersagen, denen er jeweils einen Vierzeiler voranstellte. Bereits ein Jahr später wurden seine prophetischen Worte gedruckt. Ab jetzt erst hiess er Nostradamus. («damus nostra» heisst: «Wir geben das Unsrige.»)

Damit griff Nostradamus sehr hoch. Natürlich wurde er bald kritisiert (wie alle Grossen), und wie bei Hahnemann entstanden Spottzeilen: «Wir geben das Unsrige, wenn wir das Falsche geben, denn unser ist der Schwindel!» Merkur als Abendstern im Abschnitt Steinbock wird es nie leicht gemacht, aber dieser Merkur hält das auch mit Würde aus! Nostradamus war stark im Glauben, er betonte immer wieder, dass alles in der unbegreiflichen Macht Gottes stände. Später gingen seine Vorhersagen als die «Centuries» in die Geschichte ein, und sie wirken bis heute noch nach; sie bleiben rätselhaft, und doch sind sie mit allem Ernst bedacht, erschaut und niedergeschrieben worden. Es handelt sich einwandfrei um magische Verse.

Wenden wir uns nun den äusseren Planeten in ihrer esoterischen Qualität und Rätselhaftigkeit zu.

Nostradamus

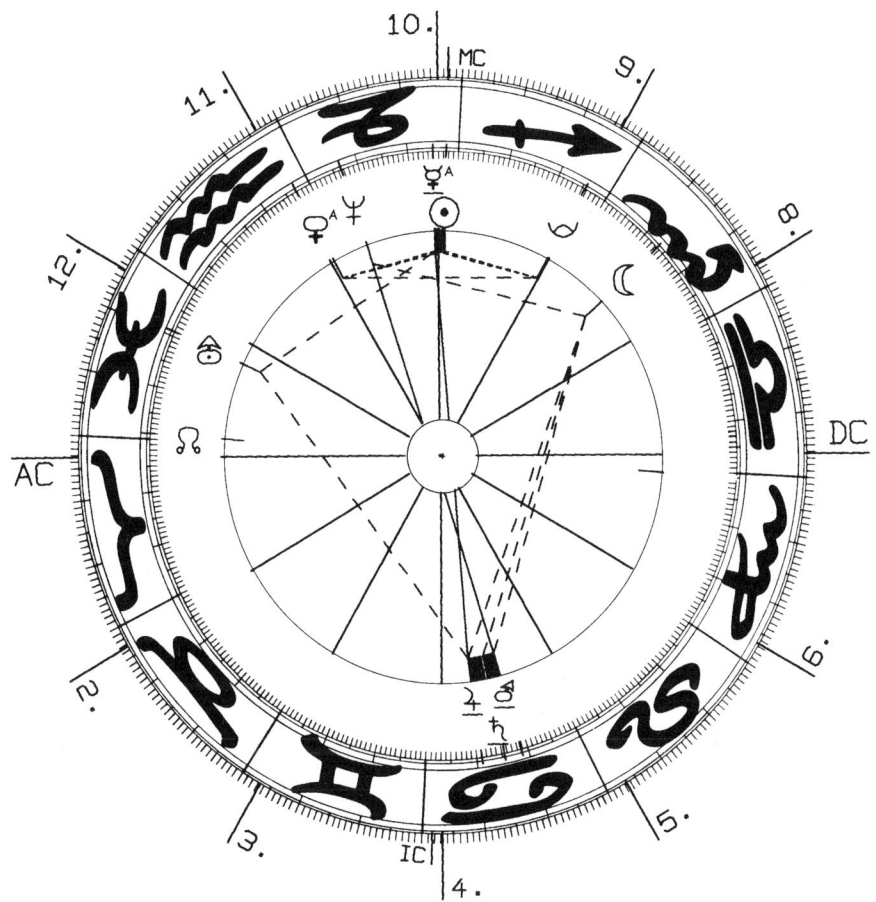

Abb. 12
14. 12. 1503, 12.00 h LT, St. Rémy de Provence, F

Kapitel 9
Mars

DER UNBÄNDIGE SELBSTERZIEHER

Mars symbolisiert in der Astrologie den Kampf, den Willen, den Trieb, die Einsatzbereitschaft; oft den Sohn, stets den Krieger. Esoterisch bedeutet Mars jedoch viel mehr.

Mars ist der schnellste der äusseren Planeten. Sein Umlauf beträgt zirka zwei Jahre, dauert also doppelt so lang wie der Umlauf der Sonne. Mars gilt als roter Planet. Er schimmert wirklich leicht rot vom Himmel, wenn er in Opposition zur Sonne und damit erdnah steht. So meinte man, Mars sei der Gegenspieler der Sonne. Das ist sicher falsch.

Im Gegenschein zur Sonne (Opposition) saugt Mars – esoterisch betrachtet – förmlich die Energie der Sonne auf. Dann läuft er auf die Sonne zu, um dieser etwas von seiner Energie zurückzugeben, so als hätte er sie für die Sonne gespeichert. Und die Sonne braucht die esoterische Kraft des Mars! Ohne Antrieb, ohne Einsatz und Mut kann sich die Sonne, damit das bewusste Ich, nicht verwirklichen. Der Weg zum Sein benötigt sehr viel Energie und Impulskraft. Die liefert allein Mars. Mars ist, wie alle Planeten, als Kind der Sonne niemals ein Gegenspieler der schöpferischen Urkraft, er symbolisiert den Mut, der das Ich stets zu begleiten hat. So erkennen wir am Mars unseren Mut, unsere Zivilcourage oder das Aus- und Zurückweichen vor Schwierigkeiten. Aber ohne Courage geht nichts, damit werden die Ängste nur gesteigert. Auch die Liebe weiss um den Wert des Mutes, auch das Opfer erfordert meist sehr starke, einsatzbereite Tapferkeit. Und das Allerwichtigste ist die Tatsache, dass Mars unseren Lebensmut symbolisiert.

Das ist schon bei der Geburt zu sehen, wenn das Kind aus dem Mutterleib heraus will. Das Kind bestimmt den Zeitpunkt. Und von der Wiege bis zur Bahre bedarf es dann eines starken Lebensmutes.

Der scheint heute im allgemeinen sehr gering zu sein, denn statt des Mutes überwiegt eher der Drang zur Absicherung. Ein Boom für die Versicherungen ist die Folge. Der ist zwar exoterisch, aber mit dem Verlust des äusseren Risikos wurde auch der innere Lebensmut stets geringer, und so machen sich nur noch wenige auf einen wagemutigen Weg, um die wahren Abenteuer (auch) der Seele und des Geistes zu bestehen, um über sich hinauszuwachsen!

Mut erfordert Kampf! Mars meint damit überhaupt nicht den kriegerischen Kampf. Auch der ist eher unter Exoterik einzuordnen.

Die Griechen meinten, dass der Kampf der Vater aller Dinge sei. In diktatorisch regierten Nationen wurde dies eher mit dem Verhalten der zu Todesmut erzogenen Spartaner gleichgesetzt als mit den geistigen Auseinandersetzungen der Philosophen. Kampf bedeutet, nicht zu rosten, sondern sich den Entwicklungen zu stellen, nicht Angst zu haben vor neuen Ideen oder Anschauungen, sondern den eigenen Rufen und Wünschen zu folgen. Gerade Mars als Symbol der inneren, eigenen Auseinandersetzung sucht den inneren Frieden. Nur so ist zu verstehen, dass er als einziger mythischer Gott vor Venus kniete.

Als grösster Feind des Menschen erweist sich der Mensch selbst. Sich zuerst selbst überwinden und besiegen zu müssen, das allein ist der Kampf, der gemeint ist, ohne den es keine Höhenflüge gibt. Dabei leuchtet uns das Licht des Mars auf allen Wegen voran. Wir sprechen jetzt von einer ideellen, esoterischen Symbolik.

Um die wahre Aufgabe unserer Marskraft zu finden, dürfen wir darüber nicht vergessen, dass Mars sich auch von der primitivsten Seite zeigen kann. Es ist zweifellos auch das «Tierische» in uns, was auf krasse Weise ausdrückt, dass Mars unseren Egoismus verkörpert. Mit Mars befriedigen wir erst einmal alle ureigenen Bedürfnisse, wir nehmen uns – mit dem Recht des Stärkeren –, was wir zum Leben brauchen: Nahrung, Liebe und Lebensraum.

Solange uns aber diese Wesensrichtungen leiten, solange wird sich die Marskraft der esoterischen Einsicht entziehen. Solange werden Begriffe wie Liebe und Opfer kaum angenommen. Daher bedarf Mars oft einer strengen Erziehung. Mars ohne Gefühl erniedrigt die Liebe zu einem blossen, wenn auch stürmischen Geschlechtsakt, und der kann zur Sucht werden. Weil er nur für den Augenblick reicht, muss er immer wieder zurückgeholt und gesteigert werden, was dann unweigerlich zur Abhängigkeit führt.

Der noch primitive Faust drückt dies Mephisto gegenüber sehr gut aus: «Werd ich zum Augenblicke sagen, verweile doch, du bist so schön, so magst du mich von hinnen tragen ...» Aber Mars soll doch der Antrieb, der Wille, die Energie zum Höhenflug, also zur inneren Sonne sein! Der innere Ikarus soll angespornt werden, wohl wissend, dass man der Sonne nicht zu nahe kommen darf, nur weil man sich selbst für eine Sonne hält.

Mars symbolisiert auch die Schmerzen, vor allem jene des Geburtsaktes, den wir mehrmals, ja immer wieder im Leben erfahren werden, denn immer wieder werden wir neu geboren.

Wenn es um den Kampf um das eigene Recht geht, dann sei daran erinnert, dass Mars auch das Symbol der Ritterlichkeit ist. Diese Ritterlichkeit lebt in vielen Tieren, die so primitiv also gar nicht sind. Fühlt sich ein Tier besiegt, dann bietet es seine Kehle dem Sieger dar, der sich in dem Moment abwendet und seinen Gegner nicht tötet. Auch das ist Mars: mit dem angeborenen Instinkt nicht sinnlos den Sieg auszukosten.

Noch klüger handelt der Mensch, der zu dem Ergebnis kommt, den Feind, den Gegner nie zur Verzweiflung zu treiben. «Drücke deinen Feind niemals in eine Bedrängnis, aus der es keinen Ausweg mehr gibt.» So sprachen die wahren Kämpfer und meinten damit: Wenn eine Lage ausweglos ist, dann erwachen noch einmal Kräfte mit Urgewalt, die uns primitiv und unbarmherzig reagieren lassen. Marskraft ist so ungestüm, dass sie nicht aus der Enge heraus explodieren darf. Kluge Rechtskundige verhalten sich daher während der Gerichtsverhandlungen so, dass dem Gegner immer eine Brücke zum Rückzug offenbleibt.

Marskraft ist *«Ichkraft»*. Marskraft ist zunächst egozentrisch, daran gibt es keinen Zweifel. Mit ihr richtig umzugehen heisst, auch mit seiner Egozentrik gut umzugehen. Liebe kann nicht lange existieren, wenn zuviel Egozentrik im Spiel ist. Und auch das Selbstopfer aus reiner Egozentrik ist kein Opfer, das die inneren Götter annehmen.

Von daher können wir sagen: Esoterisch gesehen ist Mars *der* grosse Selbsterzieher. Wer den Mars in sich nicht bändigt und kultiviert, der besiegt sich nicht. Wir müssen anerkennen, dass es eine gewaltige Marskraft geben muss, um Leben zu gewinnen und zu bewahren. Aber diese so notwendige Kraft muss stets mit Massen eingesetzt werden!

Der «rote» Planet des Triebes erzieht den Trieb in sich!

Der Wille muss überlegt und bedacht durchgesetzt werden!

Die Energie darf sich nicht zu schnell verbrauchen!

Mars ist unser bewusster Wille, unser bewusster Machtanspruch. So ist dieser Machtanspruch auch vom Bewusstsein her zu steuern. In Verbindung mit dem Mond als Symbol der Seele mag dies oft schwerfallen, weil der Mond noch manches Unbewusste mit einbringt. Auch mit Venus mag die Kontrolle der Marskraft nicht immer leicht fallen, weil Gefühle und Emotionen die Marskraft verführen oder ablenken.

Mit Merkur jedoch mag die Marskraft wohl eher gerne ein Bündnis eingehen; dann verbinden sich Vernunft und Antrieb, und dies kann in der Regel eine erfolgreiche Partnerschaft ergeben.

Der Marskraft müssen wir uns immer wieder stellen. Sie zu verleugnen bringt uns keinen Schritt weiter, denn in dieser Kraft lebt eine Magie, die jedem wichtig sein sollte.

Mars gibt es nicht als Abend- oder Morgenstern. Mars ist eine Einheit, die noch dazu unkompliziert ist. Daher ist der Umgang mit Mars im Grunde sehr einfach, wenn nur der Wille (wieder Mars) vorhanden ist, sich der eigenen Egozentrik zu stellen.

Wir müssen uns auch vom Begriff des Kriegers lösen! In der Kathedrale von Lausanne zeigt ein Kirchenfenster, das als riesige Rosette gestaltet ist, Mars als Bauern mit einem Pflug. Die in diesem Bild enthaltene uralte Volksweisheit «Aus Schwertern Pflugscharen machen» verdeutlicht die wahre Marsaufgabe. Schafft diese Kraft also den fruchtbaren Boden, auf dem wir gedeihen, dann sind wir einen riesigen Schritt weiter. Mars ist dann auch nicht mehr der gefürchtete Eroberer, sondern der Beschützer, der im Notfall zur niedergelegten Waffe greift, um seine Heimat zu verteidigen. Dies gilt auch im esoterischen Sinn. Wenn wir diese Kraft einsetzen, um unsere Ziele, unsere geernteten Früchte, unsere aus Erfahrungen gewachsenen Überzeugungen, unser Wissen und unsere Werte zu verteidigen, dann haben wir gelernt, mit den Marskräften in uns gut umzugehen. Ja, wir sollten

Adolf Hitler

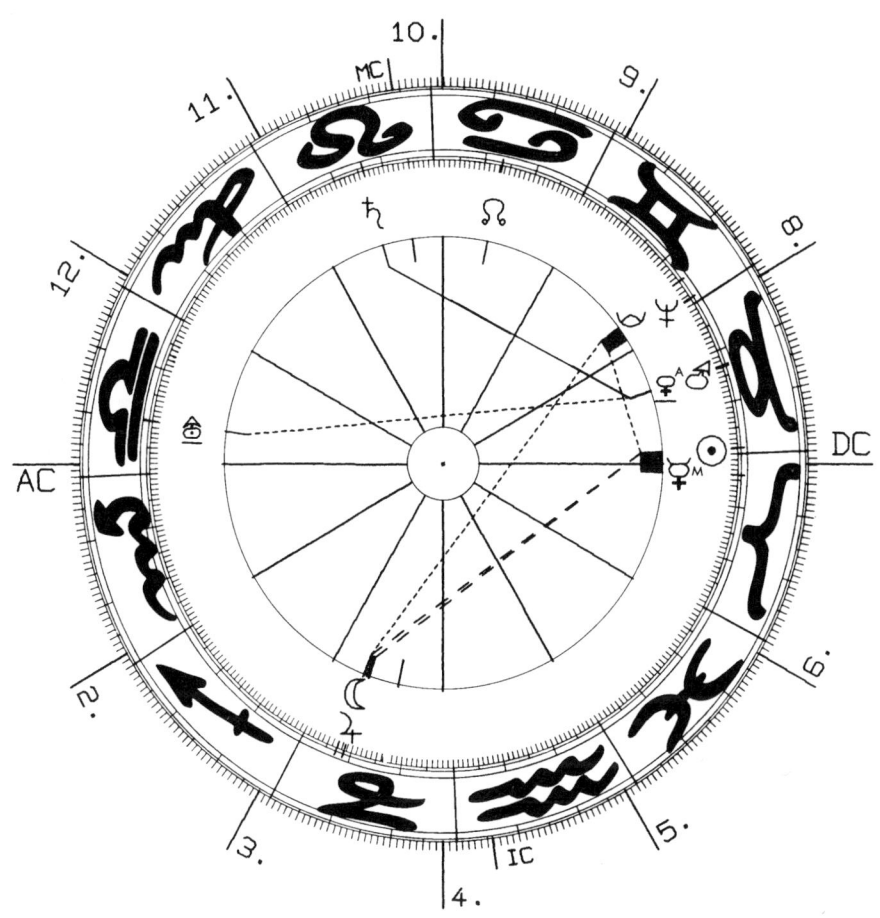

Abb. 13
20. 4. 1889, 18.36 h LT, Braunau, A

sie lieben, denn auch diese Kräfte brauchen ihre Streicheleinheiten. In den Mythen war Mars immer am besten mit Liebe beizukommen.

Adolf Hitler galt immer als typischer Marsmensch. Das ging soweit, dass die Astrologen der zwanziger und dreissiger Jahre (unter anderem Elsbeth Ebertin, die heute noch für ihre Prognose gelobt wird) das Horoskop von Hitler so stellten, als stände seine Sonne im Widderzeichen. Die Sonne steht aber im Abschnitt Stier (Abb. 13, vorherige Seite).

Doch nach der traditionellen Astrologie ist Hitler typisch marsisch, denn die rückläufige Venus als Abendstern (also im Wandel zum Morgenstern begriffen) unterwirft sich als schnellerer Planet dem Mars. So «herrscht» Mars über die Stiersonne und über den Waage-Aszendenten, der ja auch der Venus untersteht. Selbst Uranus kann man – nach dem «Herrscherprinzip» im Venuszeichen stehend – dem Mars unterordnen, auch hat er zusätzlich einen nahen Mars-Aspekt (Quadrat) zu Saturn. Die Marskraft wird noch unterstützt durch das marsische Denken, das Merkur als Morgenstern im Zeichen Widder anzeigt. So sind alle individuellen Planeten (bis auf Mond) marsisch geprägt!

Dieser so sehr betonte Mars wurde nun von Hitler mit aller äusseren, exoterischen Gewalt ausgelebt – zum Schaden der Welt. Hitler lernte nie sich zu bezähmen oder sich zu beherrschen, nicht einmal im Angesicht des Zusammenbruchs Deutschlands und im Moment seines Todes, so dass der Volksmund ihn danach als feigen «Teppichbeisser» titulierte, der voller Wut und Verzweiflung über andere endete, ohne sich selbst zu erkennen.

Vor seiner politischen Karriere versuchte sich Hitler als Malerstudent in Wien den Künsten zuzuwenden. Nach Trevor Ravenscroft *(Speer des Schicksals)* hatte sich Hitler in dieser Zeit in Wien lange und ausführlich mit der Esoterik beschäftigt und kam über diese zu Wagners Musik, vor allem dessen «Parzival».

Hier hätte Eigenerziehung einsetzen sollen, die jedoch ausblieb, weil Hitler damals keine Erfolge hatte. Sein erstes «wahres» Erfolgserlebnis hatte er im Ersten Weltkrieg, also auch im marsischen Bereich, wo er für seine Taten als Melder einen Orden bekam. Danach erlebte er einen Schiffbruch nach dem anderen, bis er sich entschloss, mit ungezähmter Marskraft der Welt seinen Stempel aufzudrükken. Das Mars/Saturn-Quadrat war da sicher auch falsch verstanden worden.

Hitler fehlte auch der Mut und die Ritterlichkeit des Mars. Er meinte sich zu opfern, als er sich das Leben nahm (siehe Mondstellung), im Grunde aber versagte er am Ende und hatte nicht die Kraft, sich der Welt zu stellen. Das ist Mars, wie man ihn *nicht* leben darf!

Ein grosser Gegenspieler von Hitler war **Dwight D. Eisenhower** – ein Mars-Name, wie er im Buche steht! Nomen est omen. Die Marsstellung in seinem Horoskop sagt alles:

Hoch oben am MC steht dieser Planet und zeigt damit an, dass kämpferischer Wille den Horoskopeigner in alle Höhen führen will. Wichtig ist hier, dass Mars

Dwight D. Eisenhower

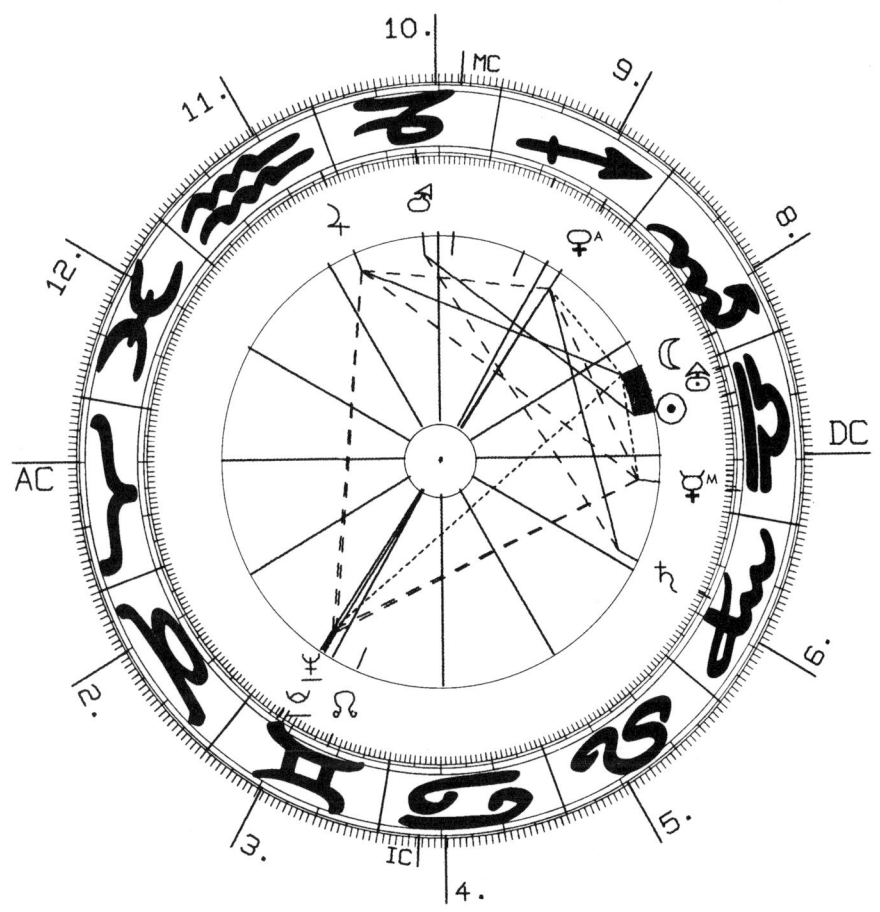

Abb. 14

14. 10. 1890, 17.19 h LT, Denison/TX, USA

– nach alter Tradition – nicht über einen anderen Planeten herrscht (kein Planet im Widderzeichen). Und mit seinem «Herrscher» (Saturn) steht er im günstigsten Anblick. Nun ist die Lehre von den «Herrschern» antiquiert, da sie aber in vielen Schriften und Lehren herumgeistert, sei dieses (und das vorherige Horoskop) auch unter diesem Gesichtspunkt betrachtet.

Das Kämpferische in führender Position ist an der Stellung von Mars gut zu erkennen: Kein Wunder, möchte man sagen, dass «Ike» (so sein Spitzname im Zweiten Weltkrieg) Oberbefehlshaber der alliierten Streitkräfte wurde. 1942 leitete er die Invasion in Nordafrika, dann die in Italien und schliesslich die Schlussoffensive in Frankreich.

Nach dem Krieg wirkte er als Staatschef unter Präsident Truman und wurde 1952 selbst Präsident der Vereinigten Staaten. Er strafte alle Lügen, die nun meinten, ein General als Präsident bedeute unweigerlich Krieg! Die Kritiker irrten sich. Gerade Eisenhower ging mit seinem Mars sehr verantwortungsvoll und behutsam um.

Dazu mag beigetragen habe, dass sein Merkur als Morgenstern im Abschnitt Waage die Diplomatie des Alltags hochschätzte, dass seine idealistischen Gefühle (Venus als Abendstern in Schütze und im 8. Haus – auf die Häuser kommen wir noch) viel von möglichen Schmerzen ahnten. Der Mond, gerade auferstanden (im Zeichen Skorpion und am Himmel noch nicht zu sehen), weiss um das Leid der Völker, wenn er auch anzeigt, dass im Notfall durchaus Opfer zu fordern sind (Mond/Konjunktion/Uranus und Mond gerade im Aufstieg).

Von Eisenhower ging mit Sicherheit eine magische Ausstrahlung aus. Seine Untergebenen liebten ihn, obwohl der General oft eine grosse Einsatzfähigkeit von ihnen forderte. Bei seinen ihm unterstellten Oberbefehlshabern im Weissen Haus wusste er sich gut durchzusetzen, und sogar seine Kriegsgegner schätzten ihn hoch ein. Er hatte den Ruf, ein ritterlicher Feldherr zu sein. Sogenannte umstrittene Entscheidungen, die zur Verletzung von Menschenrechten führten, sind von ihm nie bekannt geworden.

Das Radixbild von Eisenhower hätte auch gewählt werden können, um ein stark geprägtes Jupiterhoroskop zu zeigen. Jupiter, hier der zweithöchste Planet, steht von den Elementen her so harmonisch eingebunden, dass hier zu ersehen ist, wie der Übermut immer gebremst wurde. Die Gesetze aus Delphi: «Eile mit Weile» (für den Mars) und «Nichts im Übermass» (für Jupiter) wurden von ihm in ihrem tiefen Sinn verwirklicht.

Dies unterstreicht die Kraft des Mars natürlich sehr und verstärkt die Magie, die von diesem Mann ausging. Ein General, der einen Spitznamen bekommt, der heute noch jedermann – und sei es durch Kreuzworträtsel – bekannt ist, ist eine Seltenheit in der Geschichte der Kriege und gibt ein wunderbares Beispiel für den richtigen Umgang mit den Marskräften in uns.

Kapitel 10
Jupiter
DIE SCHATZKAMMER IN DIR

Jupiter symbolisiert in der Astrologie die Entfaltung, die Lebensfülle, die Sinnsuche, die Gerechtigkeit, das Streben über den Horizont, den geistigen Führungsanspruch. Esoterisch bedeutet Jupiter jedoch sehr viel mehr.

In erster Linie geht es um die innere Fülle, um den Kampf für den Lebenssinn. Esoterisch mahnt uns Jupiter, uns früh und rechtzeitig so zu verhalten, dass wir nicht am Ende fragen: «... und das soll alles gewesen sein?»

Jupiter war die oberste Gottheit, die den Olymp beherrschte, obwohl – das war das einmalig Grosse – in den griechischen Mythen kein Gott ohne Fehler war. Vor allem nicht Jupiter! Durch seine Fehler wurde er den Menschen so ungemein vertraut und blieb letztlich doch immer gerecht.

Wir können daraus lernen, dass wir unserer Jupiterkraft nachstreben sollen, auch wenn wir Fehler haben. Es ist das Jupiterhafte in uns, das uns lehrt, dem inneren Lebenssinn immer weiter zu folgen, auch wenn wir auf unserem Weg vorher mehrmals über unsere eigenen Fehler gestolpert sind. Die Kräfte, die durch Merkur, Venus und Mars symbolisiert werden, halten uns insgesamt gesehen an der Erde fest. Zwar können wir grosse Gedanken haben, können für eine himmlische Liebe einstehen und es durch mutigen Einsatz unseren inneren Göttern recht machen. Aber für das Streben zur inneren Horizonterweiterung benötigen wir die Jupiterkraft. Diese Kraft gibt uns innere Flügel, die uns abheben lassen, wenn auch nicht bis in den Himmel, aber doch weg von den Realitäten und den Bedrückungen des Alltags. Voraussetzung dazu ist allein, unsere Fehler einzusehen und keinem Menschen ernsthaft geschadet zu haben.

Jupiter bedeutet exoterisch «das grosse Glück»!

Man kann dies vergessen. Jupiter ist zwar ein Symbol für das Glück, aber wir gebrauchen dafür besser den Ausdruck «Fortune»! Fortune kommt von innen, Fortune muss ich mir erarbeiten, während das Glück mehr von aussen kommt. Ein Glück kann es sein, wenn jemand einmal in der Lotterie gewinnt. Aber Jupiter gewinnt nicht für uns, obwohl ich viele Horoskopeigner kenne, die nach der Stellung des Jupiter in der Lotterie spielen. Das geht nicht gut und ist ausserdem sehr exoterisch.

Unser Glück muss erkämpft werden, und wenn nicht erkämpft, dann will es erworben sein. Die Möglichkeit, durch eigenen Einsatz sein Glück mehr oder weniger zu erringen, hat jeder, denn in jedem von uns lebt eine Jupiterkraft. Hier kommen wir zum kritischen Punkt.

Alle Menschen bekommen diese Kraft geschenkt. Nur vermag sie der eine mehr zu nutzen als der andere, da spielen selbstverständlich viele Faktoren eine wichtige Rolle – auch das Karma. Trotzdem lebt die Kraft in jedem von uns, wenn auch nicht alle den Schlüssel zu der Kammer finden, in der dieser Schatz verborgen ist, aber die Kammer ist gefüllt und öffnet sich sowieso erst dem, der sie sucht. Diese Schatzkammer zu erspüren fällt also oft schwer, obwohl sie eigentlich ganz dicht bei unserem Herzen liegt. Jupiter galt immer als die höhere Sonne, also liegt der Schatz in oder dicht neben unserem Herzen.

Wo liegt nun der *esoterische* Schlüssel? Er liegt in dem *Haus,* in dem Jupiter steht. Das hört sich sehr leicht an, ist aber oft sehr schwer.

Schauen wir uns als Beispiel nebenstehendes Horoskop an, das ein ehrgeiziges Ich anzeigt. Das 11. Haus ist stark besetzt, und auch das 7. Haus kündet durch zwei Planeten an, dass dieser Horoskopeigner beim Du ankommen will und von dort ein starkes Echo erwartet. Also wird sein Gesamtstreben zunächst eher in die Aussenwelt gerichtet sein. Jupiter unten im 4. Haus wird kaum berücksichtigt.

Fast 20 Jahre hatte es gedauert, ehe der Horoskopeigner begriff, dass der Schatz der Sinnfindung im Erbe lag – nicht im Erbe der Herkunft oder der Familie, sondern im tieferen Erbe. Als er sich mit den Archetypen zu beschäftigen begann, als er auf Entdeckungsreisen in alte Kulturländer ging, als er sich für Ausgrabungen interessierte, erfüllten sich erst das 11. und das 7. Haus. Mit dem nun gefundenen Lebenssinn konnte er sein Anliegen des Aussen-Ichs und des Aussen-Dus erfüllen.

Nur über Jupiter können wir den Startpunkt für unseren Weg zum tiefen Sein finden. Mögen Sonne und Mond, Merkur und Venus, Mars und Uranus hier zunächst auch anderen Wegweisern gefolgt sein, der wahre Wegweiser zum Lebensstart ist stets Jupiter!

Manche Menschen, die ihren Schatz nicht finden – und zugegeben, die Schätze sind individuell sehr verschieden und unterschiedlich gross – werden undankbar. Sie fühlen sich benachteiligt, sie finden keine Freude am Leben; eine tiefe Verbitterung ist die Folge, und sie vergessen, dass es überhaupt ein Geschenk ist zu leben. Dieses Geschenk bekommt jeder, ohne dass er dafür etwas geleistet hat, und daran haben wir immer zu denken.

Meist kommen die Ratsuchenden in einer für sie eher negativen Situation zum Berater, und dann kostet es oft viel Mühe, ihnen klarzumachen, dass ihr Leben sicher auch sehr schöne Abschnitte beinhaltet hat und mit grosser Wahrscheinlichkeit wieder lebenswert wird, wenn sie ihren Jupiterschatz entdecken und dann richtig einsetzen.

Voraussetzung ist, dass sie dankbar sind für das Gewesene und dafür, dass sie noch leben dürfen.

Jupiter strafte mit Blitz und Donner. Für ihn war eine der grössten Sünden die der *Undankbarkeit!*

Der Gott der Fülle verteilt und erwartet Dank – Dank im geistigen Sinn. Sicher bekam und bekommt nicht jeder gleich viel, aber das liegt auch an seinem

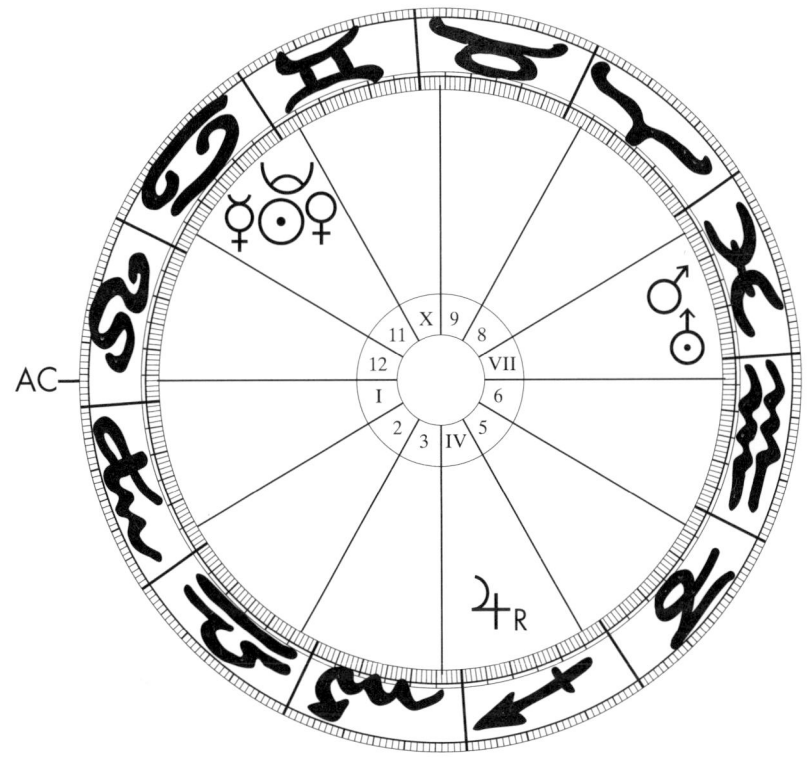

Abb. 15
Schematische Darstellung der auf Seite 74 beschriebenen Konstellation

karmischen Geschick. Wer einmal unzufrieden war, darf nicht noch weiter unzufrieden sein, das ist das Gesetz des Jupiter und das der Esoterik. Das ist schwer, aber wer es versucht, wer sich bemüht, dem kommt eines Tages mit Sicherheit Jupiter zu Hilfe. «Wer immer strebend sich bemüht, den können wir erlösen», formulierte es der Olympier Goethe – ein Jupiterianer besonderer Art.

Johann Wolfgang von Goethe hat seinen Jupiterschatz wohl wie kein anderer genutzt. Der rückläufige Jupiter steht bei ihm im kreativen 5. Haus als Endpunkt eines Drachens (Drachen = Figurine der Planeten). Hier besteht der Drachen aus dem geschlossenen Wassertrigon von Jupiter zu Neptun und Pluto, und der Kopf des Drachens beruht auf dem Trigon Pluto/Neptun, von denen je ein Sextil zur Venus führt.

Venus und Jupiter stehen also in Opposition. Goethe, der sehr viel von Astrologie verstand, schreibt, dass Jupiter und Venus «sich freundlich anblicken». Er hatte diesen Aspekt richtig erfasst, denn in der Opposition ist das jeweils ergänzende Element zu finden. Venus in Jungfrau (Erdelement) und Jupiter in Fische (Wasserelement) ergänzen sich bestens, weil das Wasser die Erde erst befruchtet.

Goethe nannte die Opposition übrigens «Gegenschein», was auch der bessere Ausdruck ist (siehe Aspekte). Die Schatzfülle von Jupiter im sich ergänzenden Gegenschein zum Kunst- und Liebessymbol der Venus ist in diesem Horoskop zumindest genauso markant wie der sich ergänzende Gegenschein von Sonne und Mond.

Wenn wir bedenken, dass Goethe, wie er selbst beschreibt, bei der Geburt durch die Ungeschicklichkeit der Hebamme fast tot geboren wurde (Saturn am Aszendent), und wenn wir uns klarmachen, dass dieser Dichter sehr unter Krankheiten und den Verführungen des Genusslebens (Alkohol etc.) litt, dann erst verstehen wir ganz, wie dieser Mensch sich entwickelte, um zu dem deutschen Genie zu werden. Von diesem Mann geht bis heute eine starke *magische* Kraft aus.

Im Symbol Jupiter müssen wir aber auch das Streben nach Weisheit erkennen. Er ist in diesem Punkt der Gegenspieler des Verstandessymbols Merkur. Weisheit hat nichts mit penibler Logik zu tun. Weisheit zielt – esoterisch gesehen – hoch hinaus.

So führt uns das Symbol Jupiter auch zum Glauben, und Glaube beginnt mit Dankbarkeit, verbunden mit Hoffnung. Damit sind wir nicht mehr weit entfernt von einem anderen Jupiter-Aspekt, dem des Priestertums. Für die seelische Heilung stellt diese Jupiterfunktion eine ungeheure Chance dar. Sie bedeutet, dass Wohlwollen gebraucht wird, sehr viel Güte, aber oft auch etwas von der Strenge desjenigen, der mit Blitz und Donner straft.

Blitz und Donner jedoch sind himmlische Kräfte. Kein Mensch darf sich anmassen, diese Kräfte zu gebrauchen, sondern er muss anerkennen, dass die entscheidende Rechtsprechung über das Leben nirgendwo anders als im Himmel liegt. Mit Blitz und Donner Vergeltung zu üben (etwa schwerwiegende Strafaktionen) steht dem Menschen nicht zu. Er darf nicht meinen, um das letzte Recht zu

Johann Wolfgang von Goethe

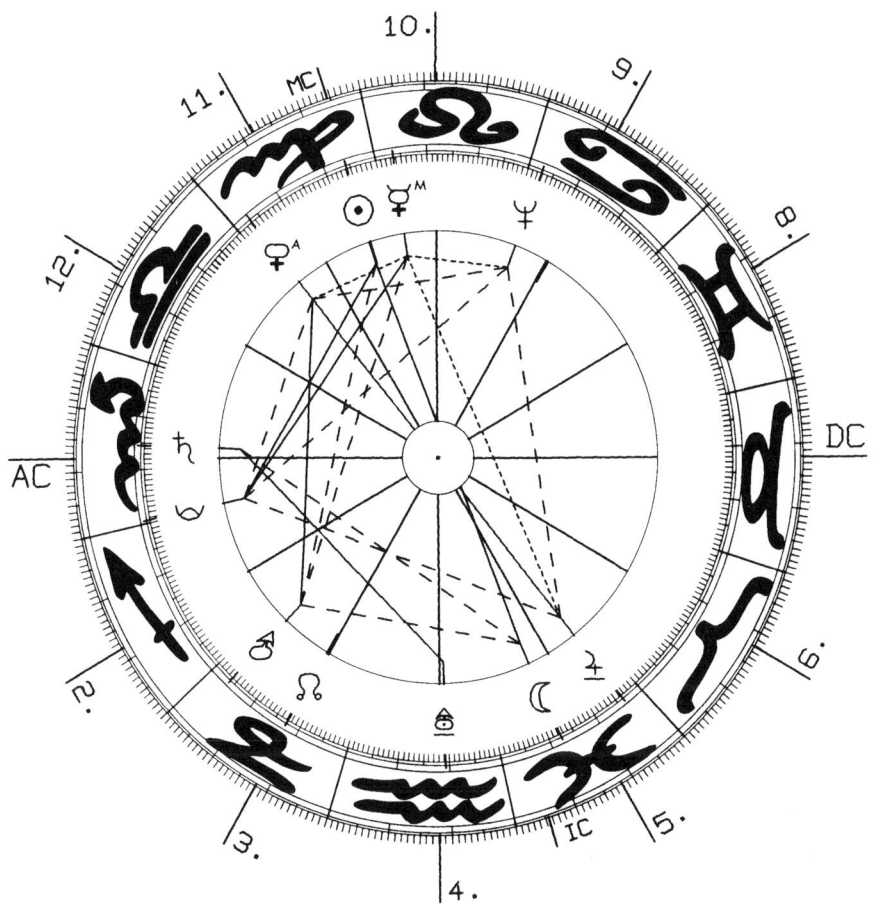

Abb. 16
28. 8. 1749, 12.00 h LT, Frankfurt/Main, D

wissen. Dies wäre auch nicht priesterlich gedacht und gehandelt, also nicht jupiterhaft. Natürlich muss das Recht gehandhabt werden, um eine gewisse Ordnung aufrecht zu erhalten, aber dies ist eben nicht das *letzte* Recht, das entscheidend ist.

So zwingt uns Jupiter auch zu Bescheidenheit, ja Demut, was das Denken und Handeln eines Menschen betrifft (Merkur ist Gegenpol von Jupiter, denn die Merkurabschnitte stehen ja den alten Jupiterabschnitten gegenüber: Jungfrau/Fische und Zwillinge/Schütze). Man soll sich aber nicht gering machen oder ducken oder gar klein beigeben, wenn man im Recht ist. Jupiter liebt die Grösse, die jedoch mehr eine innere als eine äussere sein muss.

Von innerer Grösse können wir sprechen, wenn wir an **Elisabeth Kübler-Ross** denken. Diese amerikanisch-schweizerische Psychiaterin wurde bekannt durch ihre Beschäftigung mit dem Tod, durch ihre Bücher, die sich mit dem Sterben und der Begleitung in den letzten Sterbestunden auseinandersetzen. Man berichtet, dass sich Frau Kübler-Ross schon als Jugendliche durch grosse Hilfsbereitschaft ausgezeichnet hat. Sie wollte helfen und heilen, folglich Medizin studieren, was ihr nicht gelang. Aber sie heiratete einen Arzt, den Amerikaner Dr. Emanuel R. Ross.

Das Thema Sterben und Tod liess sie bald nicht mehr los, und durch ihre spirituellen Erfahrungen war sie besonders dafür prädestiniert. Ihr Horoskop zeigt dies deutlich an durch Jupiter im Wassermannzeichen und im 12. Haus, also dem Haus, wo man in der Stille die Bilanz seines Lebens zieht. In Opposition zu Neptun weist er auf die hohe Sensibilität hin, die die Horoskopeignerin vom Instinkt, ja der Inspiration her bekommt. Das Leiden der Sterbenden und ihre Angst vor dem irdischen Ende war sicher für Elisabeth Kübler-Ross ein starker Antrieb, um sich intensiv mit der schweren Aufgabe der Sterbehilfe zu beschäftigen. Saturn als höchststehender Planet im Skorpionabschnitt unterstützt dies.

Die Krebssonne zeigt die betreuende, im tiefsten Sinn mütterliche Aufgabe an. Dass diese Aufgabe sehr viel Selbstverleugnung verlangt, deutet der Neumond – noch abnehmend, also auf die Sonne zugehend – an, der als Symbol der Seele bereit ist, Opfer zu bringen, und dies wohl auch im persönlichen Bereich. Eine Ehescheidung deutet wenigstens darauf hin.

Venus als Morgenstern folgt dem Mond in die Lichter der Sonne nach und zeigt aufopfernde Liebe an. Der ernste, philosophische Merkur als Abendstern bestätigt die sehr nachdenkliche Gedankenarbeit, die den Grundantrieb (Mars) zügelt und beflügelt.

Wir können das 12. Haus, in dem hier Jupiter steht, nicht als das Todeshaus der Astrologie bezeichnen, aber es ist doch der Platz im Horoskop, wo die Beschäftigung mit dem Ende eine grosse Rolle spielt. Es zeigt immer Zurückhaltung nach aussen an und ist ein Ort, an dem man mit sich selber fertig werden muss. Liegt hier der Schatz des Jupiter, wie bei Frau Kübler-Ross, dann ist dieser Schatz zu heben, um andere daran teilnehmen zu lassen. Dann bringt Jupiter – obwohl nicht hoch oben stehend – auch den Erfolg, wie es unzählige Ehrendoktorate und andere Auszeichnungen beweisen.

Elisabeth Kübler-Ross

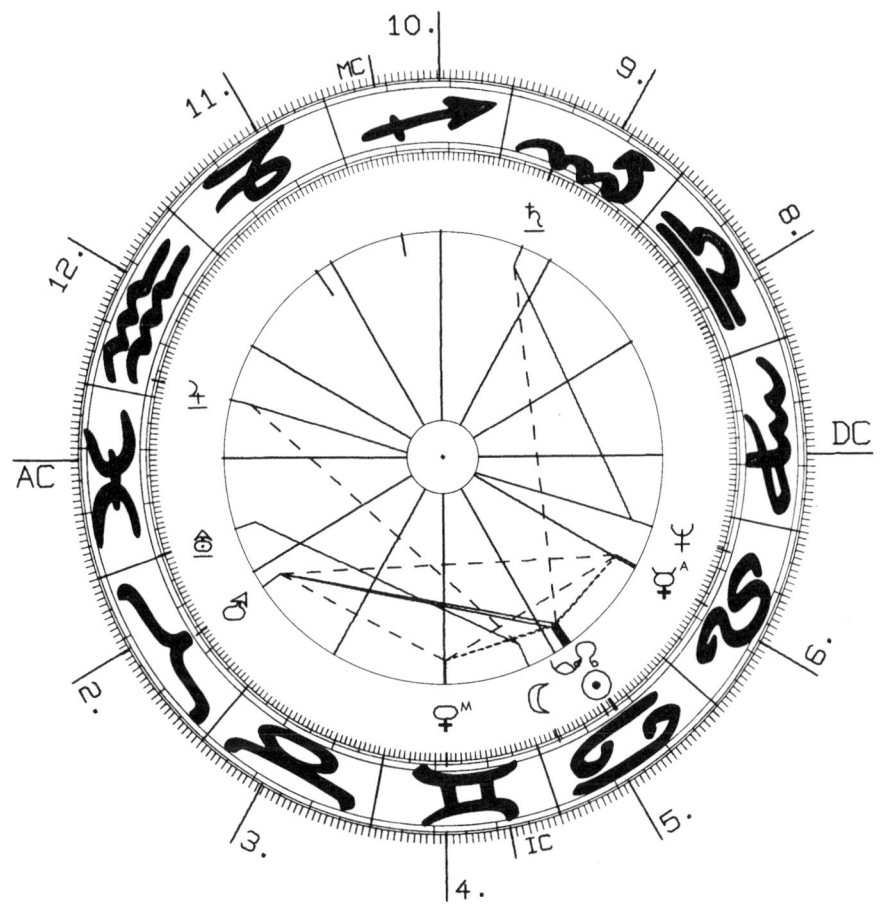

Abb. 17
8. 7. 1926, 22.45 h LT, Zürich, CH

Wer seinen Jupiterschatz hebt, der findet auch mehr oder weniger zu sich, der eine früher, der andere später. Das Problem liegt darin, den tieferen, esoterischen Zusammenhang zwischen Jupiter und dem Haus, in dem er steht, zu erkennen. Denn Jupiter symbolisiert wie alle esoterischen Planeten mehr verdeckte, innere Kräfte, als dies heute in der exoterischen Astrologie interpretiert wird.

Kapitel 11
Saturn

MACH DEN HÜTER DER SCHWELLE ZU DEINEM FREUND

Saturn symbolisiert in der Astrologie die Beschränkung, die Lebenskargheit, die Konzentration auf das Wesentliche, die Prüfungen, das Chronologische im Zeitablauf. Esoterisch bedeutet Saturn jedoch sehr viel mehr, obwohl Saturn als Hüter der Schwelle auch in der allgemeinen Astrologie dem Magischen wie dem Esoterischen am nächsten zu kommen scheint. Saturn hat im Laufe der 6000jährigen Geschichte der Astrologie fast beständig ein Flair des bösen Fluches ausgestrahlt. Man kann noch soviele Bücher über Saturn schreiben, um diesen Planeten als besonders positive Kraft zu schildern, man kann ihn auf einen Thron setzen, ihn als Mutter sehen etc. Aber wenn in einem Gespräch Saturn nur einmal genannt wird, bricht dies alles wie ein Kartenhaus zusammen.

«Nun kommt Saturn auf Ihre Sonne ...» Diese Aussage geht ans Herz und löst in aller Regel (ob zugegeben oder nicht) eine Angst aus, die lähmt. «Wenn nun Saturn zur Venus kommt ...», bedeutet für die Menschen, dass sie jetzt Liebesleid zu erwarten haben.

Theoretisch kann man formulieren, dass dies Treue, ja Beständigkeit in der Liebe verheisst, aber der Saturnübergang wird doch mit beklemmten Herzen erwartet, auch wenn heutzutage gerade die modernen Astrologen Saturn wieder viele positive Aspekte zuweisen. Dabei haben die modernen Astrologen recht, aber was hilft es, wenn die «magische» Kraft des Archetyps Saturn tief in der Seele des Menschen wirkt!

Und Saturn ist mit der Seele verwandt. Die Zeitgesetze von Mond und Saturn decken sich im Verhältnis von Tag zu Jahr, was selbst in der Bibel verankert ist (synodischer Umlauf des Mondes gleich 29 1/2 Tage, Tierkreisumlauf des Saturn gleich 29 1/2 Jahre).

Saturn als Hüter der Schwelle beschützt die Seele, wenn sie die Schwelle überschreitet.

Der Körper bleibt zurück. Für ihn gibt es kein Weiterleben, keine Auferstehung. Zwar hielt man einst die Körper als Mumien über Tausende von Jahren für ein eventuelles Weiterleben bereit, aber nur für den Fall, dass die Seele den Wunsch haben sollte, noch einmal in diesen toten Körper zurückzukehren. Wie die ägyptischen Grabbilder und -inschriften ausweisen, war die Seele beim Weg über die Schwelle schweren Anfeindungen ausgesetzt. Sie davor zu behüten war einst (unter anderem) die Aufgabe des ägyptischen Gottes Thoth, aus dem dann später Gott Chronos der Griechen und Gott Saturn der Römer hervorging.

Doch auch darüber hinaus braucht der Mond als Symbol der Seele Schutz! Seelen sind der kostbarste Besitz unserer kosmischen Welt, ohne sie gäbe es keine menschliche Entwicklung zum Himmlischen. So sind die Seelen meist weitaus schwereren Prüfungen ausgesetzt als unsere Körper. Um diese Belastungen zu überstehen, haben wir die saturnische Kraft in uns, die uns zwar Härte abverlangt, aber auch die Konzentration auf das Wesentliche gibt. Um unsere Seele zu retten, so dass sie nach unserem Ableben weiterreift, müssen wir Saturn, den Hüter der Schwelle, zu unserem Freund machen, auch wenn er uns das Dasein auf der Erde nicht immer leicht machen *kann und darf!*

Es ist Saturn, der uns die Kraft gibt, die Krisen des Lebens zu meistern, an denen sich der beseelte Mensch zu entwickeln vermag. So beschützt Saturn den Mond und zeigt sich als wahrer Freund, der natürlich nicht gerne als Feind betrachtet werden will.

Saturn wurde in der mittelalterlichen Astrologie mit dem Satan, dem «Herrn des Bösen» gleichgesetzt – also mit dem Teufel. Aber wer war denn der Teufel?

Der Teufel war einst der Lichtbringer Luzifer. Luzifer überbrachte den Menschen das schöpferische Feuer. Er übergab damit das grösste Geschenk, das Gott den Menschen je machen konnte. Es war die grosse Sünde des Luzifer, dass er nun den Menschen klarmachen wollte, dass sie ab jetzt keinen Gott, keinen Schöpfer, keinen Herrn des Himmels mehr benötigten. Die Seele wusste stets – und weiss es heute noch –, dass dies nicht stimmt, aber der Verstand des Menschen nahm die Verführung gerne an. So erst kam die Sünde auf die Welt, die Sünde der Selbstüberschätzung des Menschen, der nun meinte, auch nicht mehr beten und dem Himmel danken zu müssen.

Doch ausser der Seele wusste und weiss noch eine Kraft in uns, dass nicht wahr sein kann, was der Teufel sagte, und das ist die saturnische Kraft. Sie wehrt sich gegen unsere Sünde der Gottgleichheit. Sie hütet auch auf diesem Gebiet die Schwelle, und wenn es notwendig ist, dann lässt uns diese Kraft sogar unsere Sünden büssen.

Saturn ist nicht der Satan, denn Saturn *verführt nicht!*

Saturn bewahrt auch den Glauben in uns und damit alle Entwicklungschancen. Er war die mythische Gottheit, die die Menschen auf den Weg zur Zivilisation brachte. Er war es, der mit einer Sichel (grafisches Mondsymbol) seinen Vater Uranus entmannte, indem er ihm die Geschlechtsteile abschnitt, mit denen Uranus Dämonen, Ungeheuer und Titanen zeugte. Diese Geschlechtsteile warf Saturn ins Meer, und dadurch wurde Aphrodite geboren.

Wird das Schlechte abgetrennt, tritt die Schönheit zu Tage. Damit aber die Schönheit zu Tage tritt, benötigen wir die saturnische Kraft. Und die müssen wir als einen Freund ansehen. Später frass Saturn seine Kinder. Man sagt, er tat es aus Angst, dass später sein Kind dasselbe an ihm vollziehen würde, was er seinem Vater antat. Das ist etwas zu exoterisch ausgelegt.

Nein, Saturn frass seine Kinder nur, damit sie – in ihm verborgen – Zeit zur Reife fänden.

Charlie Chaplin

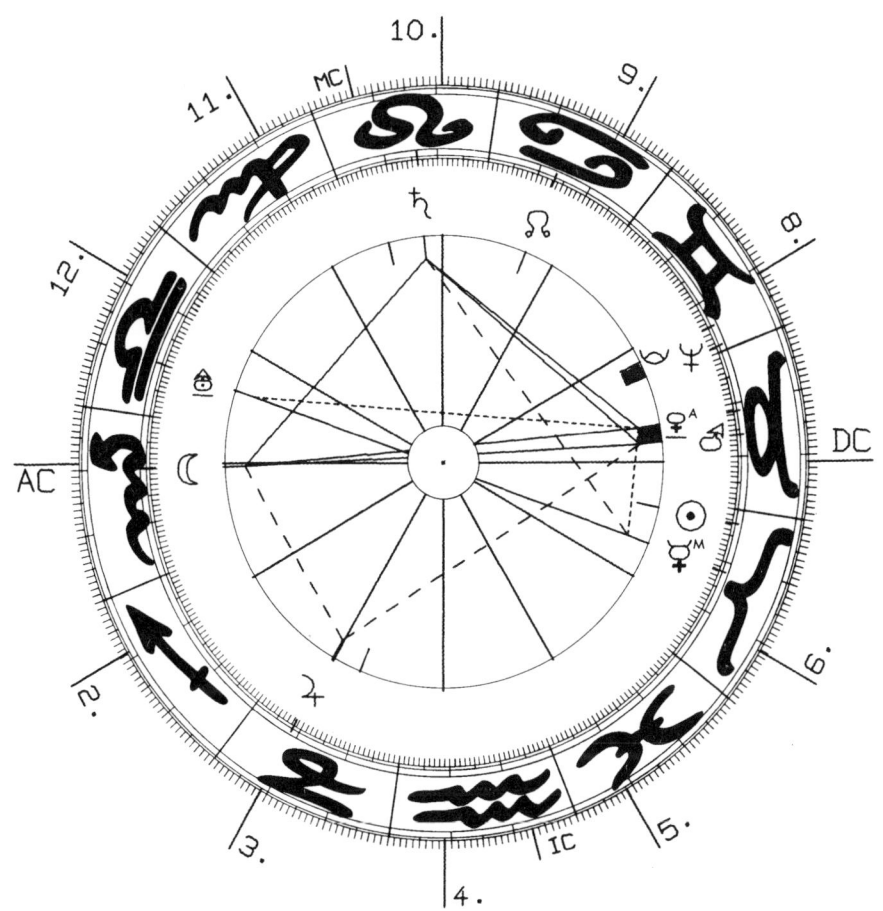

Abb. 18
16. 4. 1889, 20.00 h LT, London, GB

Wir haben viele Kinder: unsere Gedanken, unsere Worte, unsere Handlungen. Da alles seine Zeit braucht, will das Symbol Saturn, dass wir zur Zeit unserer Handlungen reif sind. Nur nichts Unbedachtes tun, ist die Devise Saturns. Auch er tat nichts Unbedachtes, als er seinen Vater Uranus entmannte. Er überzeugte zuvor seine Mutter Gaia von der Notwendigkeit der «bösen» Tat. Und Gaia reichte ihm die Sichel, damit er sie vollziehe.

Keine andere Kraft als Saturn führt uns über das Bewahren zur höchsten Erkenntnis. Keine andere Kraft beschützt unsere Seele und damit die individuelle Reinheit in uns wie Saturn. Er weist uns den Weg zu unserem inneren Tempel, zu unserem ganz eigenen «Allerheiligsten».

Saturn hat sogar Humor, nicht den lauten, befreienden Humor seines Sohnes Jupiter (der schliesslich seine Geschwister aus dem Leib des Saturn befreite, damit sie sich nach der Reife nun auch entfalten konnten), aber den wissenden, selbstkritischen und weisen, wenn auch oft bösen Humor der Narren. Alle Narren der Vergangenheit und Gegenwart müssen diese typisch saturnische Gabe besitzen.

Charlie Chaplin, vier Tage vor Hitler geboren, hat manche ähnliche Konstellation wie der Diktator (Abb. 18, vorherige Seite). Nur der Mond steht direkt am Aszendenten, was aussagt, dass das Seelische die Grundlebensauffassung sehr mitbestimmt und seine Kunstrichtung später danach ausrichtet.

Da die Sonne bei seiner Geburt bereits untergegangen war, leuchtete sein Saturn hoch oben an der Himmelsmitte, aber nicht wie bei Hitler *vor,* sondern *nach* der Himmelsmitte. Dies besagt, dass der Schicksalsplanet bereits im Absteigen war, also seine innere Höhe – wenn auch wenig – überschritten hatte. Ein Saturn vor der Himmelsmitte mag nicht immer die Reife aufweisen, die ein Saturn nach der Himmelsmittel (immer auf den Tageslauf gemessen) in sich besitzt.

Auch hat Saturn bei Charlie Chaplin einen engeren Anblick zum elementar verwandten Merkur, als dies bei Hitler der Fall war, und damit direkteren Einfluss auf das Handeln und Denken. So wusste der «Narr» Chaplin von der Prüfung, die auf die Welt zukam, und er wollte dies allen mit innerer Voraussicht und mit bissigem Humor kundtun.

Chaplin konnte seine künstlerischen Ambitionen auch viel besser nutzen als Hitler, der (zum Unglück der Welt) an seinen Kunstvorstellungen scheiterte. Chaplin hatte als Komiker in Hollywood schon Erfolg, als Hitler noch als militärischer Melder im Krieg gewisse Meriten erwarb. 1918 gründete Chaplin seine erste eigene Firma, als für Hitler nach dem verlorenem Weltkrieg eine Welt zusammenbrach.

Chaplin verkörperte sehr saturnisch den kleinen Mann, der fast hilflos, aber doch konsequent seinen eigenen Weg sucht. Die kleinen Schritte seiner «närrischen» Figuren prägen das Saturnische in den Darstellungen dieses genialen Komikers. 1940, also fünf Jahre vor dem Zusammenbruch des Deutschen Reiches, drehte er bereits seinen Hitlerfilm «Der grosse Diktator». Man kann sagen: Chaplin gab der Welt ein mahnendes Omen, das in Deutschland leider nie gehört wurde.

Galileo Galilei

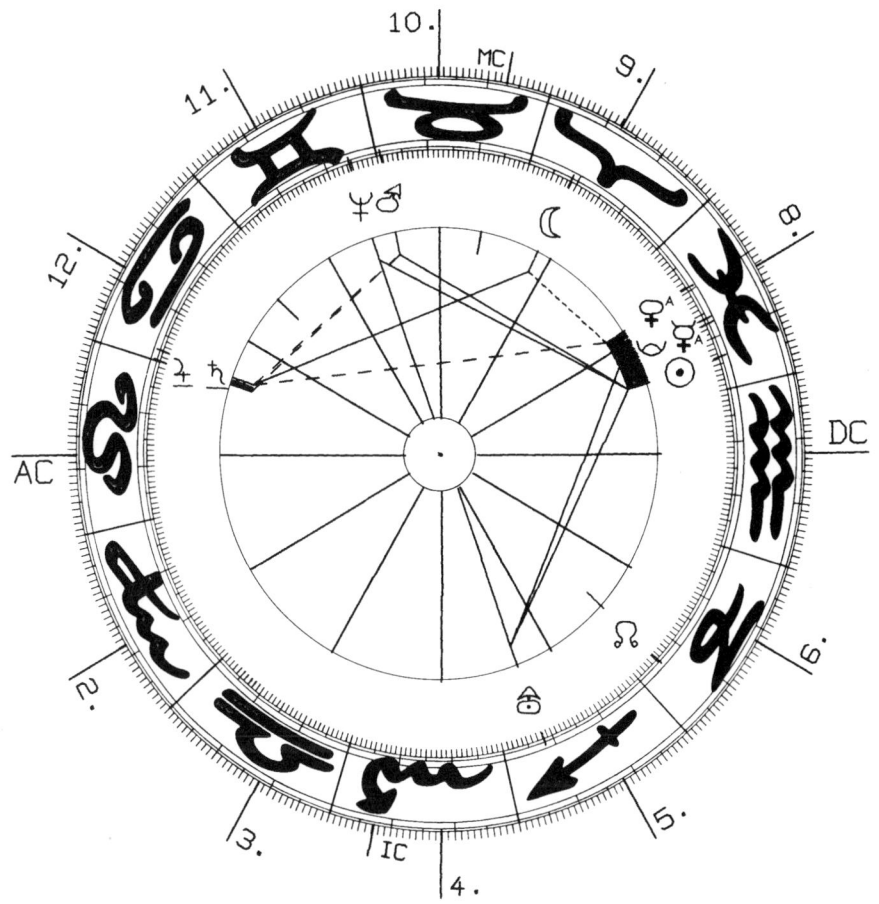

Abb. 19

15. 2. 1564 (Julianischer Kalender), 16.00 h LT, Pisa, I

Chaplin zeigte immer Mut und Entschlossenheit. Das belohnte Saturn, denn dieser weise «Narr» durfte bis ins höchste Alter (er starb im 79. Lebensjahr) schöpferisch tätig sein. Seine saturnische Kraft erlaubte es ihm, sich emporzuarbeiten, Gesichte zu haben (siehe seine Darstellung von Hitler) und sicher auch seiner Seele Entwicklungschancen zu geben.

Die Fähigkeit, das Wissen um das Böse in Humor zu kleiden, um die Menschen zu ermahnen, zeigt, was jemand aus seinem Horoskop machen kann, wenn er um den Hüter der Schwelle weiss. Dies alles ist nicht nur auf den Film «Der grosse Diktator» gemünzt. Schon im Film «Goldrausch» (1925) war ersichtlich, wie bissig und doch humorig Chaplin die Welt betrachtet hat.

Saturn ist das Felsige, welches das Wasser, und damit das Verschwimmende und Unklare, in seine Schranken weist. Steter Tropfen höhlt zwar jeden Stein, aber dagegen wehrt sich Saturn ja nicht. Er ist für Entwicklung, aber nicht um jeden Preis und vor allem immer zu seiner Zeit.

Galileo Galileis Zeit war noch nicht reif für seine Entdeckung. Sein von ihm erbautes Fernrohr brachte epochale Erkenntnisse, nur war die Welt nicht bereit dafür, als er sie verkündete. Damals galt die Milchstrasse noch nicht als eine Zusammenballung von Fixsternen, damals hatten die Planeten keine Monde zu haben, damals war nach dem System von Ptolemäus die Erde der Mittelpunkt der Welt.

Es wurde oft geschrieben, dass Galilei feige war, als er auf Druck der Inquisition seinen Erkenntnissen öffentlich abschwor, obwohl die Erde sich «doch» bewegte, wie er gesagt haben soll. Sein Saturn mit dem Entfaltungssymbol Jupiter im 12. Haus (Abb. 19, vorherige Seite) sagt uns, das Galileo Galilei richtig gehandelt hat. Als Chronologe unserer individuellen Zeit gebot Saturn im 12. Haus, dass Galileis Erkenntnisse für die Öffentlichkeit zu früh kamen.

Das öffentliche Bestehen auf der Verkündung dieser Erkenntnisse wäre in der damaligen Zeit und nach dem Horoskop sogar Dummheit gewesen. Gerade solche umwälzenden Entdeckungen müssen reifen, ehe sie bekannt gemacht werden. So stark der Drang zur Öffentlichkeit auch war (Sonne im 7. Haus), die grosse Konjunktion von Saturn und Jupiter Ende Krebs wusste es besser. Hier hat der Hüter der Schwelle sein «Himmelswissen» im wahrsten Sinne des Wortes noch geheimgehalten.

Unruhen und andere Folgen wären nicht auszudenken gewesen, und viele Menschen hätten wahrscheinlich Leid auf sich nehmen müssen. Tapferkeit im Stillen muss sich nicht immer lohnen, das weiss Saturn besser als die späteren «Nach-Richter», die die Geschichte mit ihren Augen und nicht mit den Augen der zeitgenössischen Beobachter sehen. Galilei war ein Mensch, der von anderen Opfer forderte (siehe zunehmender Mond), aber sein Saturn bewahrte ihn davor, wissend, dass diese Opfer – wie so viele in der Geschichte – sinnlos gewesen wären.

Galilei war sicher gläubig (sechs Wasser-Planeten). Er vertraute seinem Gott, aber er war kein Jesus, kein Messias. Sein kämpferischer Mond im Abschnitt Widder gab nach, womit Galilei wahre Grösse zeigte. Und was seine Entdeckungen betraf, gab ihm die Nachwelt recht. So wurde er – trotz allem (Saturn) – zum Begründer der modernen Naturwissenschaften, obwohl in ihm das esoterische Wissen um die Zeitabläufe lebte.

Galilei starb im Alter von 77 Jahren (auch hier hatte der Saturn seine Hand im Spiel), dann konnte seine junge Seele weiter reifen. Er hatte – das darf angenommen werden – Saturn, den Hüter der Schwelle, zu seinem Freund gemacht. Machen wir es ihm nach!

Kapitel 12
Uranus

DIE INTUITION ALS FLÜGEL DES IKARUS

Uranus symbolisiert in der Astrologie den Umbruch, die Revolution, die Intuition, das Neue, die Wende. Esoterisch bedeutet Uranus jedoch sehr viel mehr. Hier muss eingeschoben werden, dass es im Grunde die Transsaturnier waren, die auch in der Astrologie wieder zur Esoterik zurückführten. Alle drei Planeten jenseits des Saturn sind im tiefsten wohl nur esoterisch zu verstehen, wenn sie auch exoterisch gewiss sehr «wirksam» erscheinen.

Als Uranus 1781 entdeckt wurde, womit «planetarisch» die Industrialisierung und der ungeheure technische Fortschritt begannen, schossen im gleichen Jahr in Paris die esoterischen Zirkel wie Pilze aus dem Boden. Es war Court de Gébelin, der 1781 die Behauptung aufstellte, dass im Tarot das grösste altägyptische Wissen der Bücherei von Alexandrien verborgen wäre, was wir uns nun wieder zunutze machen sollten.

So kann man Uranus auch als Patron der Esoterik unserer Tage bezeichnen, und viele Astrologen sind der Ansicht, dass Uranus auch der Planet der Astrologen sei. Nun, letzteres lassen wir einmal dahingestellt sein. Sicher ist aber, dass mit der «Neu»-Entdeckung des Uranus (denn die Griechen kannten ihn bereits) auch die Esoterik eine Neugeburt erlebte, als sei diese notwendig, um eine Balance zur exoterischen Technik und der ungeheuren Industrialisierung zu finden. Mit der Neuentdeckung des Uranus begann jedoch erneut der Kampf *gegen* die Astrologie, denn nun brach nach Weisung ihrer Gegner ja das ganze Siebener-System zusammen. Damals hiess Uranus noch nach seinem Entdecker «Herschel», was später als Argument gegen die Astrologie verwendet wurde.

Uranus wurde zunächst wie die Transsaturnier Neptun und Pluto zu den «Übeltätern» Mars und Saturn hinzugezählt. Leider kann man dies noch heute lesen.

Der Ursprung für diese schlechte Nachrede mag in den Mythen liegen. Zur Zeit der reinen Erdreligion erzeugte Gaia (die Erde) ohne jede fremde Hilfe Uranus (den Himmel). Uranus vermählte sich dann mit Gaia, und diese empfing von ihm eine Reihe von Kindern, darunter auch Kronos (Chronos), der bei den Römern später Saturn genannt wurde. Aber Uranus und Gaia zeugten und gebaren auch Titanen, Riesen und Bösewichte, darunter die Kyklopen, einäugige Ungeheuer. Uranus hasste seine Kinder und schloss sie im Innern der Erde ein.

Exoterisch ergab sich nun nach 1781 etwas Seltsames. Der Planetenname Herschel wurde sehr schnell in den alten Götternamen Uranus umgewandelt. Und aus dem graphischen Zeichen «H» = Herschel wurde ein Kreis, auf den man ein vereinfachtes «H» setzte. Später wandelte sich dieses Zeichen in einen Kreis mit einem Punkt in der Mitte, das dem graphischen Sonnensymbol glich, und einem senkrechten «Mars»-Pfeil darüber. Hier fielen also zwei alte astrologische Planetengrafiken zusammen. Ausserdem gab man dem Uranus als «Herrscher» das Tierkreiszeichen, das bis dahin seinem Sohn Saturn zugeteilt war, nämlich den Abschnitt Wassermann. Der Abschnitt Wassermann liegt dem Sonnenzeichen Löwe genau gegenüber und zeigt so die innere Verbindung zwischen Uranus und Sonne noch einmal deutlich auf.

Nun ist die Sonne in der Winterzeit in ihrer äusseren Wirkung kaum zu spüren, um so stärker im Inneren. Dadurch kommen wir Uranus esoterisch am deutlichsten auf die Spur. Wie kein anderer verkörpert dieser Planet unsere innere Sonne, besser gesagt, unsere innere schöpferische Kraft. Ist schliesslich das Schöpferische in uns derart gewachsen, dass es heraus muss, dann bricht es nach oben durch, dann bringt es das Neue, die Idee, den Einfall, die Wende, die kreative Tat.

Sicher vermag Uranus auch exoterische Ereignisse – etwa in der Mundan-Astrologie – anzuzeigen, aber wir wollen lieber auf das Innere schauen.

Uranus symbolisiert die Intuition. Der Begriff Intuition kommt von *intueri*, was soviel wie schauen heisst. Erst wenn wir nach aussen wie nach innen schauen, kommt uns die Anschauung zugeflogen, denn Intuition ist erlernbar, Inspiration nicht.

Uranus gilt auch als die höhere Stufe von Merkur. Wenn wir uns über die Anschauung, die wir aufgenommen haben, «merkurisch» den Kopf zerbrechen, dann fällt es uns im geeigneten Moment wie Schuppen von den Augen, dann ist der schöpferische Einfall geboren, dann haben wir die Intuition, die wir zu allen kreativen Gestaltungen benötigen. Wir müssen also nach innen schauen, um zu erkennen, wie wir das Äussere verarbeitet haben. Erst dann fliegt es mit uns der Sonne zu. Doch ehe wir fliegen können, müssen wir uns gehörig den Schweiss von der Stirne wischen.

Die Mythen kennen dafür ein wunderbares Beispiel. Auf Kreta lebte Daidalos. Er galt als einer der besten Erfinder aller Zeiten, denn seine besondere Gabe lag darin, dass er alles genau durchdachte und durcharbeitete, ehe er es in der Praxis anwandte. Er dachte dreimal, bevor er handelte. Zum Beispiel war der Faden der Ariadne, der diese und Theseus vor dem König Minos, dem Herrscher Kretas, rettete, seine Erfindung. Aus Rache sperrte König Minos den Daidalos und dessen Sohn Ikaros in das Labyrinth ein, wo einst der Stier Minotaurus hauste.

Hier im Dunkeln erschaute Daidalos eine Idee. Er rüstete sich und seinen Sohn Ikaros mit Flügeln aus Wachs aus, und fliegend entkamen Vater und Sohn der brutalen Herrschaft des Königs Minos. Daidalos hatte jedoch vorher seinen Sohn Ikaros (römisch Ikarus) eindringlichst ermahnt, ja nicht in die Nähe der Sonne zu fliegen. Zuerst ging auch alles gut. Beide flogen über das ägäische Meer, aber plötzlich packte es Ikaros. Er war vom herrlichen Gefühl des freien Fliegens so beseligt, dass er alle Weisungen seines Vaters überhörte und zum Himmel flog.

Immer berauschter kam er der Sonne näher, nicht merkend, dass die Flügel aus Wachs zu schmelzen begannen. So stürzte er tödlich ab.

Das kann die Folge der Intuition, des Strebens zur Sonne sein, wenn man sich nicht vorher im Innern über die realen Möglichkeiten orientiert hat. Vielen sogenannt «uranischen» Menschen geht es nicht selten noch heute so.

Ein anderes Symbol für den Himmelsflug ist Pegasos.

Das geflügelte Pferd Pegasos – von Poseidon gezeugt, von Medusa geboren – lebte im Reich der Medusa, also im Reich der furchtbaren Dunkelheit. Medusa verkörperte die Grausamkeit schlechthin, denn alle Augen, in die sie blickte, erstarrten, und dies führte zum Tod der Betroffenen. Nur Perseus griff zu einer List. Er schaute Medusa nie an, sondern sah sie nur in seinem Schild, den er als Spiegel benutzte, als er sie – ihr mit dem Rücken zugewandt – bekämpfte. Nach dem Sieg ritt er mit dem Pferd Pegasos aus dem Reich der Medusa fort, dem Himmel zu.

Auch Pegasos kam folglich aus dem Reich des Inneren und wurde so zum Symbol und Schutzherrn derer, die mit ihren Gedanken zum Himmel streben – ein Uranussymbol.

Aus diesen Mythenbeispielen können wir sehr viel für uns herauslesen. Das Streben des Ikarus zur Sonne und damit zur schöpferischen Kraft ist verständlich, ja wert, nachgeeifert zu werden. Aber auf die Flügel ist zu achten! Die sind von Daidalos, er hat sie erfunden, geschaffen und erbaut. Schöpferische Intuition muss auch erkennen, was «machbar» ist. Da täuscht das Aussen zu gerne, da wird unser Blick zu vage, zu träumerisch. Nur das Innere weiss um die wahren Kräfte. Beim Flug des Ikarus half keine Freude, kein Traum, kein Idealismus, keine selige Trunkenheit – es half nichts. Es hilft nichts, wenn die Flügel mit unserem Streben nicht mithalten können.

Es ist bestimmt kein Zufall, und – wie alles in der Astrologie – in sich tief logisch, dass Uranus seine verwandte Kraft in einem festen Zeichen findet, im festen Winterabschnitt Wassermann. Intuition braucht wie jedes echte, schöpferische Schaffen Festigkeit. Mit Luftigem allein können Intuitionen noch lange nicht verwirklicht werden. Hier schlägt dann doch der Vater des Kronos/Saturn durch. Oder: Wer schnell zeugt, das beweist die Mythe des Uranus auch, der zeugt Monster und Ungeheuer, der bringt mehr zum Einsturz, als dass er Aufbauarbeit leistet, um etwas zu schaffen, das wirklich Substanz hat und dem Lauf der Zeit standhält.

Wer nach oben fliegen will, muss wissen, woher er kommt. Also heisst es auch bei allen uranischen Einfällen, innen zu erfragen, wo eigentlich der Antrieb für die Intuition liegt, die einen gerade wieder einmal beflügelt.

Ohne die Denkarbeit des Daidalos kommt die Intuition nicht aus dem Labyrinth heraus, das dürfen wir nie vergessen! Wer das Medusische nicht bezwingt, wird nie mit Pegasos fliegen! Auch die Mythen des Sternbildes Fuhrmann erzählen uns etwas davon, wie die ins Licht strebende uranische Kraft gezähmt werden sollte. Das Pendant des Sternbildes Fuhrmann ist auf Erden der Wagenlenker aus Delphi, von dem es heisst: «... nicht auf den Wogen der Stimmungen zu reiten, zu

James Dean

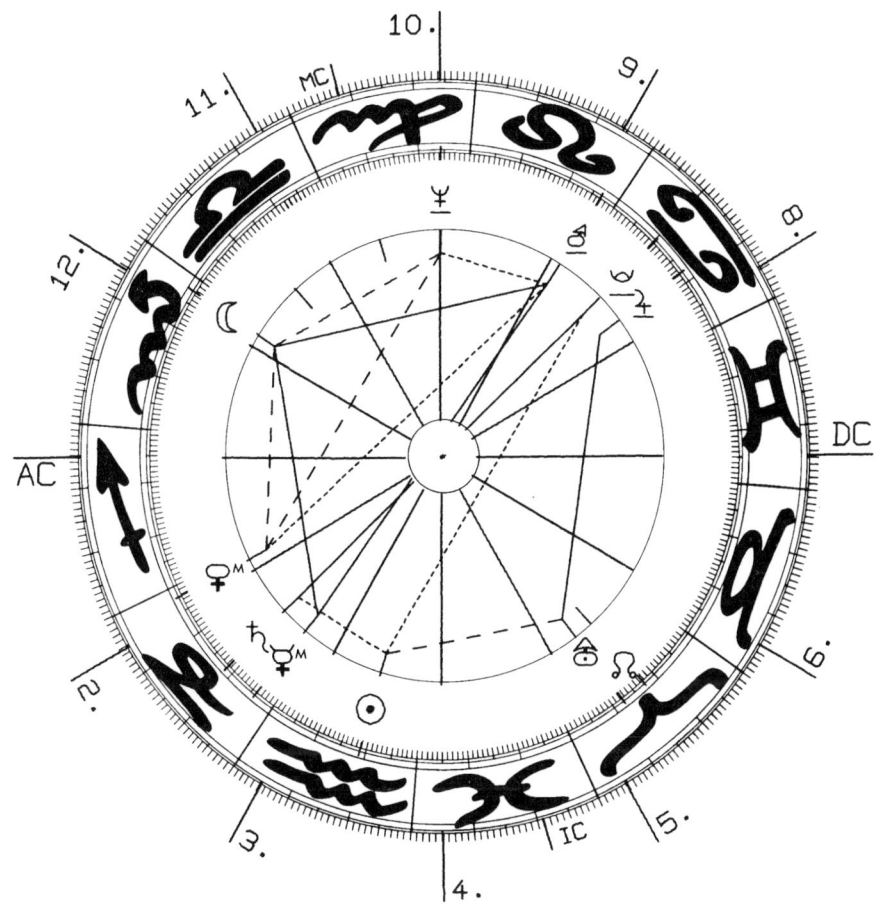

Abb. 20
8. 2. 1931, 2.00 h LT, Marion/IN, USA

lenken, sondern sich gemessen selbst an den Zügel der Emotionen zu nehmen ...»
Der Wagenlenker zügelt zwar symbolisch sein Viergespann, aber in erster Linie sich selbst, und das überträgt sich auf sein Gespann.

Wir alle müssen unsere Intuitionen zügeln, wollen wir sie verwirklichen, wollen wir unser Ideen-Gespann zum Ziel lenken! Wir können uns aber nur von innen wirkungsvoll an die Kandare nehmen. Wird sie uns von aussen aufgelegt, durchbrechen wir sie bei erstbester Gelegenheit, wie Ikaros, der die Mahnung von aussen – nämlich von seinem Vater Daidalos – nicht ernst genommen hat. Ein zweites Mal würde er sich mit seinen Wachsflügeln nicht mehr der Sonne nähern. Aber es gibt bei den meisten uranischen Chancen eben kein zweites Mal!

Jeder muss seine Erfahrungen selbst machen. Einverstanden. Die richtige Intuition kommt jedoch äusserst selten, und sie ist schnell verspielt. Da müssen wir schon nach innen hören, denn wir haben alle Erfahrungen in uns, nur sind sie uns nicht mehr bewusst. Deshalb heisst es für uns, aus dem Labyrinth des Inneren zur Sonne aufzusteigen. Wie keine andere planetarische Kraft erwartet Uranus die Schau nach innen, gerade weil er mit seiner Intuition so hoch hinaus will. Ist dies innerlich tief verstanden, dann können wir diese Erkenntnisse als Flügel des Ikarus verwerten. Aus dem Schicksal des Ikarus lernen heisst Uranus zu verstehen.

Der amerikanische Filmschauspieler **James Dean** (Abb. 20, vorherige Seite) wurde über Nacht zur Leitfigur der Weltjugend. Sein erster Film «Jenseits von Eden» wie auch «Denn sie wissen nicht, was sie tun» wurden zu Kultfilmen.

Sein Uranus steht sehr exklusiv als Spannungsherrscher im kreativen 5. Haus. Das Sextil zur Sonne verstärkt die Ich-Intuition, zumal die Sonne im Zeichen Wassermann steht, das man Uranus zuschreibt. Dazu hat Uranus das sehr nahe Quadrat zum Entfaltungssymbol Jupiter. Der Mond, die Seele symbolisierend, steht an der Spitze eines Leistungsdreiecks auf der Basis Merkur/Mars. Diese Spannung zwischen Wollen und Handeln hat dieser hochbegabte Schauspieler wohl kaum ausgehalten. Vielleicht kam der Ruhm zu früh. Alle seine Darstellungen waren sehr exoterisch angelegt, riefen aber oft ein esoterisches Echo hervor.

James Dean wurde zum Symbol der Exzesse und des Auslebens, und Jahrzehnte hindurch hat man ihn in seiner lässigen Haltung und Gestik imitiert. Er war ein Vorbild, weil er keine Bremsung, keine Selbstbeschränkung kannte. Entgegen dem Rat des Wagenlenkers von Delphi zügelte er seine «PS-Kräfte» (Mars) nicht, er liess sich auf die Illusion des Rausches ein (Sonne/Pluto-Quincunx) und kam bei einem Autounfall ums Leben. Was wurde dadurch verspielt? Was hätte er seinem Publikum noch alles geben können?

Dieser höchst kreativer Uranus mit der uranischen Sonne trieben James Dean viel zu früh ans andere Ufer. Wie Ikarus verbrannte er in seiner äusseren Unbedachtsamkeit. Gerade die uranische Kraft will erst innerlich verarbeitet werden, ehe sie hinausstürmt. Die Intuition sollte nur selten nach aussen schiessen und erst nachdem sie innerlich reifen konnte. Dies gilt besonders für eine uranische Sonne, die dazu einen Zerrissenheits-Aspekt zum Schicksalsplaneten hat.

Peter Ustinov

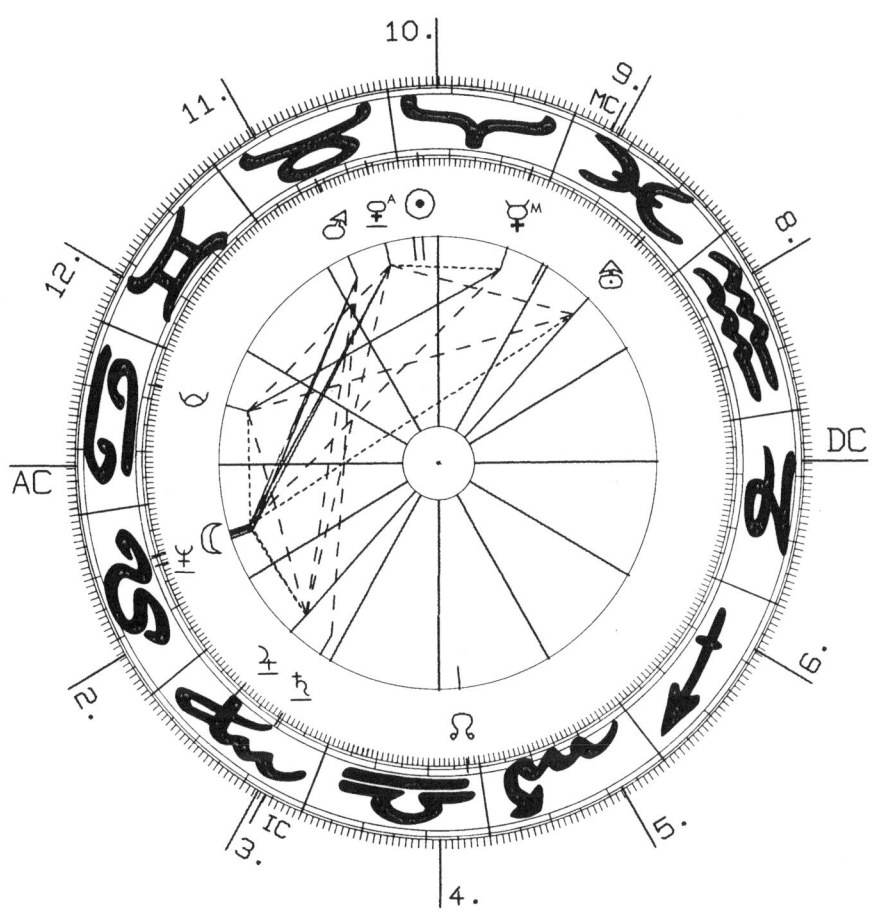

Abb. 21
16. 4. 1921, 11.00 h LT, London, GB

Peter Ustinov (siehe Abb. 21, vorherige Seite) ist nicht nur Schauspieler, sondern in erster Linie Autor. Seine Komödien sind uranisch einfallsreich, witzig und oft sogar weise. Seine Darstellungen sind – bei aller komödiantischen Kraft – doch sehr verschmitzt zurückhaltend.

Uranus steht sehr markant in der Nähe der Himmelsmitte. Der Gegenschein zu Jupiter gibt ihm die gebremste saturnische Entfaltung, während das Trigon zu Pluto viel Durchsetzungskraft verrät. Entscheidend ist wohl die Quincunxverbindung zum seelischen Symbol des Mondes und zum Inspirationssymbol Neptun. Dies gibt, zumal Uranus im Abschnitt Fische steht, doch eine starke instinktive Kraft, Überprüfungsmöglichkeiten mit dem Unbewussten und zeigt auch das Komödiantische an, das aber vom Innern her geführt wird.

Natürlich trat Ustinov immer sehr exoterisch auf, das lässt sich bei so einem Uranus nie vermeiden, aber doch überlegt und gezügelt. So konnte er gut lehren, denn er war Rektor der schottischen Universität in Dundee. Sein Thema war nicht die Revolution, sondern revolutionäre Auseinandersetzungen mit der Todesstrafe oder dem Problem des Alters.

Seine Grundeinstellung war von Humor getragen, und Humor kommt allein aus der Tiefe des Inneren, wo auch Uranus seine Wurzeln hat. Peter Ustinov hat seine uranische Kraft ganz besonders ausgebildet, gezügelt und dann umgesetzt. Daher sein Erfolg, der über Jahrzehnte währte.

Diese Beispiele von zwei höchst bemerkenswerten Darstellern, die einen sehr markant stehenden Uranus in ihren Horoskopen aufzuweisen haben, zeigen, dass Uranus auch Geist, ja Intellekt zu seiner Verwirklichung braucht. Wenn er auch in anderen Elementen seine Kraft bestens umzusetzen vermag, ist Uranus doch ein Planet des Luftelementes. Deswegen benötigt er das Geistige und den Schatz der Erfahrungstiefe, um zur vollen Entfaltung zu gelangen.

Hier brauchen wir den wirklich esoterischen Bezug, die esoterische Erkenntnis, es sei denn, wir konzentrieren uns nur auf die exoterische Seite des Uranus, die sich in der Technik und in der Industrie bemerkbar auswirkt. Aber die Schäden, die dort angerichtet werden, sind ja deutlich genug. Kaum ein Planet zeigt sich in sich so wandelbar wie Uranus, der einmal völlig exoterisch «auftritt» und einmal völlig esoterisch. Sicher bringt er den Wandel, die Wende, nur dürfen wir nie vergessen, wie wandelbar er selber in sich ist. Daher kommt auch die Unruhe, die er innerlich auslöst. Bei Uranus müssen wir immer die Lehre des Zauberlehrlings von Goethe im Auge haben, um nicht selbst zum Zauberlehrling unserer eigenen uranischen Kraft zu werden.

Kapitel 13
Neptun

VOM ANIMALISCHEN INSTINKT ZUR EINFÜHLENDEN INSPIRATION

Neptun symbolisiert in der Astrologie den animalischen Instinkt, die Täuschung, die Sucht, die Inspiration bis hin zur Hellsichtigkeit, das Einfühlen, die höhere Liebe. All dies ist im Grunde nur esoterisch zu sehen. Neptun dürfte die Kraft sein, die allen Wesen, ob Pflanze, Tier oder Mensch, die Lebensfähigkeit auf dieser Erde ermöglicht. Den animalischen Instinkt des Überlebens besitzen heute nur noch die Pflanzen und die Tiere. Das göttliche Geschenk des Verstandes führte dazu, dass dieser völlig überschätzt wurde. Wird etwas überschätzt und damit überstrapaziert, dann muss etwas anderes verkümmern. In diesem Fall verkümmerte beim Menschen – und je gebildeter und zivilisierter er sich selbst einschätzte, um so mehr – der Instinkt. Verlust oder Einschränkung des Instinkts führt zur Täuschung, und zwar im Grossen wie im Kleinen.

Wir haben den Instinkt für die Natur völlig verloren, was die ständig neu entdeckten Umweltschäden bis zur Abholzung des Regenwaldes aufzeigen. Aber auch im individuellen Leben wird täglich bewiesen, dass der gesunde Instinkt auf der Strecke bleibt, was zu Lebenstäuschungen führt, und diese wiederum ziehen die Sucht nach sich, weil in vielen Fällen die Mitte, die der Mensch braucht, nicht mehr gefunden wird. Wenn wir uns vom gesunden – es gibt ja auch einen krankhaften, fehlgeleiteten (Drogenabhängigkeit) – Instinkt entfernen, werden wir vergeblich in uns Hilfe suchen. Der Verstand ist dazu sicher notwendig, aber allein nicht fähig, denn er ist exoterisch.

Es kann wirklich als ein göttliches Geschenk bezeichnet werden, dass am 23. September 1846 der Berliner Astronom Galle den Neptun wiederentdeckte. (Die Griechen kannten ihn schon.) Damit wurden die Menschen sozusagen gezwungen, sich mit Neptun, der in vieler Hinsicht als Zwilling des Uranus bezeichnet wird, intensiv zu beschäftigen. Die esoterische Welt griff dies dankbar auf, und so wurde unter anderem die Auseinandersetzung mit dem animalischen Lebensinstinkt wieder neu aufgenommen. Die nachfolgende Psychologengeneration machte diese zum Thema der letzten Jahrhundertwende, wobei auch die Sexualität von einem Tabu befreit wurde. Die Wiederentdeckung des Neptun durchbrach so manchen Nebel und Dunst und half auch manch geistiges Gift zu erkennen. So wurde Neptun neben Uranus zum Planeten der Esoteriker und Astrologen, ohne dass sich diese sehr um seine esoterische Botschaft bemühten. Im Gegenteil, als erstes wurde er wie Uranus als «Bösewicht» eingestuft, wodurch manche Bemühungen, ihn als geistigen Planeten anzusehen, bereits gescheitert waren.

Neptun, in Griechenland Poseidon genannt, war in den Mythen ein Bruder des Zeus und des Hades und reifte mit letzterem im Leib seines Vaters Saturn. Nachdem Zeus die Geschwister befreit hatte, teilte er Poseidon die Meere als sein Reich zu. Damit waren auch die Himmelsmeere gemeint, also das Reich unserer Seelen. Von daher ist zu verstehen, dass Neptun in der Astrologie als höhere Stufe der Venus angesehen wurde, als Symbol der All-Liebe, der himmlischen Liebe. Neptun führt die esoterischen Eigenschaften der Venus auf eine höhere Ebene.

In der exoterischen Astrologie symbolisiert Neptun in erster Linie den Instinkt. Zum Instinkt gehört auch das Sexuelle, und dieses kann vom Verstand eingeschränkt werden, etwa durch Massnahmen gegen die Zeugung oder durch Hilfsmittel zur Steigerung oder Verminderung der sexuellen Energie. Poseidon/Neptun ist auch für dieses Gebiet unseres Lebens das entscheidende Symbol.

In den griechischen Mythen verlangte Poseidon von den Menschen immer wieder Stieropfer als Symbole für die Furchtbarkeit der Erde. Als König Minos ihm statt eines stattlichen Stieres ein minderes Tier opferte, rächte sich Poseidon, indem er in Pasiphae, der Frau des Minos, eine masslose sexuelle Begierde weckte, die kein Mann mehr befriedigen konnte. So wandte sich Pasiphae dem heiligen weissen Stier zu, der aber nichts von ihr wissen wollte. Der schon erwähnte Daidalos baute daraufhin eine künstliche Kuh, in der sich Pasiphae verbarg, so dass sie doch von dem angebeteten Stier begattet wurde. Die Folge war die Geburt eines Ungeheuers – halb Stier, halb Mensch. Es war der legendäre Minotaurus, für den der Baumeister ein Labyrinth herstellte, in dem er später selbst eingesperrt werden sollte.

Wer also keine – oder nicht die richtigen – Opfer bringt, der wird mit einer Sucht bestraft, die nur «Ungeheuer» gebären kann. Wenn der Verstand aus Habgier verhindert, das notwendige Opfer darzubringen, dann geht das Gefühl für den wahren Instinkt verloren, dann täuscht sich der ganze Mensch mit schrecklichen Folgen für Generationen – in diesem Fall bis zum Absturz des Ikarus.

An diesen Mythen ist klar erkennbar, wie zwillingsnah verwandt Uranus und Neptun sind. Der missbrauchte animalische Instinkt führt in die äusserliche, die exoterische Scheinbefriedigung bis hin zur Sucht – auf welchem Gebiet auch immer.

Wir müssen zwar zurückfinden zum animalischen Instinkt, dürfen ihm jedoch nicht allein verhaftet bleiben. Wir haben zu erkennen, dass der Verstand den Instinkt braucht, der Instinkt aber auch den Verstand.

Esoterisch müssen wir es so sehen, das der Herr des Meeres von der Erde Opfer verlangt. Die Erde ist die Ergänzung für das Wasser.

In den Mythen stellte Poseidon der Erd- und Brotgöttin Demeter nach. Um ihm zu entgehen, verwandelte sich Demeter in eine Stute und versteckte sich in einer Herde. Poseidon entdeckte sie jedoch, nahm die Gestalt eines Hengstes an und begattete die überraschte Demeter. Als böse Folge dieser Vergewaltigung wurden das wilde Pferd Arion und eine Nymphe geboren, zwei Wesen, die vom animalischen Instinkt besessen waren. Demeter hatte Poseidon diese Vergewaltigung nie verziehen, so dass sie sich in ihren Zornesanfällen bis zur Furie steigern konnte. Als ihre Tochter Persephone von Hades, dem Gott der Unterwelt (römisch Pluto), geraubt wurde, liess sie aus Rache die gesamte Erde verkümmern.

Poseidon gibt uns durch seine Mythen noch manche andere praktische Hinweise. Er zeugte zum Beispiel Polyphemos, einen einäugigen Riesen, und gab uns damit die Mahnung: Wer seinem animalischen Instinkt verfällt, ist genauso «einäugig» wie der, der nur dem Verstand folgt.

In Träumen und Märchen gelten die Hunde oder das Hündische immer als Symbole für den tierischen Instinkt. Auch dies hängt mit Poseidon/Neptun zusammen. Seine Frau Amphitrite, die von Poseidon immer betrogen wurde, bemerkte, wie dieser um Skylla buhlte. So warf sie gefährliche Kräuter in den See, in dem Skylla badete. Darauf verwandelte sich Skylla in ein Ungeheuer mit sechs Hundeköpfen, war also völlig dem Animalischen ausgeliefert. Wollen wir mit dem Hündischen in uns klar kommen – was nicht als Abwertung verstanden werden darf! –, dann können wir das nicht von anderen lernen. Niemand kann uns beibringen, wie wir auf den eigenen Instinkt reagieren sollen. Das Lernen erfolgt über das Hineinhören in uns selbst.

Ähnlich verhält es sich mit der richtigen Mischung zwischen Instinkt und Verstand, auch hier sind wir Lehrer und Schüler in einer Person. Bestenfalls ist der Ort des Lernens auszumachen, der in der Stille, der Einsamkeit zu liegen hat, wo keine exoterischen Ablenkungen möglich sein sollten. Nur da werden wir auch unseren Dämonen begegnen. Und das Wort Dämonen galt einst – im Gegensatz zu heute – durchaus nicht als Schimpfwort (wie in der Einleitung ausführlich dargelegt). Das Neptunische ist schwer fassbar wie alles, was tief verschüttet in uns lebt, und der gesunde animalische Lebensinstinkt dürfte bei allen Menschen seit langem zugeschüttet sein.

Der Instinkt speichert keine Erfahrungen wie die Seele, er wird durch die Erfahrungen auch nicht gebildet. Wer seinem Instinkt mit Erfahrungen (auch des Verstandes) näherkommen will, ist schon auf dem Weg in eine Sackgasse. Einer Sucht kann man auch nicht mit guten Argumenten beikommen, hier muss der Lebensinstinkt geweckt werden, auch wenn er schon völlig unerreichbar und verbaut erscheint.

Vielleicht ist dies der Grund, warum sich gerade heute immer mehr sozial Engagierte mit Esoterik beschäftigen (etwa mit dem Tarot), um den Abhängigen vielleicht dadurch eine Brücke zurück ins Leben zu bauen. Das wäre sicher kein falscher Weg, denn die alten Archetypen leben ja weiterhin in uns. Und da kommen wir wieder auf den inneren Flug zum Himmel. Wer den Instinkt in der Tiefe seiner dunkelsten Ebene sucht, der mag ihn da auch finden. Und dann ist – dies erinnert uns an die esoterischen Gesetze von Uranus – ein Flug hoch über die Wolken möglich.

Das Erkennen und somit das Ende einer Täuschung führt zur Inspiration, ja zur Hellsichtigkeit. Damit ist nicht gemeint, dass der Verstand eine Täuschung durchschaut, sondern dass wir entdecken, wie uns die eigene Grundhaltung bisher täuschte. Nicht die Täuschungen, die uns durch andere beigebracht werden, stehen hier zur Debatte, sondern die Eigentäuschungen.

Erst wer dies durchschaut – und das betrifft meist die gesamte Lebenshaltung –, der steigt wie Phönix aus der Asche auf. Und so kommen wir (vielleicht) wieder zu unserer Inspiration, die jedoch alle Instinktfehlleistungen anderer verständnisvoll beurteilen soll. Unsere Inspiration soll einfühlend, ja mitfühlend, vielleicht sogar liebend sein.

Wenn wir die Natur lieben (aber nicht politisch vom Verstand her), können wir sie vielleicht wieder heilen und so durch die dann entstandene Naturverbundenheit zu unserem alten Lebensinstinkt langsam und nur Schritt für Schritt zurückfinden. So mag sich dann auch eine Hellsichtigkeit entwickeln, die allerdings nur den wenigsten von uns geschenkt wird. Allein über die Einsicht in die Eigentäuschung öffnet sich eventuell die Pforte in unsere Instinktwelt, so dass wir den abgelagerten Schutt vor dem Portal abzuräumen vermögen. Eigentäuschungen haben nämlich zur Folge, dass Illusionen entstehen, die sich dann im Lebensablauf kaum erfüllen. Ein gutes Beispiel bieten die Esoteriker selbst.

Jeder Mensch verspürt in sich vielleicht den Wunsch, «hellsichtig» zu sein, oder gar «heilen» zu können. Wer in die einschlägige Inseratenpresse schaut, wundert sich über die Schwemme der Hellseher und Heiler. Die gibt es heute wie Sand am Meer, und man fragt sich, woher die alle kommen. Welche Illusion trieb diese Menschen dazu, sich als Hellseher oder Heiler auszugeben? Denn die wenigsten, die sich so nennen, können wirklich hellsehen oder heilen. Man ist zu glauben versucht, all dies sei blosses Geschäft. Es ist aber eher eine neptunische Verblendung, die nach aussen dringt und sich dort sehr exoterisch gebärdet. Wahre Heiler oder Seher gibt es – aber höchst selten! Diese Begnadeten und Gezeichneten würden nur nie viel von sich hermachen, weil dies keine Jahrmarktsberufe sind.

Es gibt da jedoch einen Ausgleich. Immer wieder fällt auf, wie wenig die Seher sich selbst helfen und wie wenig sich Heiler selbst heilen können. Wer dies zur Kenntnis nimmt, kommt vielleicht seiner eigenen Ent-täuschung wieder näher und findet endlich Zugang zu seinen wahren neptunischen Kräften. So könnte die eigene neptunische Kraft zur einfühlenden Inspiration führen, aber erst wenn vorher manche Illusionen wie Seifenblasen geplatzt sind.

Eines der schönsten Beispiele für die Kraft eines kreativen, schauspielerischen Instinktes, der weit über sich hinaus zur Inspiration wuchs, zeigte während Jahrzehnten die Schauspielerin **Giulietta Masina** mit ihren eindrucksvollen künstlerischen Leistungen. Das Bestechende war die Darstellung animalischer Lebensbedürfnisse, wie sie am klarsten wohl in dem schon legendären Film «La Strada» herauskam.

Giulietta Masina spielt eine Frau, die sich zu Opfern bereit fühlt, die Geborgenheit sucht, auch wenn der Mann an ihrer Seite sie grob und beleidigend behandelt, ja misshandelt. Er kann mit ihr machen, was er will, sie bleibt ihm treu, glücklich darüber, einen Halt zu haben. Dieses Nestbedürfnis hat die Masina einmalig

Giulietta Masina

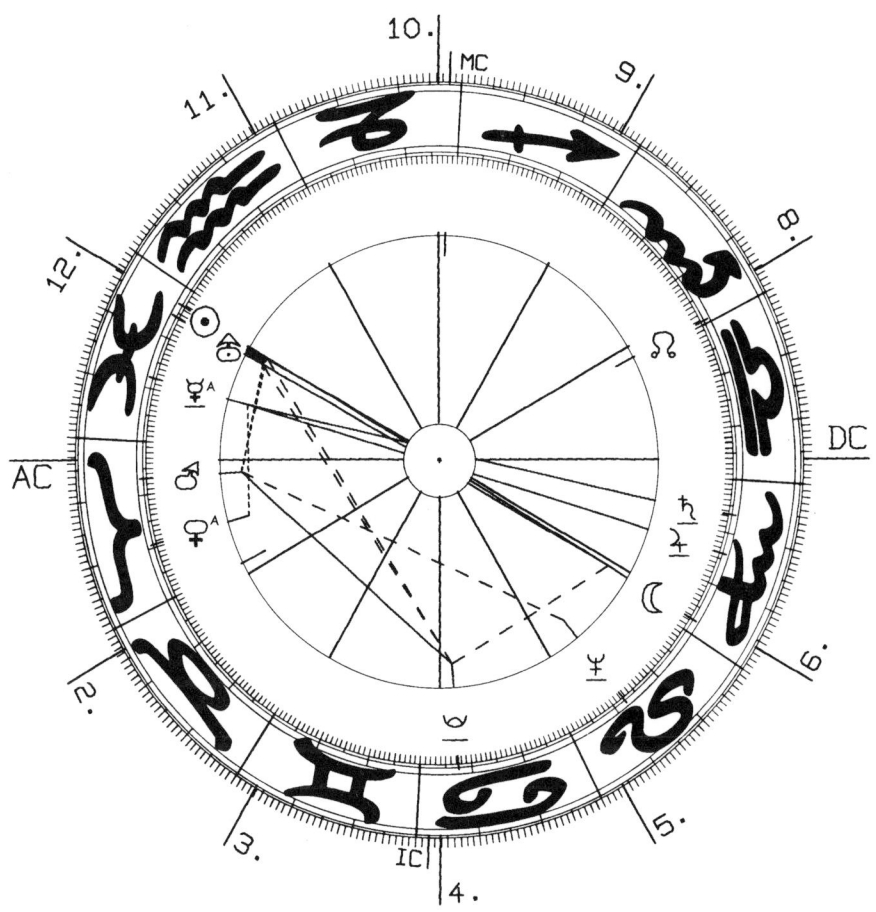

Abb. 22
22. 2. 1921, 8.15 h LT, San Giorgio di Piano, I

dargestellt. Erst als der Mann – wenn auch mehr aus Versehen – jemanden umbringt, wehrt sie sich und verlässt ihn. Totschlag erlaubt ihre instinktive Lebensauffassung nicht. Ein anderer Mensch hat auch ein animalisches Lebensbedürfnis.

Bei Masina finden wir den Neptun mitten im 5. kreativen Raum, womit die instinktive, inspirative Kraft ganz auf schöpferische Darstellung angelegt zu sein scheint. Zwar hatte die Masina einen genialen Regisseur, nämlich Fellini, aber wir können sicher sein, dass auch sie ihn mit ihrer Kreativität beeinflusst hat. Der Film erhielt gut 30 Auszeichnungen, unter anderem auch den Oscar.

Diese inspirative Kraft kam dann auch in vielen anderen Filmen zum Ausdruck. Erwähnt sei noch der Film «Ginger e Fred», 1985 gedreht, in dem auf skurrile Art und künstlerisch feinfühlig an das Tanzpaar Ginger Rogers und Fred Astaire erinnert wird. Selten ist das tragende animalische Sehnsuchtsgefühl so treffend von einer Schauspielerin dargestellt worden, was nicht ohne Grund Millionen ergriff. Denn es drückte Sehnsüchte und Wünsche aus, die – wenn auch unbewusst – in fast jedem Menschen schlummern.

Die Masina hatte und hat die Inspiration, dies alles bewusst zu machen. Man kann folgern, dass dieser Neptun im 5. Haus die Kraft zur Darstellungskunst der animalischen Lebensträume oder Sehnsuchtsvorstellungen gab.

Auch sei nicht vergessen, dass sie ihren späteren Mann Federico Fellini bereits mit bestem Instinkt für sich ausgesucht hatte, als dieser noch ein unbekannter Texter war. Zeitweise war sie italienische UNICEF-Botschafterin, kümmerte sich also auch in grösserem Rahmen um die Grundbedürfnisse der Menschen. Die «höhere Liebe» war ihr ein grosses Anliegen, das sie nicht nur künstlerisch bewegte. Dies vermittelte ihre Ausstrahlung. Hinzu kommt, dass Sonne, Uranus und Merkur im neptunischen Abschnitt Fische stehen, so dass nicht nur Neptun im Abschnitt Löwe all das aussagt, was wir eben beschrieben haben, sondern dass auch ihr Herz (Sonne), ihre Intuition (Uranus) und ihr Denken und Handeln (Merkur) eine starke neptunische Färbung ausstrahlen. Uranus und Sonne stehen dazu noch im ergänzenden Gegenschein zum Mond als Symbol der Seele.

Eine sehr markante, ja ungewöhnliche Neptunstellung finden wir im Horoskop des Dichters **Franz Werfel**. Die enge Konjunktion mit Pluto verstärkt die neptunische Kraft überdimensional, auch wenn dieser Aspekt als Generations-Aspekt mitbetrachtet werden muss. Aber da nur diese beiden Planeten (mit Jupiter) über dem Horizont stehen, bekommen sie doch eine sehr individuelle Bedeutung.

Franz Werfel, verheiratet mit der nicht minder berühmten, wenn auch mehr im Salon wirkenden Alma Mahler, der Witwe Gustav Mahlers, schrieb sehr viele ekstatische Dramen (Neptun/Pluto) und galt zu seiner Zeit als führender expressionistischer Dichter. In seinem Werk finden wir ungeheuer viele Richtungen, einmal die politisch-historische Richtung, dann die Hinwendung zur Lyrik und die Arbeit an Stoffen, die eher von metaphysischer Transparenz getragen sind.

Einen besonderen Wandel erfuhr Werfel, als er sich der katholischen Mystik zuwandte, was um so überraschender war, als er von der jüdischen Religion ge-

Franz Werfel

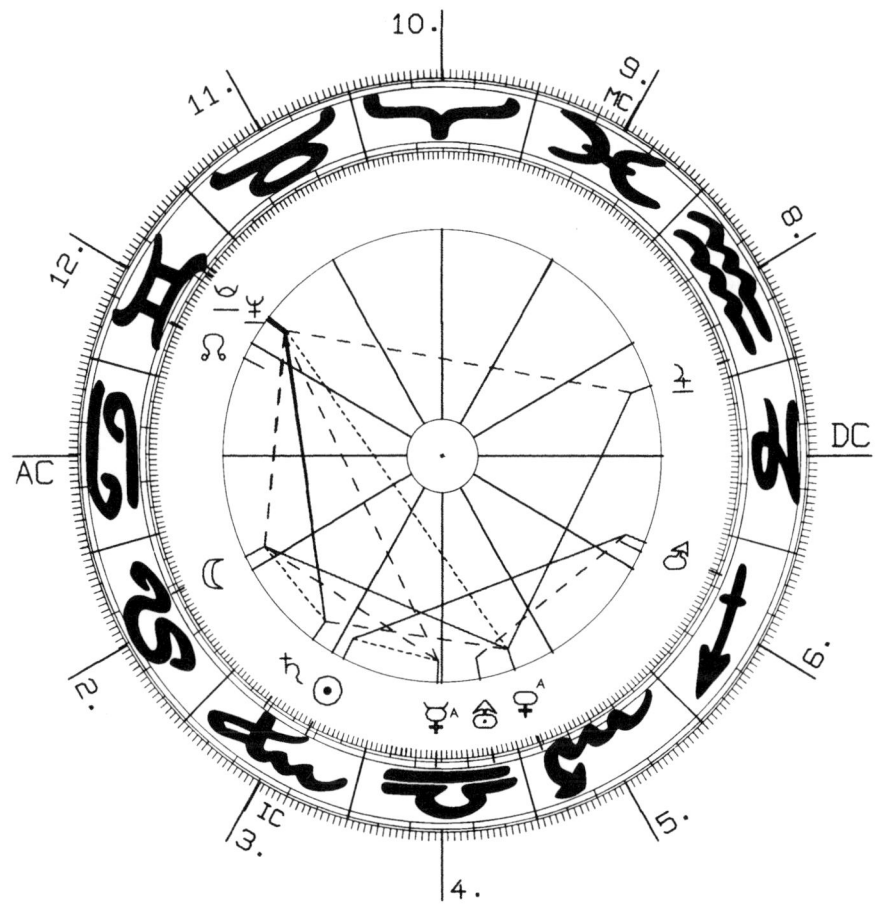

Abb. 23
10. 9. 1890, 23.45 h LT, Prag, CS

prägt war. Zwei Arbeiten bezeugten den tiefliegenden Wandel, nämlich sein Roman vom *Lied der Bernadette,* wo Lourdes in den Mittelpunkt geriet, und die wunderbare Schöpfung des *Veruntreuten Himmels.* Schon früher hatte sich Werfel religiösen Stoffen zugewandt, wie etwa dem Thema von *Paulus unter den Juden,* aber Höhepunkt seines Schaffens waren die oben erwähnten Bücher und nicht etwa der Roman der Oper (Verdi) oder das fein empfundene Werk *Jacobowski und der Oberst,* das er in der amerikanischen Emigration verfasste. Neptunische Kraft griff das Leiden und die Freuden auf, und man spürt den neptunischen Rausch, der ihn immer wieder erfasste und antrieb.

Ganz in den Griff scheint er – bei allen herrlichen Arbeiten, die aus seiner Feder flossen – seine neptunischen Kräfte nicht bekommen zu haben, aber er ist ihnen doch stets gefolgt. Seine Arbeiten gelten daher als nicht immer episch ausgewogene Kunstwerke, was bei dieser Neptunstellung wohl auch kaum möglich erscheint.

Überwiegend verstandesmässig eingestellte Leser hat Werfel – man möchte sagen: zum Glück – nicht erreicht, aber dafür viele Herzen und Seelen, die spürten, welche innerliche Inspirationskraft hier nach aussen wirkte. Das «Neptunische» in ihm trieb Werfel «mit seinem ungestüm produktiven Naturell zum Ausleben und Schreiben breiter Lebenssinnlichkeit», wie es in Knaurs Geschichte der Weltliteratur heisst, und dies führte ihn zur dichterischen Erfüllung.

Schon in der Jugend war er im Schreiben ausgeprägt expressionistisch. Die Dreierkonstellation Neptun/Pluto und Jupiter, die über dem Horizont zu sehen ist, unterstreicht dies sehr eindrucksvoll. Das Luftelement der Zwillinge gab dem Neptun in Werfels Horoskop (dazu im 11. Wassermann-Haus) ganz besondere Flügel, wenn ihm auch ein saturnisches Schicksal nicht erspart blieb. In seinen Werken wuchs er weit über sich hinaus und gab sich nie mit einem kleinen Rahmen zufrieden.

Kapitel 14
Pluto

DER UNBEWUSSTE TRIEB ZUR MACHT

Pluto symbolisiert in der Astrologie das Dämonisch-Erotische, den unbewussten Trieb, die Machtdurchsetzung, die Abhebung von der Masse, die Tarnung. In der esoterischen Astrologie müssen wir gerade Pluto sehr differenziert betrachten. Zunächst hat Pluto erst ein gutes Drittel des Tierkreises durchwandert, so dass wir kaum auf Erfahrungen zurückgreifen können, wenn wir Pluto im Steinbock- oder im Wassermannzeichen beurteilen wollen. Natürlich gibt es viele historische Horoskope, die uns manchen Aufschluss erlauben, aber diese geschichtlichen Schlussfolgerungen sind so gut wie nur exoterisch zu werten. Es erscheint jedoch völlig richtig anzunehmen, dass Pluto im Abschnitt Skorpion (so exoterisch auch dieser Tiername ist) seine ihm verwandte Kraft findet. Allein dies weist auf eine esoterische Ausrichtung hin (darüber mehr bei den Tierkreiszeichen). Pluto gilt als die höhere Stufe von Mars, oder besser gesagt als der «dunkle» Trieb, während Mars den «hellen» Trieb verkörpert. Mars wäre nie unter die Erde zu verbannen, wie es Zeus/Jupiter mit Hades/Pluto gemacht hatte.

Hades/Pluto wirkt also im Innersten, und wenn er an die Oberfläche kommt, benutzt er auch noch häufig eine Tarnkappe – ein Hinweis, wie schwer die plutonischen Kräfte, die in jedem Menschen leben, zu erkennen sind. Die Tarnkappe verhindert dabei nicht nur, dass andere diese Kraft durchschauen und analysieren, sondern auch, dass der Horoskopeigner seine Kräfte selbst klar zu erkennen vermag. Man durchblickt die eigene Tarnung dieser Kräfte nur mit grosser Mühe. Manchen gelingt dies ein Leben lang nicht, zumal wenn sie sich kaum mit Esoterik beschäftigen. Allein die Esoterik hebt die Tarnkappe ab.

Hades/Pluto beherrscht mit seinem symbolischen Wohnsitz in der Erde, und damit in der Unterwelt, alle Schätze der Erde: das Gold und das Silber sowie alle anderen wertvollen Mineralien, die Kohle, das Erdöl und auch – was gern vergessen wird – unser Grundwasser. Er beherrscht auch die Unterwelt, in die sich im Mythos die Toten durch den Fährmann Charon hinüberfahren liessen, weswegen man jedem Toten ein Geldstück in den Mund streckte, um so dem Fährmann seinen Lohn zu entrichten. Pluto beherrscht also nicht nur die Schätze der Welt, sondern er weiss um die letzte Tiefe des Menschen, die erst im Tod erkennbar sein soll. Damit weiss er, was sich in der Tiefe des Menschen abspielt, weiss um dessen verborgenen Schätze, Werte und Wünsche, die jedoch nicht mit dem Erfahrungsschatz der Seele, also dem Symbol des Mondes, verwechselt werden dürfen. Pluto symbolisiert in uns zugleich Tod, Reichtum und den dreiköpfigen Hund Kerberos.

Es ist unser Reichtum, den wir derart beschützten, dass niemand an unserem Bewacher, an unsrem «Hund», vorbei kommt. Der Kerberos in uns symbolisiert auch, dass nichts Gestorbenes mehr zurückkommen kann. Also «wirkt» Pluto nicht? Oh doch – nur nehmen wir es nicht wahr. Die plutonische Kraft tarnt sich viel zu gut. Hades/Pluto hat nie vergessen, dass er den Kampf mit Zeus/Jupiter verloren hatte. So strebte er immer wieder zur Macht. Auch in jedem von uns lebt eine Kraft, die zur Macht strebt. Das können wir an der Stellung von Pluto in den Häusern erkennen. In dem Interessensfeld, wo wir Pluto im Horoskop finden, treibt uns eine sehr getarnte und kaum erkennbare Kraft zur Macht. Zumindest auf diesem Gebiet wollen wir herrschen oder uns wenigstens durchsetzen – nur bemerken wir diese Kraftausrichtung bei uns zuallerletzt.

Wer herrschen will – egal wo –, macht sich Feinde. Aber niemand weiss, warum sie unsere Feinde wurden. Meist geschah es nur aus dem Grunde, weil wir diese Menschen einst beherrschen wollten, ohne es selbst zu wissen, und obwohl wir sie liebten. Diese Liebe verstärkt die Tarnung oft bis zur völligen Unkenntlichkeit, was sich bei Partnerproblemen als Verhängnis auswirken kann, wenn Pluto bei einem oder beiden im 7. Haus steht.

Und das ist das Tragische: Hades/Pluto symbolisiert auch die grosse Sehnsucht nach Zärtlichkeit, die oft unerfüllt bleibt, so dass sich diese Sehnsucht bis ins Dämonisch-Erotische steigern kann. Die Mythe von Hades und Persephone (der Tochter Demeters) unterstreicht dies ganz eindeutig. Wie oft wird Machtanspruch mit Liebe verwechselt! Eine plutonische Tragik. So symbolisiert Pluto – mehr als jeder andere Planet – unsere tragischen Veranlagungen und Entwicklungen.

Aber auch in den anderen Häusern signalisiert die Stellung von Pluto einen zugegebenermassen oft gut gemeinten Machtanspruch, der vom Verursacher selbst nicht erkannt wird und so kaum lösbare Verwicklungen hervorruft. Diese Verwicklungen beruhen meist auf Missverständnissen und Misstrauen, die jeder seiner eigenen Unterwelt gegenüber hat. Auch hier gibt es eine Mythe, die davon weiss. Es ist die berühmte Mythe von Orpheus und Eurydike.

Orpheus war der Sohn der Muse Kalliope. Umstritten ist, wer sein Vater war. Mal wird Apollon genannt, dann ein Flussgott, aber auch ein thrakischer König. Orpheus wurde berühmt, weil er meisterhaft wie kein anderer die Lyra, das Instrument des Apollon, spielen konnte.

Mit diesem Instrument und seinen wunderbaren Klängen vermochte Orpheus die Elemente der Natur zu besänftigen. Daher nahmen ihn die Argonauten auf ihre Fahrt gen Troja mit, um eventuelle Meeresstürme abzuwenden. Orpheus heiratete die liebliche Eurydike und war glücklich mit ihr.

Aber die Schönheit Eurydikes lockte auch andere Männer an. Aristaios, ein ländlicher Gott, umwarb Eurydike, die jedoch vor ihm floh. Dabei trat sie auf eine Schlange und starb an dem giftigen Biss dieses Tieres. So kam sie in die Unterwelt zu Hades/Pluto. Der verzweifelte Orpheus beschloss, seine Frau aus der Unterwelt zurückzuholen. Mit dem herrlichen Spiel seiner Lyra besänftigte er alle Wesen der Unterwelt, sowohl den Fährmann Charon wie auch den Kerberos, ja er bezauberte sogar Hades, der ihm schliesslich gestattete, mit Eurydike auf die Erde zurückzukehren.

Doch eine einzige Bedingung sollte Orpheus auf dem Weg vom Tartaros, einem tiefen Platz in der Erde, zur Oberwelt erfüllen: Er musste auf dem Weg zum Licht vorausgehen, während Eurydike ihm folgte, und er durfte sich nicht ein einziges Mal umdrehen. Die Unterwelt verlangte volles Vertrauen, und dies sollte unter Beweis gestellt werden. Aber wer hat Vertrauen zu seiner individuellen Unterwelt? Orpheus hatte es nicht. Zuerst schien er zu gehorchen, doch kurz bevor er das Sonnenlicht erreicht hatte, ergriff ihn die Furcht, betrogen worden zu sein. Er sah sich um, erblickte die Gestalt seiner Eurydike, die aber im selben Moment in der Unterwelt verschwand. Der Sänger hörte nur noch, wie die Portale der Unterwelt zuschlugen. Von nun an wandte sich Orpheus von jeder Frau ab und sprach nur mit Männern über seine Unterweltserfahrungen. Zur Strafe wurde er von wilden thrakischen Frauen in einer dionysischen Raserei (also aus dunklen Trieben aufbrechend) in Stücke gerissen. Seinen Kopf warf man in einen Fluss. Auf dessen Wellen trieb das Haupt nach Lesbos, wo Orpheus später als Orakel fungierte. Er nahm auf diesem Wege wieder die Verbindung zu seiner Unterwelt auf.

Auch als Persephone die Unterwelt verlassen durfte, nachdem Hades sie geraubt hatte, wurde eine Bedingung gestellt: Die Tochter Demeters durfte nichts aus der Unterwelt mitnehmen. Aber Persephone konnte nicht widerstehen; sie griff einen Granatapfel und nahm diesen auf die Erde mit. Die Folge war, dass sie vier Monate im Jahr (die Zeit des Winters) mit Hades in der Unterwelt verbringen musste. Auch hier: Ab nun hatte sich Persephone mit der Unterwelt zu befassen und zu befreunden, sie musste das Plutonische kennenlernen.

Dabei war Persephone der Meinung, nichts aus der Unterwelt mitgenommen zu haben. Sie hatte den Apfel auf ihrem Weg zur Erde aufgegessen, quasi als Wegzehrung. Sie hatte nur vergessen (oder es noch nicht gewusst), dass die Kerne des Apfels allein dem Hades gehörten. Der Kern (als Same), zu dem wir zurückfinden müssen, liegt also in der Unterwelt. Das ist die Lehre.

Wir kommen nun einmal, wie es schon die Bibel lehrt, aus dem Reich der Erde (bis auf die Seele und den Geist). Wir tragen die Schätze der Unterwelt in uns, die jedoch erst im Licht der Sonne erblühen können (Geist), und die durch das Symbol des Mondes beseelt werden.

Die Unterwelt mit der Oberwelt zu verbinden ist folglich unsere grosse Aufgabe, die das Horoskop wie nichts anderes anzeigt! Und doch ist es schwer, hier eine Vereinigung zu finden. Persephone hat es – den Mythen nach – als Einzige geschafft. Sie war stets durchaus beglückt, wenn sie im Winter für vier Monate zum Hades hinabsteigen konnte. So galt sie als Göttin der Unterwelt und als Göttin der Fruchtbarkeit. Ohne Unterwelt, ohne Plutos Welt, ist Fruchtbarkeit nicht möglich.

So gelangen wir wieder zur Esoterik, die auch aus der dämonischen Unterwelt mitgespeist werden muss, damit die Frucht das Licht des Tages (der Oberwelt) erblickt. Das alte Gesetz lautete: Du musst dir die Oberwelt verdienen. Hades kämpfte um jeden, der zu ihm herabgestiegen war. Wenn ein Gott oder ein

Mensch der Oberwelt etwa durch die Künste des Asklepios (die Römer nannten diesen Gott der Heilkunst Aesculapius) vor dem Abstieg in die Unterwelt bewahrt wurde, geriet Hades in Zorn und beanspruchte diese Personen für sein Reich.

Nun müssen wir nicht immer leiblich sterben, um die Unterwelt kennenzulernen, um deren Schätze zu heben, um mit deren Kräften gut umzugehen. Jede Nacht steigen wir hinab und könnten die Stimmen der Unterwelt hören. Aber auch am Tag sind die Kräfte, die Pluto symbolisiert, in uns, wenn wir nur die Tarnung durchschauen.

Während der helle Trieb sich verhältnismässig leicht zeigt, ist der dunkle Trieb schwer auszumachen. Die Kräfte von Pluto bleiben eher im Geheimen, sie wollen aufgespürt und verstanden werden. Meist dauert dies Jahrzehnte, aber es ist eine äusserst lohnende Aufgabe. Die Unterwelt öffnet sich nur den Suchenden, die ohne Angst am Kerberos vorbeigehen, die dem bösartig-garstigen Charon gerne eine Münze zustecken; denn der Gang in die Unterwelt ist wertvoll und bereichernd, also muss er bezahlt werden.

Da Pluto ein sehr langsamer Planet ist, zeigt er mehr die Zeitphasen von Generationen an. Individuell ist er nur über die Häuser und die Aspekte zu den individuellen Schicksalspunkten zu erfassen. Ja, er ist individuell eigentlich nur über esoterische Gesichtspunkte zu verstehen. Er symbolisiert das «Unterste», das besonders schwer aufzuspüren ist, denn es erfordert waghalsigen Mut, ins eigene Mark herabzusteigen. Meist werden da unten Dinge erkannt, die manchem die Schamröte ins Gesicht treiben, und schnell wird das dicke Portal verschlossen, das das Unterste bewahrt. Kurz: Der Kerberos sind wir selbst. Die meisten verzichten so auf ihre inneren Reichtümer, weil sie sich gleichzeitig auch zu ihren dämonischen Anlagen bekennen müssten und weil sie dafür keinen Mut oder keine Kraft haben. So «beeinflusst» Pluto mit seiner Tarnkappe unser Leben.

Esoterik heisst aber: das Innerste erkennen, nach Innen schauen, das Innere umsetzen!

Pluto fordert dies so intensiv wie kein anderes Gestirn! Er steht als Symbol für unsere innere Mutprobe. Mutproben sind schon nach aussen schwer zu erfüllen, Zivilcourage ist heute kaum mehr gefragt. Aber sie sind nichts gegen die Mutproben, die Pluto von uns verlangt. Dabei ist es zunächst uninteressant, auf welchem Gebiet dieser Einsatz zu erbringen ist, das ist individuell nur aus dem Horoskop zu ersehen. Doch im Grunde spürt jeder von uns, wo er seine wahre Mutprobe abzulegen hat, um die Reichtümer seiner Unterwelt umsetzen zu können. Jeder von uns wird von geheimen Wünschen getrieben. Darauf angesprochen, werden diese geheimen Wünsche meist mit intensivstem Protest abgeleugnet. Das ist sogar entschuldbar, denn die geheimen Wünsche sind einem ja meist nicht bewusst. Sie sind wirklich geheim und daher schwer zu enträtseln. Es sind Wünsche, Laster, Triebe, die vom Kopf nicht wahrgenommen, sondern abgelehnt und damit verdrängt werden. Hierbei handelt es sich nicht um die Verdrängung von Taten – die speichert das Symbol Mond –, sondern es handelt sich um die Verdrängung von Anlagen, die wir nicht wahrhaben wollen. So symbolisieren Mond und Pluto, das schnellste und das langsamste Gestirn, jeweils Verdrängungen, denen wir uns letztlich doch eines Tages stellen müssen, wenn wir über uns hinauswachsen wollen. Die plutonischen Verdrängungen hindern uns daran, in die eigenen Urtiefen hinabzusteigen, um uns auch im Unten zu begegnen. Es sind die Wünsche, die das Licht der Sonne scheuen.

Weiter symbolisiert Pluto die Unbescheidenheit, den Anspruch, etwas Besonderes zu sein, obwohl wir uns nach aussen bescheiden geben. Daraus lässt sich das «Alles oder Nichts» verstehen, mit denen die plutonischen Kräfte uns immer wieder antreiben. Die Durchsetzungswünsche können so durchaus diktatorische Formen annehmen, die nun einmal irgendwo und irgendwie in jedem Menschen leben. Über das Symbol Pluto kann die Wurzel solcher diktatorischen Verhaltensweisen aufgefunden werden. In den Mythen meinte Hades immer auf sich aufmerksam machen zu müssen. Genauso geht es uns mit unseren plutonischen Kräften. Diese melden sich – für den Betroffenen stets im falschen Augenblick – in brenzlichen Situationen. Es ist anzunehmen, dass die sogenannten Freudschen Fehlleistungen mehr aus dem plutonischen als aus dem mondhaften Bereich kommen. Hier ergeben sich ganz neue Dimensionen der Erkenntnis für das, was unser unbewusstes Verhalten betrifft. Dieses Verhalten ist nicht unbewusst im Sinne der Seele, sondern bestens getarnt im Sinne des Hades, aber nicht ganz so vollständig, wie wir es uns gerne wünschen würden. Es wird noch sehr viel praktische Erfahrung und viel inneres Wissen brauchen, um Pluto in seinen dunklen Dimensionen exoterisch und esoterisch völlig zu erfassen. Man muss seinen eigenen Kerberos überwinden, um «oben» im Licht völlig sicher tätig zu sein.

Die Zeitgesetze von Pluto, die – auf die einzelnen Tierkreisabschnitte bezogen – ja durch seine elliptische Bahn sehr unterschiedlich sind, melden uns immerhin, dass ein langer Atem benötigt wird, um Pluto als Freund und Partner zu erkennen. Geheimnisse offenbaren sich nicht in einer Zehntelsekunde. Geheimnisse wollen mühsam entschlüsselt werden. Den Code für den letzten entdeckten Planeten zu knacken, braucht seine Zeit; es wird die astrologische Aufgabe des neuen Jahrtausends sein. Deswegen gehen wir noch einmal zurück zu den Mythen.

Zeus/Jupiter hatte seine Brüder Poseidon/Neptun und Hades/Pluto besiegt. Also teilte er sich den Olymp zu und Hades die Unterwelt. Aber irgendwie schaffte es Hades, Zeus in die Knie zu zwingen, wie es das Beispiel von Persephone, der Tochter Demeters, beweist. Zeus konnte Hades nicht alles befehlen, genausowenig wie unser Verstand nicht völlig über unsere eigene Unterwelt herrscht. Die meldet ihr Recht an, beachtet und genutzt zu werden. Es geht also darum, Ober- und Unterwelt zusammenzuführen, damit sich das Gemeinsame ausleben kann.

Im Horoskop von **Sigmund Freud** steht Pluto hoch oben im Stierzeichen nahe der Venus im Abschnitt Widder (Abb. 24, übernächste Seite). Der Urtrieb des Gefühls, der Erotik, des Sexuellen war stets das Thema von Sigmund Freud. Daneben fällt die starke Stierbesetzung, wo Venus ihre verwandte Kraft findet, ganz besonders auf. Mars (der helle Trieb) steht als einziger Planet in der Tiefe des Radixbildes. Freud war von seiner Erfahrung, dass alles aus den Urtiefen des Sexuellen käme, bis ins letzte überzeugt. Er hatte auf seine Weise erkannt, dass der Mensch nicht so frei lebt, wie er glaubt, sondern dass er mehr als durch alles andere durch seine Kindheitserfahrungen im sexuellen Bereich geprägt werde. Alle ernsthaften Krankheiten kämen daher, dass der Mensch mit seinem Urtrieb im Clinch liege. Die Wiederentdeckung des Oedipuskomplexes war eine plutonische Tat, nämlich geheimste Wünsche an das Licht der Oberwelt zu holen. Es ist sicher diesem hochstehenden Pluto und dem tiefstehenden Mars zuzuschreiben, dass Freud wirklich das Unterste in das Bewusstsein der Öffentlichkeit brachte.

Wie die Archäologen die vergessene Geschichte der Menschheit ausgraben, so wollte er die vergessene Biografie der Menschen ans Licht holen. Zweifellos selbst vom Machttrieb angespornt, erkannte Freud andere Meinungen kaum an und schob alles dem Urtrieb zu. Er war stolz darauf, mit seinen Entdeckungen die Menschen in ihrer Eigenliebe zu kränken.

Seine Schriften und Vorträge erregten die damalige medizinische Szene im deutschsprachigen Raum. War es Zufall, dass Sigmund (nomen est omen) Freud 33 Mal in der Mundhöhle operiert werden musste? Hatte sein Plutosymbol zuviel alleinigen Machtanspruch kundgetan, so dass die Seele dies nicht gutheissen konnte? Freud arbeitete mit allen Mitteln des Wortes, er bezeichnete die Frauen als eine Art kastrierte Männer, um nur ein Beispiel zu nennen. Die Zerrissenheit zwischen Venus am Ende des Abschnitts Widder und Pluto am Anfang des Stierabschnitts bringt dies recht gut zum Ausdruck. (Nebeneinanderliegende Abschnitte sind in ihrer Färbung am gegensätzlichsten.)

Freud erschütterte die spröde viktorianische Epoche, so genannt nach der prüden englischen Königin Viktoria. Hier brach sich sein Pluto Bahn! Freud benutzte alle Mittel, um in das Innerste eines Menschen einzudringen, er arbeitete mit Assoziationen und Träumen, und er ersparte den Behandelten keinerlei harte Fragen.

Eine Biografie über Freud besagt, dass er sich mit dem Feldherrn Hannibal identifiziert habe; er selbst meinte, dass eine «zweite» Person in ihm stecken würde und war nie frei von Schuldgefühlen. Plutonisch suchte er also auch bei sich, was er bei anderen als gegeben ansah.

Er schrieb vom «kleinen Tod» des Mannes, wenn dieser seinen Liebesdienst erbracht hat, der zurück in die Unterwelt führt, ehe dort die erotische Kraft wieder aufgeladen wird. In Freuds Lebensgeschichte plutonisch zu nennen ist auch der – zwar sehr späte – Aufstand der Söhne gegen den übermächtigen Vater.

Eine Schlüsselfigur für dieses Thema in der Psychologie war **Alfred Adler** (Abb. 25, übernächste Seite). Alfred Adler gilt als einer der geistigen Söhne von Freud, der aber auch nicht länger im Schatten seines übermächtigen Vaters leben wollte. Der «Sohn» Adler revoltierte, er wollte selbst an die Macht, wollte dem «Du» seine Einstellung mitteilen; so gründete er die sogenannte Individualpsychologie. Dazu bedarf es eines starken, unbewussten Machttriebes. Diesen erkennen wir in

Sigmund Freud

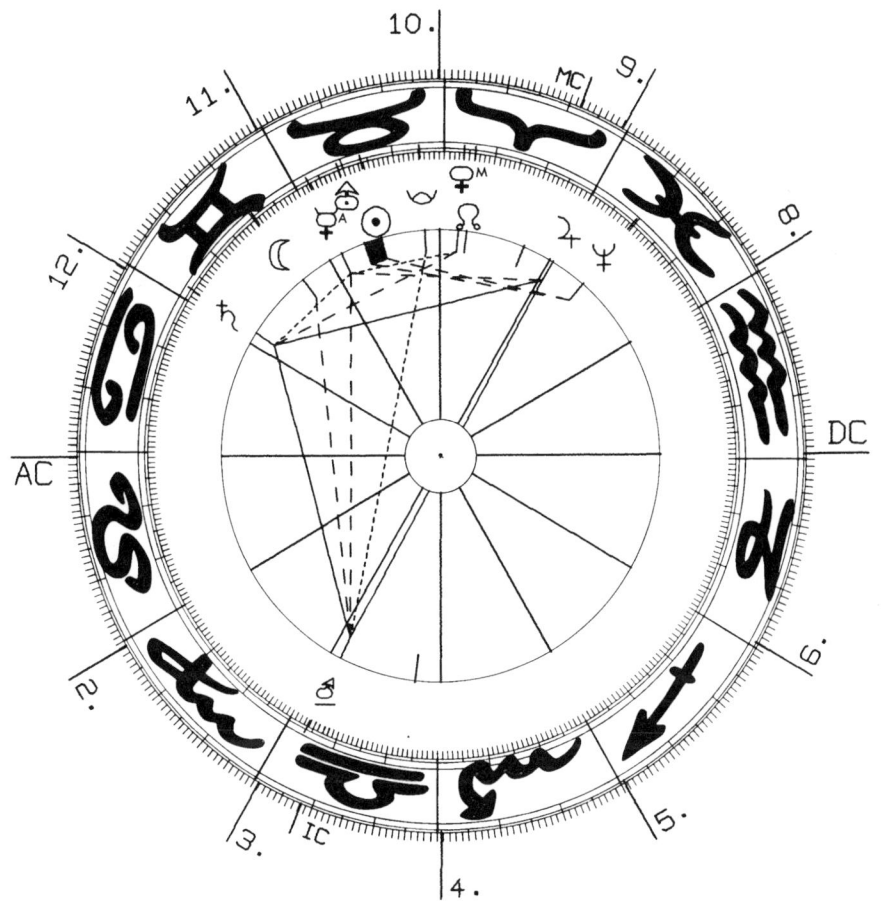

Abb. 24
6. 5. 1856, 9.17 h LT, Freiberg/Pribor, CS

der beherrschenden Stellung von Pluto (Geburtsherrscher und im 7. Haus) in Konjunktion mit Jupiter, der sich aber dem Pluto unterwirft (Applikation). Der Herausforderungs-Aspekt (Quadrat) von Pluto zur Sonne erhöht nur diese Kraft.

Adler führte das Machtprinzip in die Psychologie ein. Auch war er politisch sehr interessiert. Er zählte Revolutionäre wie Trotzki zu seinen Freunden, war selbst Sozialist und unterstützte den politischen Machtanspruch. Er prägte Begriffe wie «Minderwertigkeit» oder «Aggression» als treibenden Untergrund von Handlungsweisen.

Eine Minderwertigkeit besitzt man, wenn ein Organ krank ist; dies führt zu einem Minderwertigkeitskomplex, der kompensiert, das heisst ausgeglichen werden muss. Das gelingt nur, wenn man trotz der Minderwertigkeit nach «oben» kommt und nun Macht ausüben kann. Mittel auf diesem Weg sind, andere Menschen herablassend zu behandeln oder sie durch Intrigen auszuschalten. Hier kämpfen das Ich (Sonne/Quadrat/Pluto) und das Plutonische also nicht immer mit ehrenhaften Waffen, um die Überlegenheit zu erringen. Es geht darum, den Willen zur Macht – Nietzsche hatte dies ähnlich formuliert – als unbewussten Handlungsantrieb (Hades mit der Tarnkappe) ins Bewusstsein zu bringen.

Adler übertrug das Machtprinzip sogar auf sexuelle Verhaltensweisen, wobei er betonte, dass das Oben und Unten in der erotischen Vereinigung eine dominierende Rolle spiele, die auch für das alltägliche Partnerleben mitentscheidend sein könne. (Pluto steht im Venuszeichen Stier und im Sextil zur Venus im 5. Haus, womit wir beim Erotisch-Dämonischen des Pluto angelangt wären.) Sieben Planeten stehen im Radix von Alfred Adler unter dem Horizont, was viel schöpferische Tiefe anzeigt. So war es folgerichtig, dass er sich schliesslich von Freud löste, weil dieser allein den Sexualtrieb als überwichtig einschätzte. Die Psychologie kann also ein gewichtiger Schlüssel für das Tor zur Esoterik sein.

Sicher haben beide Psychoanalytiker, Freud und Adler, manche Mutproben mit sich selbst bestehen müssen, wenn man den Biografien Glauben schenken darf. Ihr symbolischer Pluto hat es ihnen nicht leicht gemacht, aber sie haben sich mit diesen Kräften auseinandergesetzt und ihre Erfahrungen und Überzeugungen weitergeben wollen, so dass beide in die Geschichte eingegangen sind.

Nachdem wir nun alle Gestirne auf ihre esoterische Ausrichtung durchgegangen sind, möge zum Schluss ein bedeutender Vertreter aus der Geschichte der Astrologie zu Wort kommen.

Paracelsus, der eigentlich Theophrastus Bombastus von Hohenheim hiess, sagt in seiner Schrift *Von der Erklärung des Gestirns*: «Wenngleich wir das Gestirn als einen materiellen und wesenhaften Körper sehen, so ist doch das, was wir sehen, nicht das Gestirn, sondern sein Leib. Das Gestirn hat nie einer gesehen, sondern nur seinen Körper. Es ist wie die Seele im Menschen, die auch nicht sichtbar ist. In diese zwei, in Leib und Gestirn, ist die ganze Welt geordnet.

Nun wisset aber ferner darüber, dass sich das Gestirn in zwei Teile teilt. Das eine Gestirn ist im Himmel, in den Sternen, das andere auf der Erdkugel. Daraus

Alfred Adler

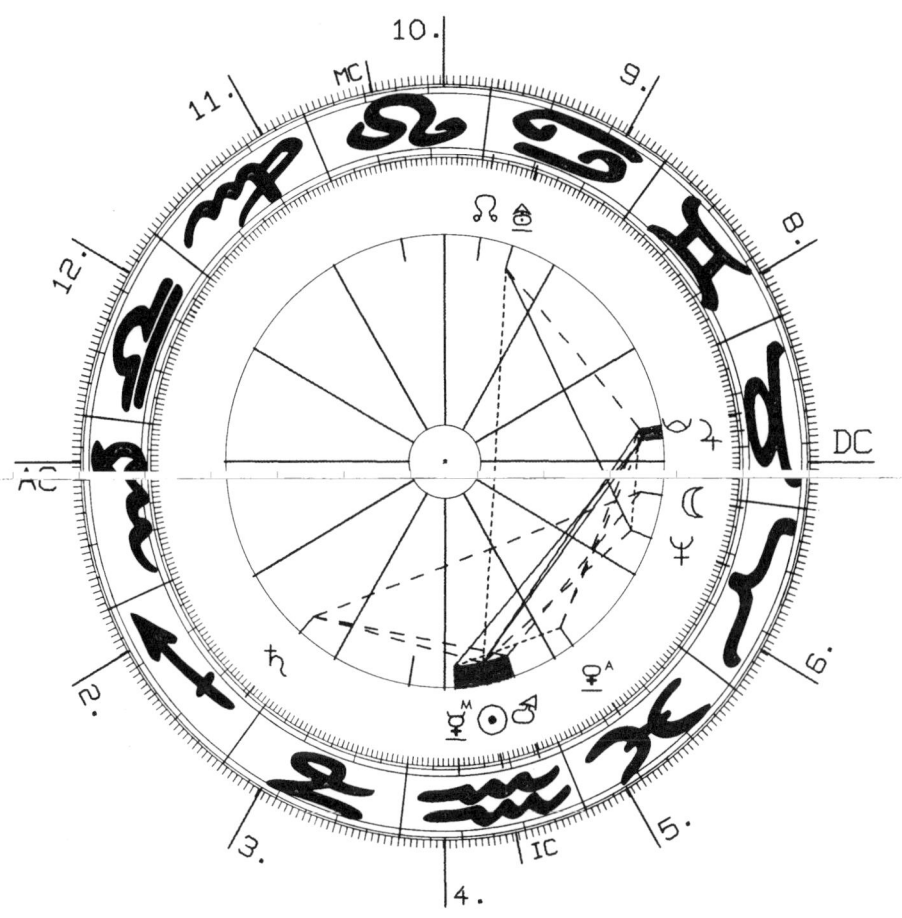

Abb. 25
7. 2. 1870, 0.15 h LT, Penzing/Wien, A

folgt nun, dass das Gestirn zweierlei Wesen hat. Von einem besonderen Wesen ist das Gestirn des Himmels und von einem besonderen Wesen das Gestirn der Erdkugel und Sphäre.»

Und etwas später:

«Und wiewohl beide Gestirne, das obere und das untere, miteinander verbunden und vermählt sind, miteinander laufen, sich einander anpassen und miteinander vereinigen, so ist zwischen ihnen beiden doch der Unterschied, dass das obere Gestirn den Sinn regiert, und das untere Gestirn die Gewächse.»

Sinngemäss schrieb Paracelsus nun weiter, dass er nur von dem «den Sinn beherrschenden Gestirn» reden wolle. Paracelsus unterschied also durchaus so, wie wir es hier auch tun, obwohl er keine Ausdrücke wie exoterisch oder esoterisch gebrauchte. Ein weiterer Satz, der dies noch einmal sehr deutlich unterstreicht: «Also ist der Mensch Blut, Fleisch und Geist. Blut und Fleisch nun macht nicht den Menschen aus, sondern der Geist darin ist der Mensch. Denn der Geist ist des Menschen Weisheit, Sinn und Vernunft. Diese Stücke stellen den Menschen dar.»

(Diese Zitate wurden dem Buch *Paracelsus – der Himmel der Philosophen*, erschienen bei Gustav Fischer, Jena, entnommen, die Übersetzung aus dem Frühhochdeutschen erfolgte durch Bernhard Aschner.)

Um dies noch einmal zu betonen: nicht der Tierkreis, sondern die Planeten sind das A und O der Astrologie, ob exoterisch oder esoterisch. Esoterisch gilt dies jedoch in ganz besonderem Sinn, wie wir noch deutlich machen wollen.

Ohne die Planeten geht nichts!

Aber die Planeten scheinen sich in den jeweiligen Tierkreisabschnitten verschieden zu verhalten. Sie treten jeweils in einem anderen Kleid, in einer anderen Färbung oder mit einem anderen Benehmen auf, obwohl sie sich im Kern nicht ändern, das sei nie vergessen.

Um jedoch diese scheinbaren Veränderungen zu erkennen, benötigen wir einen Messkreis, der heute überall «Tierkreis» genannt wird, und dem wir uns nun zuwenden werden, wobei das Problem der Unterscheidung zwischen «exoterisch» und «esoterisch» besonders deutlich werden dürfte.

Zweiter Teil

Die esoterische Bedeutung von Tierkreis, Häusern und Aspekten

Kapitel 15
Die Fiktion des Tierkreises
Die Färbung der Kräfte

Der Tierkreis und die Namen für die einzelnen Zeichen sind das Exoterischste, was man sich überhaupt denken kann. Bezeichnungen wie «Widder», «Jungfrau» oder «Fische» und wie die Abschnitte alle heissen, lassen allein auf Äusserlichkeiten schliessen. «Mit dem Kopf durch die Wand» wie ein Widder, «penibel» wie eine Jungfrau oder «empfindlich» wie ein Fisch sind nicht nur unrichtige, sondern auch viel zu vordergründige Zuordnungen. Der gesamte Tierkreis ist eine rein nach aussen wirkende Einteilung eines Messkreises.

Im Kapitel über die Mondknoten wurde schon ausgeführt, dass man einst über diesen Tierkreis erst einmal nichts anderes als die Finsternisse von Sonne und Mond messen wollte. Daher hiess dieser Messkreis auch Ekliptik, die Bahn der Finsternisse. Dabei hätte man es belassen sollen. Dann wurde der Tierkreis in zwölf Abschnitte eingeteilt, weil in der Regel im Jahr zwölf Neumonde am Himmel «zu sehen» sind, und bei der Benennung der zwölf Abschnitte griff man auf die Sternbilder zurück, die sich um die Zeitwende vor gut 2000 Jahren von der Erde aus gesehen in etwa mit den Messabschnitten deckten.

Nomen est omen. Mit dieser Benennung verlor der Tierkreis für die Masse der Himmelsbetrachter seine tiefere Bedeutung, denn Bilder wie Stier, Löwe oder Skorpion förderten eine auf Äusserlichkeiten bezogene Betrachtungsweise. Wendungen wie beispielsweise «zwei Schritte vor, ein Schritt zurück» für den Krebs verdecken nur auf recht schlimme Art das geheimnisvolle Wissen der Astrologie, ja führen in Versuchung, die Astrologie lächerlich zu machen. Hinzu kommt, dass es den Tierkreis ja gar nicht gibt. Er ist eine Fiktion.

Warum aber hat sich der Tierkreis dann doch so durchgesetzt? Nun, am scheinbaren Gang der Sonne erlebte der Mensch, dass sich die Natur, in die er sich eingegliedert fühlte, im Laufe eines Jahres doch sehr veränderte, und dass man diese Veränderungen recht gut in zwölf Abschnitten festhalten konnte.

Da, wo der Tierkreis entstand – rund um das Mittelmeer –, waren und sind diese Veränderungen nicht einmal so dramatisch sichtbar wie im Norden, aber sie sind auch im Süden erkennbar. Diese zwölf Wandlungsphasen der Natur müssen wir natürlich wahrnehmen und berücksichtigen, aber es gilt auch zu bedenken, dass sie allein durch den scheinbaren Gang der Sonne hervorgerufen werden. Die anderen Gestirne verändern in der Natur nichts! Es ist also fraglich, ob wir diese Wandlung der Natur in den zwölf Sonnenabschnitten des Messkreises einfach auf die Durchläufe der Planeten übertragen können.

Einen Grund dafür gäbe es. Wir können die Planeten als Kinder der Sonne bezeichnen, denn als dunkle Masse im All bekommen sie ihr Licht, das für uns wie «Sternenlicht» aussieht, allein von der Sonne. Genauer gesagt reflektieren die Planeten das Sonnenlicht. Aber ihre Zeitgesetze sind nicht von der Sonne abhängig, folglich ist es schwer, sie in den Sonnenrhythmus der zwölf Monatsdurchgänge einzuordnen. Da die Sonne zirka zwölfmal im Jahr die Natur und scheinbar auch ihre Wirkung auf die Erde verändert, wurde dies jedoch auf die Planeten übertragen, da man annahm – und die Erfahrung spricht auch dafür –, dass die Planeten automatisch die Sonnenfärbung des Abschnittes annehmen, in dem sie gerade stehen.

Man kann von einer Färbung sprechen, die im Kern jedoch nichts verändert; man kann auch von einer Kleidung sprechen, und man kann meinen, die Planeten träten dann mal im Frack, mal im Arbeitsanzug auf etc. Kleider machen Leute, Kleider bewirken ein anderes Benehmen, aber Kleider verändern weder den Kern eines Menschen noch den Kern einer Kraft, wie schon mehrfach ausgeführt.

Wie können wir nun den Tierkreis aus seiner exoterischen Bedeutung befreien, wie können wir ihn esoterisch sehen? Wir müssen dazu drei Dinge berücksichtigen: die Elemente, die jeweilige Motorik und schliesslich die Jahreszeiten, um die Sonne als Mutter und Vater der Planeten nicht ausser acht zu lassen.

Beginnen wir mit den Elementen.

Nach Aristoteles beruht alles auf der Welt auf den vier Elementen. Diese vier Elemente sind Feuer, Erde, Luft und Wasser. Auf die zwölf Tierkreisabschnitte bezogen gilt:

Feuer	=	Widder – Löwe – Schütze
Erde	=	Steinbock – Stier – Jungfrau
Luft	=	Waage – Wassermann – Zwillinge
Wasser	=	Krebs – Skorpion – Fische

Jedes der je vier Tierkreiselemente ist von der Motorik abhängig, welche wie folgt unterschieden wird:

- bewegend (kardinal)
- fest (fix)
- anpassend (labil)

Das ergibt kombiniert:

Feuer	=	Widder	und	bewegend
		Löwe	und	fest
		Schütze	und	anpassend
Erde	=	Steinbock	und	bewegend
		Stier	und	fest
		Jungfrau	und	anpassend

Luft	=	Waage	und	bewegend
		Wassermann	und	fest
		Zwillinge	und	anpassend
Wasser	=	Krebs	und	bewegend
		Skorpion	und	fest
		Fische	und	anpassend

Jede Jahreszeit – Frühling, Sommer, Herbst und Winter – lässt sich in drei Abschnitte unterteilen:

Erster Abschnitt:	Die Jahreszeit bricht an.
Zweiter Abschnitt:	Die Jahreszeit ist auf dem Höhepunkt.
Dritter Abschnitt:	Die Jahreszeit klingt aus.

Jede Jahreszeit hat drei Elementabschnitte, somit fehlt jeder Jahreszeit ein Element:

Dem Frühling fehlt das Wasser.
Dem Sommer fehlt die Luft.
Dem Herbst fehlt die Erde.
Dem Winter fehlt das Feuer.

Für den Ablauf der Jahreszeiten ist dies typisch. Der Frühling muss erst das Wasser der Schneeschmelze verarbeiten. Der Sommer braucht keine Luft, die Frucht muss in Ruhe reifen. Der Herbst hat keine Erde, weil sie abgeerntet ist. Dem Winter fehlt das Feuer und damit die Wärme.

Verbinden wir nun die Abschnitte mit den Jahreszeiten, kommen wir esoterisch zu einer viel klareren und tieferen Aussage über die einzelnen Tierkreisabschnitte und ihre Färbungen, als wenn wir die üblichen Bezeichnungen verwenden:

Statt Widder:	frühlingshaftes, bewegendes Feuer.
Statt Stier:	frühlingshafte, feste Erde.
Statt Zwillinge:	frühlingshafte, sich anpassende Luft.
Statt Krebs:	sommerhaftes, bewegendes Wasser.
Statt Löwe:	sommerhaftes, festes Feuer.
Statt Jungfrau:	sommerhafte, sich anpassende Erde.
Statt Waage:	herbstliche, bewegende Luft.
Statt Skorpion:	herbstliches, festes Wasser.
Statt Schütze:	herbstliches, sich anpassendes Feuer.

Statt Steinbock: winterliche, bewegende Erde.
Statt Wassermann: winterliche, feste Luft.
Statt Fische: winterliches, sich anpassendes Wasser.

Wenn wir beachten, dass gemäss diesem Jahresrhythmus alle Planeten «passend» auftreten, wie es sich der Kleidung oder der Färbung nach gehört, können wir diese viel besser verstehen, als wenn wir sagen: Saturn steht im Abschnitt Widder oder Uranus steht im Jungfrauzeichen. Aber damit sind wir ehrlicherweise noch immer nicht am wahren Ziel der esoterischen Aussage.

Es fehlt das Zusammenspiel der einzelnen Elemente und der Motorik, wobei wir der Übersicht wegen nun die Jahreszeiten zurücktreten lassen, weil dieser Bezug nur für die Sonne, und im geringeren Masse höchstens für Venus und Merkur gilt. Merkur kann durchaus herbstlich im Abschnitt Waage stehen, während die Sonne noch im Sommerzeichen Jungfrau zu finden ist.

Folgende Übersicht soll helfen, die Verbindung von Element und Motorik als Ganzes zu sehen und mehr Licht in das Dunkle, in «die Finsternis» (Ekliptik), zu bringen:

Feuer
Widder   = Der Brand, der ungestüm und weitläufig ausbricht.
Löwe   = Das Feuer, das wärmt und gezähmt ist.
Schütze   = Das ewige Licht, das uns geschenkt wurde.

Erde
Steinbock   = Die kahle Erde, die sich zur Fruchtbarkeit rüstet.
Stier   = Die blühende Erde, die die Fruchtbarkeit bewirkt.
Jungfrau   = Die Erde, die uns die Ernte schenkt.

Luft
Waage   = Die bewegende Luft, die den Herbst bringt.
Wassermann = Die eher stehende Luft des Winters.
Zwillinge   = Die frische Luft, die uns die Befruchtung schenkt.

Wasser
Krebs   = Das bewegende Wasser von Ebbe und Flut.
Skorpion   = Das feste Wasser der Urtiefe.
Fische   = Das Schmelzwasser, das neue Fruchtbarkeit schenkt.

Wir haben statt labil oder anpassend das Wort «schenken» verwendet, weil dies den wahren Sinn der letzten Zeichen jeder Jahreszeit besser symbolisiert. Die Natur beschenkt uns ungemein, wenn die Sonne in den sogenannten labilen Zeichen steht. Im Zeichen Zwillinge wird die Natur befruchtet. Im Zeichen Jungfrau wird geerntet, im Zeichen Schütze werden wir aufgefordert, – wenn auch mehr innerlich

– zum Himmel aufzuschauen. Und steht die Sonne im Zeichen Fische, kommen die Wasser der Schneeschmelze. Erst mit diesen Geschenken ist die jeweils folgende Jahreszeit fähig, sich bewegend durchzusetzen.

Der Frühling hat nun das befruchtende Wasser; der Sommer kann jetzt die Früchte bis zur Ernte reifen lassen, mit der dann der Herbst zu bewältigen ist. Nach dem hoffnungsvollen Ausblick zur Adventszeit (der Ankunftszeit des Messias) ist der Mut vorhanden, bei aller Härte den Winter gut durchzustehen. Wer dies beachtet und in sich aufnimmt, braucht keinen einzigen Namen des Tierkreises mehr, um den Sinn eines Abschnittes zu verstehen. Dabei wollen wir die Namen der Abschnitte überhaupt nicht abschaffen, wir wollen nur hinter den vordergründigen Bezeichnungen die wahren Vorgänge der Natur vielleicht etwas tiefer verstehen. Der Tierkreis hat in der Astrologie zuviel an äusserer Bedeutung gewonnen, was ihr im Ansehen der Umwelt sicher mehr geschadet als genutzt hat.

In der Exoterik werden die Häuser des «inneren» Horoskops, denen wir uns nun zuwenden, viel zuwenig beachtet. Gerade sie führen uns jedoch ins Zentrum der Planetenbetrachtung.

Kapitel 16
Die Häuser

DIE LANDKARTEN DEINER INTERESSEN

Das «innere» Horoskop stellt esoterisch gesehen das grosse Problem der Horoskopie dar. Die innere Einteilung in Häuser oder Felder wurde einst getroffen, um das Leben auf der Erde mit seinen zwölf entscheidenden Interessensphären zu unterscheiden.

In früheren Zeiten war der Begriff «Haus» durchaus noch esoterisch gedacht, etwa bei den Ägyptern. Sie schufen Häuser als Wohnsitz der Planeten, wie sie es auch im Leben für die Götter taten. Bei den Tempeln der Djoser-Pyramide sind heute noch die «Schein»-Häuser zu sehen, die für die Götter gebaut wurden, sollten diese auf die Erde kommen wollen. So richtete man auch horoskopisch Häuser für die Planetengottheiten ein. Später wurde der Begriff der Häuser mehr auf die «irdischen» Belange bezogen, also exoterisch verstanden. Im Mittelalter geisterte in bezug auf die Deutung der Häuser ein Spruch durch die Lande, der folgendermassen lautete:

Häuser	1	2	3	4
	Es lebt	reich	Bruder	Vater
Häuser	5	6	7	8
	Kind	krank	Hausfrau	alle Tods-Gesind
Häuser	9	10	11	12
	und wandelt	mit Herrlichkeit	hat Glück	wo Gefängnis nicht bringt Leid

Dieser Spruch gibt in etwa die Deutung der Häuser wieder, wenn man sie heute auch etwas differenzierter sieht. Hier die gebräuchliche astrologische Einteilung:

1. Haus: das Ich, die Persona
2. Haus: das Materielle, das Geld
3. Haus: die Geschwister, die Verwandtschaft, die Verträge
4. Haus: die Eltern, die Heimat, die Erbanlage
5. Haus: die Kinder, die Sexualität, die Lebensfreude
6. Haus: die Arbeit, die Krankheit
7. Haus: das Verhältnis zum anderen Geschlecht

8. Haus:	der Tod und alles, was damit zusammenhängt
9. Haus:	die grossen Reisen, die Dichtkunst
10. Haus:	der Ruhm, die Ausstrahlung auf die Aussenwelt
11. Haus:	die Freundschaften, die Lehrer
12. Haus:	die Gefängnisse, die Krankenhäuser

Die psychologische Astrologie hat nun diese Grobeinteilung abgebaut und die Begriffe psychologisch näher erläutert.

Zum Beispiel gilt das 12. Haus als das Haus der Bilanz. Wer sich an seinem Körper versündigt, der kommt ins Krankenhaus, wer sich sozial versündigt, kommt ins Gefängnis. Aber eine klare Bilanzierung des eigenen Lebens kann auch zu einer Besinnung und damit zur Regeneration führen.

So könnten wir alle Häuser durchgehen, doch setzen wir ihre Grundbedeutungen als halbwegs bekannt voraus. Wir wollen eher die Richtung der Interessensphären – und um mehr als Richtungen geht es nicht – etwas tiefer oder esoterischer erfassen. Denn die Esoterik hat durchaus etwas mit unserem irdischen Leben, ja mit dem Alltag zu tun, wenn wir nur bereit sind, dies an- und aufzunehmen.

Wie entdecken wir nun das Esoterische in den Häusern?

Zunächst kommt die Esoterik über die Planeten in die Interessenbereiche. Die Häuser, in denen wir die Symbole unserer Kräfte finden, wo also Planeten stehen, sind sowieso besonders wichtig. Zweitens betrachten wir auch die Häuser auf neue Weise, indem wir die gegenüberliegenden Häuser immer nach dem Gesetz «oben wie unten» mitanalysieren. Wir können auch sagen: Wir betrachten die Achsen, wie es besonders gerne die psychologische Astrologie tut.

Sechs der zwölf Häuser liegen über, die anderen sechs Häuser unter dem Horizont.

Ausgangspunkt sollte in der Regel das untere Haus sein, auch wenn im oberen Haus eine Planetenballung zu sehen ist. Natürlich weisen die Häuser, in denen Planeten stehen, auf die inneren Ziele und Aufgaben hin, die uns für dieses Leben mitgegeben sind, aber der Ursprung der Ziele liegt doch unter dem Horizont. Das ist ein Grund, warum wir die Häuser gegen die Uhrzeigerrichtung zählen, obwohl die Tagessonne am Aszendent aufsteigt und im Uhrzeigersinn gen Süden Richtung Himmelsmitte aufsteigt. Dieses Aufsteigen ist jedoch exoterisch zu werten. Insofern weist uns die Anordnung der Häuser von eins bis zwölf gegen den Uhrzeigersinn schon den esoterischen Richtungswert unserer Entwicklung an.

Wir müssen immer erst nach «unten» in die Tiefe gehen, um das «Oben» des Lebens zu bewältigen. Unten erkennen wir die seelischen, die esoterischen Prägungen, die erst zum Oben führen. Stehen viele Planeten unter dem Horizont, ändert dies an der Hauptrichtung von unten nach oben nichts; genausowenig wie wenn viele Planeten oben stehen.

Kapitel 17
Die Wandlungsachse des Ichs
Haus 1 und Haus 7

Im 1. Haus fängt alles an. Zwar geht es hier nicht um den tiefen Ursprung der Vergangenheit, aber hier ist der Beginn des Lebens, der Start ins Leben, zu erkennen.

Dies prägt einen Menschen. Wir dürfen zwar nicht annehmen, wie immer wieder zu lesen ist, dass dieses Haus das wichtigste sei (alle Häuser sind gleich wichtig und gleichwertig), aber es symbolisiert den ersten Schritt, den wir tun, was etwa gleichzusetzen wäre mit dem ersten Zug beim Schachspiel. Wenn er getan, ist nichts mehr rückgängig zu machen. Dabei sei wieder betont, dass der Aszendent nicht mit dem 1. Haus gleichgestellt werden soll, wie auch die Spitzen der einzelnen Häuser immer leicht überschätzt werden. Das würde für den Gesamtüberblick ein zu kleines Mosaik ergeben.

Esoterisch haben wir im 1. Haus zu ergründen, was denn der innere Sinn unseres Lebensstarts ist. Die äussere Grundlebensauffassung ist recht gut erkennbar, aber sie verdeckt oft sehr stark die innere Aufgabe. Diese können wir nur im Gegenpol oberhalb des Horizontes finden, also im 7. Haus, in dem wir sehen können, warum wir unser «Ich» aufzugeben haben. Wir haben uns von der egozentrischen Ich-Einstellung zur Du-Aufgabe zu entwickeln – ein Problem, das gar nicht so leicht zu meistern ist. Denn es geht ja nicht darum, dass wir uns als Persönlichkeit aufzugeben haben. Im Gegenteil!

Aber alles, was wir für uns selbst tun wollen, müssen wir nun auf das Du ausrichten, auf das Echo, auf unsere Ergänzungen. Nur so können wir unser Ich innerlich vervollkommnen und somit dem Ich-Leben einen erfüllten Sinn geben. Die Häuser unter dem Horizont finden also die Erfüllung in den Häusern über dem Horizont.

Die Häuser über dem Horizont zeigen an, was «oben» nie vergessen werden darf, wo also die Wurzeln für die Aussenerfüllung liegen. So haben wir eine Landkarte, die im Grunde von Nord (Dunkelheit) nach Süd (Helligkeit) ausgerichtet ist.

Wir können die beiden Gebiete dieser Landkarte in sechs Zonen unterteilen, in denen unsere Kräfte stehen oder in die sie hineinkommen. Letzeres zeigen die Direktionen an, die wir hier nur kurz erwähnen können: Gemäss den Direktionen gibt es stets Planeten, die als Symbole unserer Kräfte hinabsteigen und zu Wurzeln werden, während andere Planeten aufsteigen und oben zur sich ausweitenden Baumkrone werden .

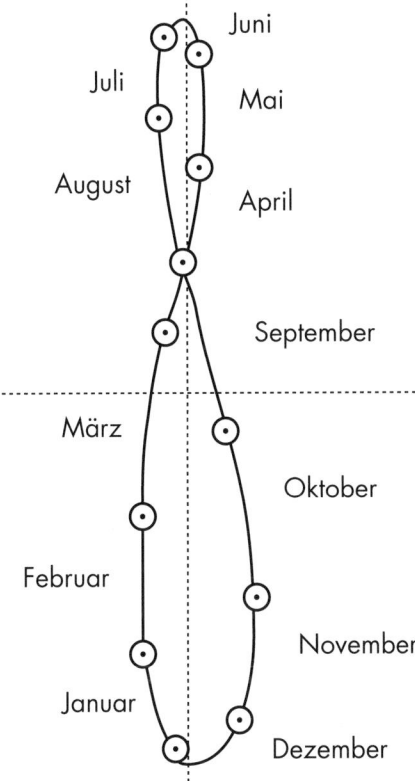

Abb. 26
Lemniskate

Kommen wir zum Beispiel des 7. Hauses zurück: Unabhängig von der Anzahl der Planeten, die darin stehen, liegt seine Wurzel im 1. Haus, auch wenn dort kein einziger Planet zu finden ist. Dieser Fall weist allerdings auf ein beachtliches Problem. Es sind zwar viele Kräfte angesprochen, die sich entfalten wollen, aber der Horoskopeigner hat keine markante Kraft für die Wurzel zur Verfügung. Er muss diese also sozusagen aus dem Nichts entwickeln, seine esoterischen Kräfte ganz besonders reifen lassen, um der Hinwendung zum Du einen festen Halt zu geben. Solchen Menschen fällt es oft schwer, sich nicht im Du zu verlieren. Ihre esoterische Aufgabe besteht darin, alles für das Du zu tun, ohne dabei sich und den eigenen Rückhalt aufzugeben.

Leichter wird es, wenn wir eine Planetenopposition von einem Haus zum gegenüberliegenden Haus haben: hier wird ähnlich wie beim Mondknoten die Balance durch geduldige Ergänzung gehalten, was die saturnische Qualität des Oppositions-Aspekts hervorhebt.

Häuser ohne Planeten sind wie weite Täler, Häuser mit mehr oder weniger vielen Planeten dagegen wie Gebirge mit Wäldern. Das waldige Gebirge braucht das Tal, aus dem die Wälder wachsen, und wer im Tal lebt, will auf die Gipfel. Wer in einer Tallandschaft lebt, muss sich besonders anstrengen, um auf eine Höhe zu gelangen. Das gilt natürlich auch umgekehrt, wenn die Gebirge im 1. Haus zu finden sind, das 7. Haus aber ein Tal ist. Dann muss das Ich von der egozentrischen Höhe herabsteigen, um mit seinen (innerlichen) Kräften das Tal zu befruchten und umzuwandeln. Ausgangslage bleibt immer das Haus unter dem Horizont, Ziel bleibt immer das Haus über dem Horizont. Nur so sind die Häuser esoterisch umzusetzen. Selbstverständlich gibt es durch vielerlei Aspekte Querverbindungen zu anderen Zonen und Gebieten, die wie Autobahnen oder Eisenbahnstrecken zu sehen wären. Das mag zu Umwegen führen, aber esoterisch ist der Gegenpol stets das Ziel, nicht der Weg. Den Weg als Ziel zu betrachten, wie man so gerne sagt, ist berechtigt und wertvoll, wäre aber hier zu kurz gesehen. Damit sei nicht gesagt, dass jeder an all seine Ziele, an all seine Gegenpole gelangt.

Der Gegenpol ist wie die Lemniskate zu sehen, das Symbolzeichen der Esoterik, das ausdrückt, dass das Oben wie das Unten, das Rechte wie das Linke ist oder umgekehrt. Auch hier ist mal die eine Hälfte voll gefüllt und gross, die andere dagegen leer und klein.

Das nebenstehende, überwiegend «egozentrisch» ausgerichtete Horoskop von **Agatha Christie** lehrt uns, wie trotzdem die Aufgabe am Du zu erfüllen ist. Im 1. Haus finden wir Saturn, dann die Sonne und den Mond, im 7. Haus dagegen keinen Planeten. Aber Agatha Christie erreichte ein Millionenpublikum. Dabei geht es uns nicht um die Berühmtheit, die eher Pluto/Neptun am MC anzeigen, sondern um das Echo privat und allgemein. Agatha Christie war mit dem Archäologen Max Malowan verheiratet, dessen Namen sie jedoch für ihre zirka 70 Detektivromane nicht verwendete. Die Auflage ihrer Bücher liegt bei weit über 200 Millionen und steigt von Jahr zu Jahr.

Agatha Christie

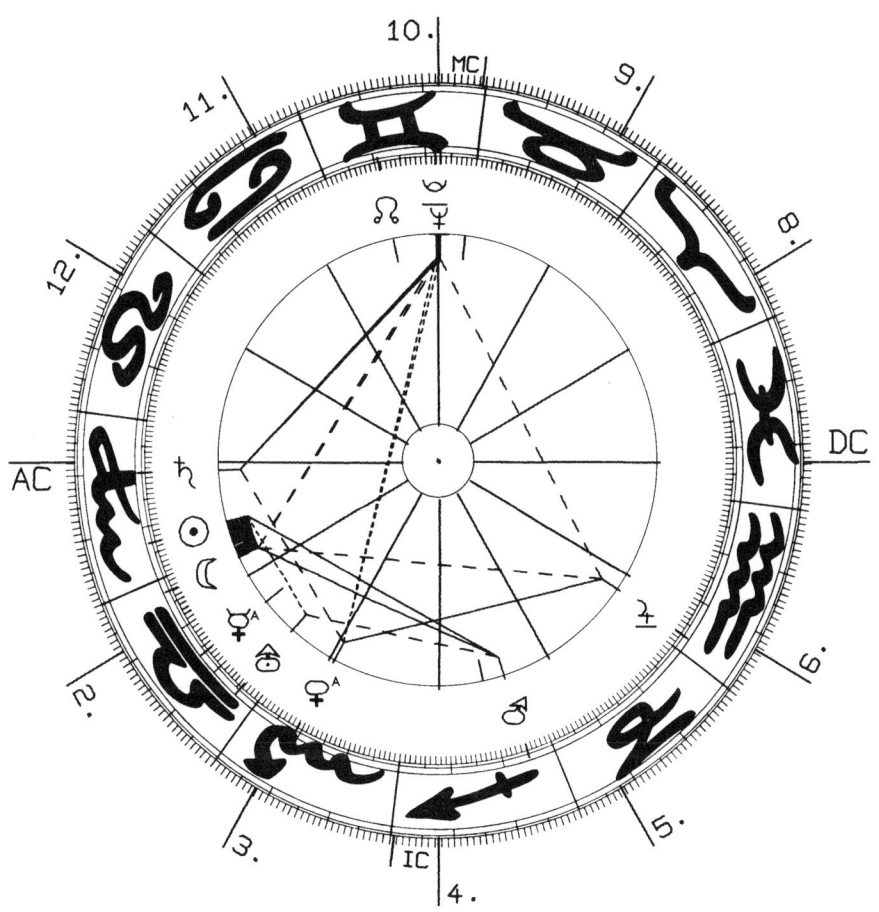

Abb. 27
15. 9. 1890, 4.30 h GMT, Torquay, GB

Wie sehr Agatha Christie also ihr Ich betonte und je selbständiger und unabhängiger sie wurde, um so weniger vergass sie ihr Publikum. Sie schrieb klar und übersichtlich und liess sich nie von ihrem Schreibstil abbringen. Sie wusste, was die Leser liebten (Jupiter im 5. Haus mag da sehr geholfen haben). Entscheidend ist jedoch die Ausrichtung der Planeten vom 1. auf das 7. Haus. Die Leere des 7. Hauses wurde so gefüllt. Die Lemniskate verlagerte sich. Man kann sagen, dass die Aufgabe – ob bewusst oder unbewusst – instinktiv erkannt wurde (Färbung Fische).

Agatha Christie ahnte wohl, dass ihr Ich ohne die Leser ihrer Bücher kaum erfüllt werden konnte, so richtete sie ihre überschüssigen Kräfte auf die Leere des 7. Hauses. Die Berge und Wälder kamen – bildlich gesehen – ins Tal.

Bei **Doris Day** war die Erfüllung der Aufgabe am Du, verbunden mit der Verwurzelung im Ich, sicher leichter als bei Agatha Christie.

Die Sonne im 7. Haus zeigt, wie das Ich zum Du strebt, wie die Horoskopeignerin ankommen will und ankommen kann. Aber die zwei grossen Planeten, die alten traditionellen Gestirne Saturn und Jupiter, im 1. Haus sagen uns, dass die Verwurzelung (Saturn) und die Entfaltung (Jupiter) im eigenen Ich liegen. Dass dies Zeit, viel Mühe sowie Fleiss brauchte, wird durch die Opposition vom 1. zum 7. Haus sehr deutlich. Doch die Spannung war schöpferisch und hatte ein deutliches Echo.

Doris Day wurde ein Weltstar, eine Schauspielerin und Sängerin, die auf der ganzen Welt beliebt war. Sie fand durchaus die richtige Mischung für eine lange, erfolgreiche Weltkarriere. Sie wirkte anziehend, ohne eine schwüle Erotik auszuspielen, sie lachte gerne, und ihr ureigener Humor sprang auf das Filmpublikum über. Sie wirkte offen, sauber und liebenswürdig (Saturn und Jupiter im Abschnitt Waage, zu denen sich noch der aufsteigende Mondknoten gesellt). Ohne Erfolg hätte sie sicher nicht leben können, ihre Seele (Mond am MC im Zeichen Zwillinge) dürstete nach Beifall. Aber sie verkaufte sich nicht, sie tat nicht alles, um dem Publikum auf jede Art zu gefallen. Doris Day war immer Doris Day. Dieser als Tadel verwendete Ausspruch war in Wahrheit ein tiefes Lob.

Doris Day

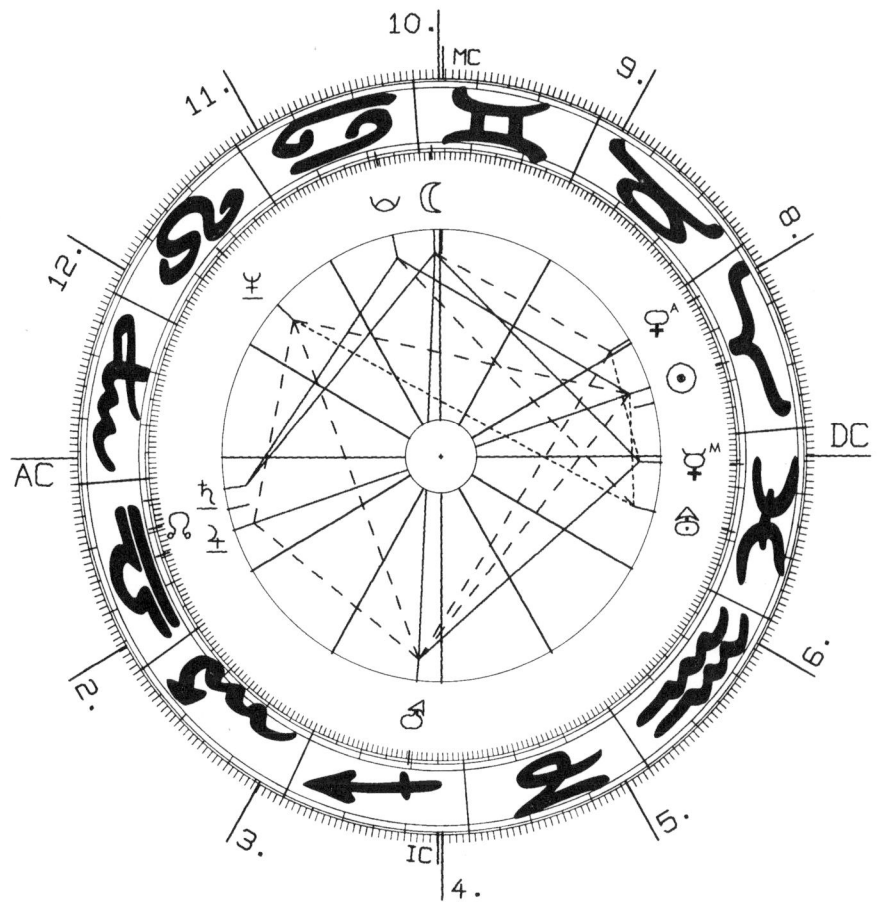

Abb. 28
3. 4. 1922, 16.30 h CST, Cincinnati/OH, USA

Kapitel 18
Die Wertachse
HAUS 2 UND HAUS 8

In jedem Wert liegt ein Verlust und in jedem Verlust ein Wert! Um diesen Sinn geht es bei der Achse der Häuser 2 und 8. Ausgangspunkt ist der Selbstwert, auf dem ich aufbaue, nachdem der Start meines Lebens gelungen ist, was ja ein Geschenk ist! Doch nur geschenkt wird niemandem etwas, der Verlust ist unvermeidlich. Jedes Leben, und sei es noch so schwer, ist ein Geschenk, aber der Verlust des Lebens ist in diesem Geschenk unabdingbar enthalten. Diese gegenseitige Beziehung zu verstehen, dazu helfen uns die beiden Häuser. Alles muss bezahlt werden, auch wenn das heute kaum noch einkalkuliert wird. Einst lebte der Tod mit uns, heute wird er eher verleugnet, man will ihn nicht wahrnehmen. Das 8. Haus bedeutet jedoch nicht den Tod an sich. Hier sind vielleicht die Auseinandersetzungen mit Gevatter Hein und mit allen anderen Arten von Verlust zu ersehen, ebenso die Gedanken um den Sinn von Verlusten, die ja nie ohne Grund erfolgen. Doch verlieren kann man nur, was vorher vorhanden war, und darum geht es im 2. Haus.

Dieses materielle Haus zeigt uns an, was wir haben und erwerben. Das Wort «materiell» kommt von «Material», was wiederum «Mutterstoff» heisst und damit weit über den heutigen Begriff des Materiellen hinausgeht. Neben dem eigentlich Materiellen spielen also alle Werte wie Talente, Gaben, Geschenke, Vermögen, Besitz eine sehr wichtige Rolle. Sie alle wollen gepflegt und ausgebaut werden, auch wenn sie eines Tages verloren gehen. Doch dieses «eines Tages» liegt in einer ungewissen, weiten Ferne, so dass es bei der Ausübung nicht ständig beachtet zu werden braucht. Viel gravierender ist es zu bedenken, dass hinter dem Verlust, der eines Tages geschehen wird, auch der Gewinn aus dem Verlust zu ersehen ist. Wenn wir uns die Reihenfolge der Häuserachsen betrachten, sehen wir, dass diese Auseinandersetzung sehr früh ansteht, so als wäre sie die Grundlage allen Handelns für das weitere Leben. Dies unterscheidet den Menschen vom Tier, dass er von Anbeginn darum weiss, aus dem Paradies vertrieben worden zu sein. Und doch müssen wir «karmisch» so leben, als wollten wir das Paradies wieder erreichen. Jagen wir dabei einer Illusion nach? Wohl kaum, sondern einem Ziel, dem Ziel, uns zu vervollkommnen. Deswegen führen uns auch die Gedanken um das Ende und um unsere Verluste zur Esoterik, zur Frage des Diesseits und Jenseits; deswegen versuchen wir das «Geheime» oder «Okkulte» zu enthüllen; deswegen bemühen wir uns um eine magische Einweihung, um wissend zu werden und den tieferen Sinn des Lebens zu erfahren. Die Achse 2/8 führt uns also vom materiellen zum geistigen Sinn, wo nicht nach Mark und Dollar abgerechnet wird. Können

Ernst Stankovski

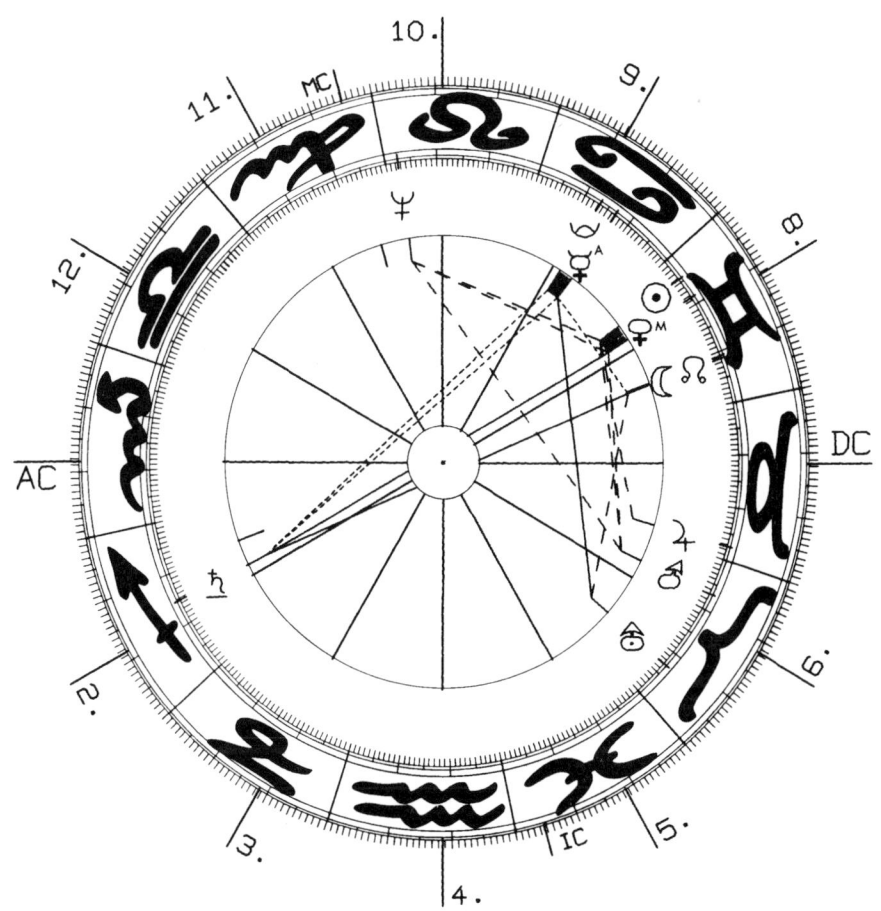

Abb. 29
16. 6. 1928, 16.40 h LT, Wien, A

wir im 2. Haus unsere Gaben materiell noch verwerten, so gelingt uns dies im 8. Haus überhaupt nicht mehr. Aber die Erfahrungen des 8. Hauses können uns sogar zu materiellen Werten führen! Doch vergessen wir nie, dass das Streben immer vom 2. zum 8. Haus geht. Auch wenn beide Häuser miteinander verflochten sind, bleibt das Ziel letztendlich das 8. Haus. Ist dieses stark besetzt, muss das Tal des 2. Hauses davon mitbefruchtet werden, um notwendigen Gewinn zu erzielen. Ist andererseits das zweite Haus stark besetzt, dann ist das Tal des 8. Hauses damit zu befruchten, um den Lebenssinn des Werdens, Vergehens und Wiederwerdens zu begreifen.

Der Schauspieler, Schriftsteller, Übersetzer, Komiker und Kabarettist **Ernst Stankovski** hat eine starke Du-Besetzung (Abb. 29, vorherige Seite). Die Achse 1/7 wird durch die Spannung von Saturn und Mond bestimmt, wobei die Seele sich dem Du hingeben will, während Saturn als einziger Planet im Ich-Bereich darauf zu achten hat, dass der Künstler Stankovski sich nicht dem Publikum ausliefert. Das hat er auch frühzeitig erkannt. Nachdem er auf dem Sektor der leichten Muse das Publikum stets bestens unterhalten hatte, schlug der Ernst seiner Lebensauffassung dann doch sehr entscheidend durch. Er bemühte sich um wirklich aussagekräftige Rollen, auch wenn das Massenpublikum dabei zu kurz kam. So schrieb er eigene Texte und Bearbeitungen und ging – oft mit grossen Opfern verbunden – viele künstlerische Wagnisse ein, um sich auch in seiner Arbeit selbst zu finden. Er wurde ein kritischer Künstler für sich und die Zuschauer.

Im 8. Haus finden wir nun vier Planeten, im 2. Haus keinen einzigen. Das 8. Haus ist also voller Gebirge, um bei der Landschaftsbeschreibung zu bleiben, das 2. Haus ein Tal. Zum Ausdruck kam dies dadurch, dass Stankovski sich sehr früh mit Fragen des Todes, der Religionen und der Esoterik auseinandersetzte, ja hier bald ein Wissender war.

Trotzdem bemühte er sich, «materiell» gut zu verdienen, Geld zu gewinnen, um sein Leben und das seiner Familie zu sichern. Aber manch schneller Gewinn verflog bald, bis Ernst Stankovski erkannte, dass im schnellen Gewinn – dem ohne Sinn – nicht der wahre Gewinn liegen konnte. Er hätte viel Geld verdienen können, wenn er sich dem 7. Haus (dem Publikum) ausgeliefert hätte, aber er verzichtete darauf, wohl wissend, dass die Kräfte des 8. Hauses dies nicht gutheissen würden. Er setzte sich mit philosophischen Fragen auseinander, wusste viel vom Karma und seinen Folgen und führte manchen Unwissenden (auch den Autor) in diese neuen Sichten ein. Natürlich durfte Stankovski nie vergessen, dass auch das Tal des 2. Hauses zu bepflügen war, was ihm auch gelang. Jedoch war er sich immer einer tiefen Vergänglichkeit bewusst und schlug viele Angebote aus, die nicht seinem inneren Niveau entsprachen.

Manche Aussagen des Horoskops erschliessen sich im Leben ganz von allein. Das trifft hier für das 8. Haus durchaus zu, wenn auch das Tal des 2. Hauses – wohl gerade wegen der starken Besetzung im 8. Haus – einige Schwierigkeiten machte. Aber Geduld brachte Gewinn!

Kapitel 19
Die Missionsachse
HAUS 3 UND HAUS 9

Wir leben alle vorwiegend im Alltag, und doch hat jeder eine Mission zu erfüllen. Der sogenannte Alltag (Haus 3), der gut neunzig Prozent unseres Lebens ausmacht, ist im esoterischen Sinn der Bereich, aus dem wir in die Höhen, in den wissenden Glauben, in die Horizonterweiterung streben. Nach dem Start ins Leben und dem Aufbau unseres Selbstwertes muss nun der «gewöhnliche Alltag» bestanden werden. Das Ziel aber ist es, aus diesem gewöhnlichen Leben in die Höhen aufzusteigen, womit nicht berufliche Erfolge oder der Glanz der Anerkennung gemeint sind. Dies In-die-Höhe-Streben ist innerlich gemeint und stellt auch eine innere Aufgabe dar.

Selbstverständlich muss vorher der «Alltag» gemeistert werden. Wer das nicht schafft, der findet die Treppe zum inneren Aufstieg nicht. Der träumt vielleicht nur von der Realisierung der Selbstverwirklichung.

Aber der Sinn dieser Achse ist die innere Selbstverwirklichung, ist die Erkenntnis, dass all das um uns herum ja nicht das ganze Leben sein kann. Wer diese Einsicht nicht bekommt, der mag sich – wie es leider sehr viele tun – am Ende seines Erdendaseins fragen, ob dies denn alles gewesen sei.

So sei von Anfang an beides ins Visier genommen: das Meistern unseres realen Lebens, verbunden mit dem Streben nach Erkenntnissen, nach dem höheren Sinn unseres Daseins. Das kann sich im Glauben äussern, in der Kunst, in inneren Reisen zu tiefen Zielen – in allem , was zur Horizonterweiterung beiträgt. Aber das heisst nicht schweben und träumen, um den Alltag einfach hinter sich zu lassen. Nein, es geht schon um eine Mission.

Das Wort Mission wollen wir nicht als Sendung verstehen, nicht als Verbreitung einer Lehre (gleich welcher Art), nicht als Glaubensverkündigung, sondern als einen inneren Auftrag an sich selbst. Im esoterischen und im karmischen Sinn wird der Mensch geboren, um sich von Leben zu Leben seelisch weiterzuentwickeln. Der Einzelne darf nicht aufhören, innere Aufgaben an sich zu stellen, die ihn über die Bewältigung des Alltags hinausführen. Je schwerer der Alltag wird – und das wird er von Jahrzehnt zu Jahrzehnt –, um so eindringlicher die Mahnung, sich aus ihm herauszulösen, um die grossen Zusammenhänge der kosmischen Weltordnung zu verstehen.

Das hört sich etwas pathetisch an, ist aber kaum schlichter zu formulieren. Es heisst einfach: Du bist ein Stein im sich ewig entwickelnden Weltbild, der nicht aus dem grossen Mosaik der Schöpfung herausbrechen darf. Und wenn er herausbricht, dann ist alles zu versuchen, damit der Stein wieder in das Mosaik zurückversetzt wird.

Das Weltbild fängt im kleinen an, also im 3. Haus, wo das Material für das Bild des «Oben wie Unten» zu finden ist, das dann im 9. Haus zusammengesetzt wird. Das Unten muss nach oben streben, wie das Oben nie die Verbindung zum Unten verlieren darf.

Dem 3. Haus wurde einst Merkur als Morgenstern zugeordnet, also der Götterbote, dem 9. Haus war stets Jupiter, der Herr des Olymps, zugeschrieben. Das Merkurische muss also zum Jupiterhaften aufsteigen. Der Mensch (Merkur) strebe demnach zur Gottheit (Jupiter), während die Gottheit nie die Menschen aus dem Auge verlieren darf, denn sie bedürfen der Gottheit, die übrigens in ihnen selbst lebt. Folglich zeigt uns die Missionsachse die Möglichkeiten an, innerlich über uns hinauszuwachsen. Dabei müssen wir nur stets wissen, dass die Götter, die wir oben irgendwo im Himmel wähnen, in uns selbst beheimatet sind. Wir brauchen sie also nicht in der Ferne zu suchen, da sie uns stets ganz nah sind. Weil sie uns so nah sind, leben sie auch in unserem Alltag mit. Die Ägypter wussten dies, da das Udjat-Auge (das Gottesauge, eine Mischung zwischen Menschen- und Falkenauge) sie immer betrachtete. Wir finden dieses Auge heute noch in den Tempeln wie auch in Gräbern, die die Schwelle zu einem anderen Leben darstellten.

Die Achse von Haus 3 zu Haus 9 will uns also das innere Sehen lehren. Wir sollen unseren Blick über den Alltag hinaus in den 9. Himmel richten. (Der Olymp galt zeitweise als der 9. Himmel.)

Der Chansonnier und Schauspieler **Yves Montand** ist den Weg aus dem Alltag heraus zu seinen Gottheiten gegangen.

Seine Sonne im 3. Haus zusammen mit dem aufsteigenden Mondknoten in der Häuseropposition zum Berufungspunkt (MC) im 9. Haus zeigt dies sehr deutlich. MC im Widderzeichen gibt Kraft und Energie, aber auch künstlerisches Gespür, weil Mars und Venus in Konjunktion stehen. Venus ist ja für den IC-Punkt mitzubeachten, so dass sich die eben erwähnte Konjunktion sehr auf die Missionsachse auswirkt. Diese Konjunktion steht an der Spitze eines Drachenkopfes im Selbstwerthaus 2.

Yves Montand, aus einfachsten Verhältnissen stammend, ab dem zweiten Lebensjahr in Marseille aufgewachsen, arbeitete sich schon in früher Jugend als Laufjunge und Hafenarbeiter hoch. In ihm lebte immer eine Melodie, die er anderen mitteilen wollte. So sang er bald in Bistros, ging dann nach Paris, wo er von Edith Piaf entdeckt wurde. Schliesslich trat er im Moulin Rouge auf und wurde nach seinem ersten Film ein Weltstar. Aber nie blieb er allein am äusseren Erfolg hängen.

Er interessierte sich – wie von innen getrieben – für die Lebensumstände der Welt. Der graue Alltag seiner Eltern und seiner Jugend liess ihn nie los. Er wollte stets Gerechtigkeit und suchte sie auch dort, wo es sie nicht gibt. So wurde er Mitglied der Kommunistischen Partei, und als er vom Unrecht der Kommunisten erfuhr, war er so betroffen, dass er fast ein «Rechter» wurde.

Yves Montand

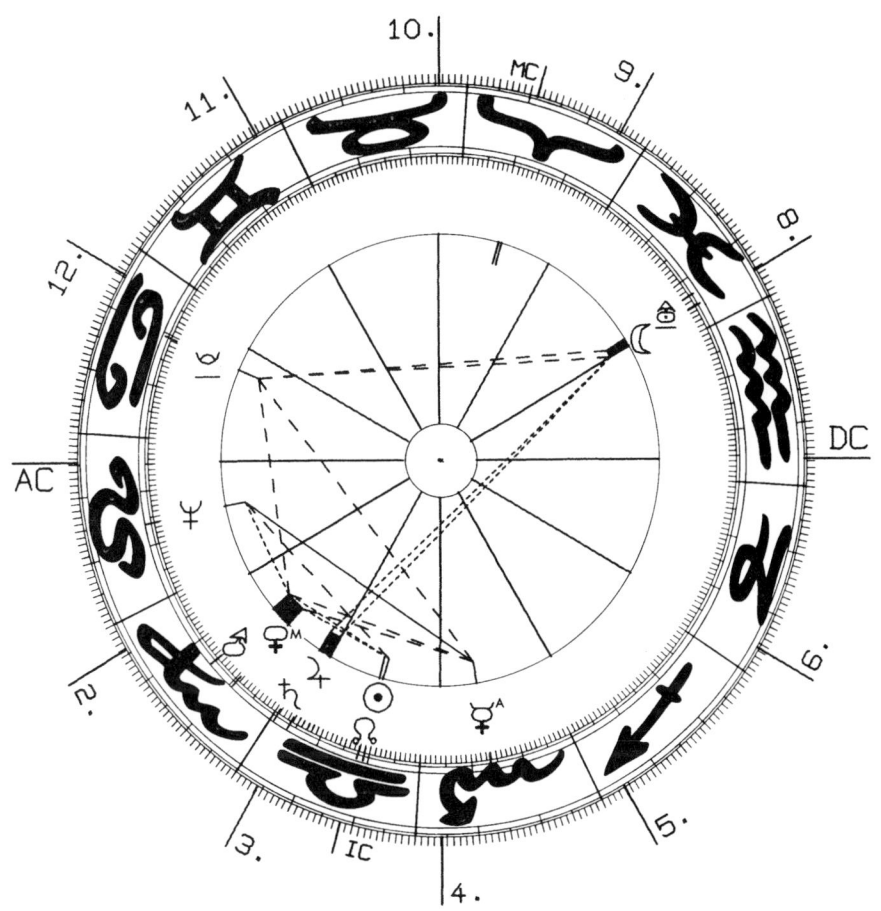

Abb. 30
13. 10. 1921, 0.00 h LT, Monsummano, I

Er hat immer nach seiner inneren Stimme gelebt und ihre Mahnungen niemals überhört. In diesem Sinn folgte er seiner Mission und Berufung, wobei kleine Alltagsaffären für die Konsequenz seiner grossen Linie keine Rolle spielten. Im hohen Alter wurde er noch einmal Vater und meinte, nun habe er endgültig das grosse Glück gepackt. Er plante Tourneen und spürte den Segen der Schöpfung in sich. Für sein Kind wollte er alles tun, ihm wollte er, wie er sagte, den grauen Alltag ersparen und damit eine Wiederholung seines eigenen schwierigen Weges aus der düsteren Jugend zum erfüllten Glück.

In seinem Leben folgte Yves Montand, der eigentlich Ivo Livi hiess, immer einem Stern: zuerst nach aussen, dann jedoch – als er sechzig war – nach innen. Als er 1991 mit siebzig Jahren starb, sah er seine Mission erfüllt; er war voller Lebensmut und fühlte sich jung wie nie zuvor. Die künstlerische Welt, seine Fans, trauerten um ihn, weil er sich zwar stets wandeln konnte, aber sich dabei trotzdem immer treu blieb. Das alles machte aus ihm einen ungewöhnlichen Menschen und Künstler.

Papst Johannes Paul II. hat ein wahres Gebirge im 9. Haus stehen. Karol Wojtyla, wie er eigentlich heisst, wurde am 22. Oktober 1978 zum Papst gewählt. Das Besondere: Seit 1522/23 war er als Pole der erste nichtitalienische Papst. Im Radix ist das 3. Haus nur durch den aufsteigenden Mondknoten besetzt, also ein fast leeres Tal, um bei unserem Landschaftsbild zu bleiben. Um so mehr muss sich dieser Papst um den Alltag der Menschen bemühen, und man kann sich fragen, ob er deswegen manche Alltagsnöte so schwer erkennt, wenn wir nur an seine Einstellung zur Überbevölkerung denken. Ob die Geburtszeit genau stimmt, ist fraglich. Mir scheint es, dass er etwas später geboren wurde, so dass der Aszendent bereits über den Saturn gegangen ist; dies würde jedoch die Betonung des 9. Hauses nicht mindern – im Gegenteil. Dieser Papst folgte stets seiner Mission, wenn er damit auch manche Konflikte mit sogenannten liberalen Gläubigen in Kauf nahm. Seiner gläubigen Überzeugung nach führte er die Kirche zurück zu älteren Traditionen (Saturn am Aszendent im Abschnitt Jungfrau). Auch nachdem im Mai 1981 ein Attentat auf ihn ausgeübt worden war, blieb er sich und seiner Mission treu. Wir sehen hier in seiner Aufgabe zwar eine mehr äusserlich sichtbar werdende Mission, die aber nach seinem Horoskop ganz aus der individuellen Veranlagung dieses Charakters kommt, zumal auch noch seine Himmelsmitte (MC) im 9. Haus zu finden ist. Der aufsteigende Mondknoten holt ihn jedoch immer wieder in den Alltag zurück.

Wer sich mit Esoterik beschäftigt, interessiert sich meist auch für die Geburtsbilder berühmter Esoterikerinnen oder Esoteriker.
    Helena Petrowna Blavatsky gilt als eine der grössten Esoterikerinnen der letzten Jahrzehnte. Sie schrieb bahnbrechende Bücher über Themen der Esoterik und setzte sich damit so durch, dass die «Esoterischen Geheimlehren» kaum mehr übersehen werden konnten.

Papst Johannes Paul II.

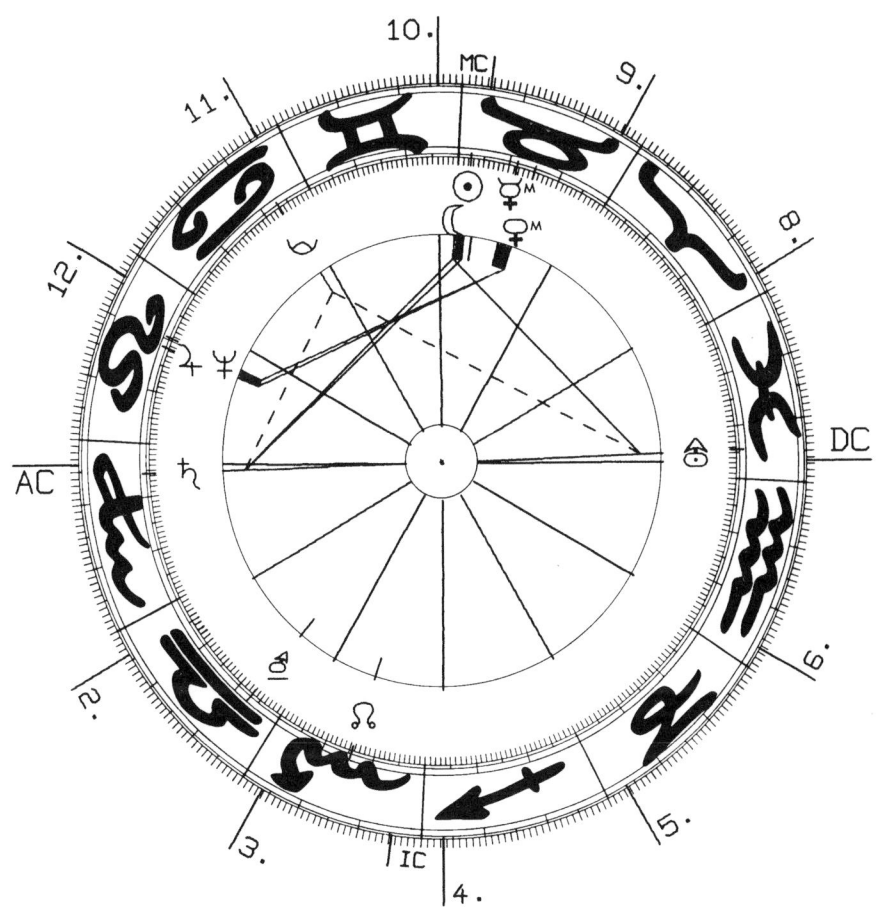

Abb. 31
18. 5. 1920, 12.30 h LT, Wadowice, PL

Diese talentierte Russin, deren Geburtsname Hahn von Rotterstern lautete, soll von Kindheit an seelisch sehr begabt gewesen sein. Als sie Mitte Zwanzig war, ging sie nach Indien, fand dort ihren Meister und gelangte dann nach Amerika. Mit 42 Jahren gründete sie mit anderen die Theosophische Gesellschaft, die drei Ziele in den Vordergrund stellte:

Erstens: Bildung einer universalen Bruderschaft der Menschheit. Zweitens: vergleichende Studien in Religion, Philosophie und Naturwissenschaften. Drittens: Erforschung ungeklärter Naturgesetze.

Ihre Hauptwerke waren: «Die entschleierte Isis», die «Geheimlehre» und das Werk «Schlüssel zur Theosophie». Ihre Bücher werden immer noch gelesen und vor allem zitiert. Der Einfluss ihrer Arbeit ist bis heute sehr stark, auch auf dem Gebiet der Astrologie.

Im Horoskop von Helena Blavatsky fällt vor allem die Achse vom 3. zum 9. Haus auf. Im 3. Haus stehen die Planeten Mond und Venus genau Pluto im 9. Haus gegenüber – eine selten markante Achse.

Pluto – allein hoch oben im Horoskop stehend – mag dazu beigetragen haben, dass man Madame Blavatsky eine gewisse Exzentrik zusprach (die Besetzung des 2. Hauses zeigt, wie stark ihr Selbstwert ausgeprägt war). Zum Beispiel war ihr Wohnzimmer mit ausgestopften Schlangen und Affen vollgepfropft. Ihre Kräfte schrieb sie nicht sich selbst, sondern ihren unsichtbaren Meistern, der weissen Bruderschaft vom Himalaya, zu. Ihr Mond im 3. Haus und im Abschnitt Waage zeigt tiefes Ururerbe der Seele an, das sich auf ihre Gefühle und Emotionen übertrug (Nähe zur Venus) und sicher das reale Leben sehr beeinflusste.

Ihr Astrologiewissen und das der Theosophischen Gesellschaft, die später Annie Besant übernahm, beruhte vor allem auf der indischen Himmelslogik. Auch hier wurde der Alltag durch prägnante Eindrücke bestimmt. Seltsam ist bei der Stellung des Mondes im 3. Haus die Tatsache, dass Madame Blavatsky den Mond eher als böse betrachtete. (Mit Mond im 4. Haus hätte sie das sicher nicht getan.) Mit der westlichen Astrologie hatte Helena Blavatsky nicht viel im Sinn. Jedenfalls sind ihre Schriften voller Wissen, wenn sie auch eher eine esoterische Mystifikation ausstrahlen.

Die Missionsachse zeigt hier an, dass die Symbole für Seele und Gefühlskraft ein tiefes emotionales Bewusstsein für den Alltag signalisieren, während der getarnte Machtanspruch von Pluto hoch hinaus strebt und das Ideelle sucht (Nähe zum MC im 9. Haus).

Wir haben bewusst drei prominente Beispiele für diese Missionsachse ausgesucht, weil sie für das esoterische Astrologiewissen doch sehr wichtig erscheint.

Helena Blavatsky

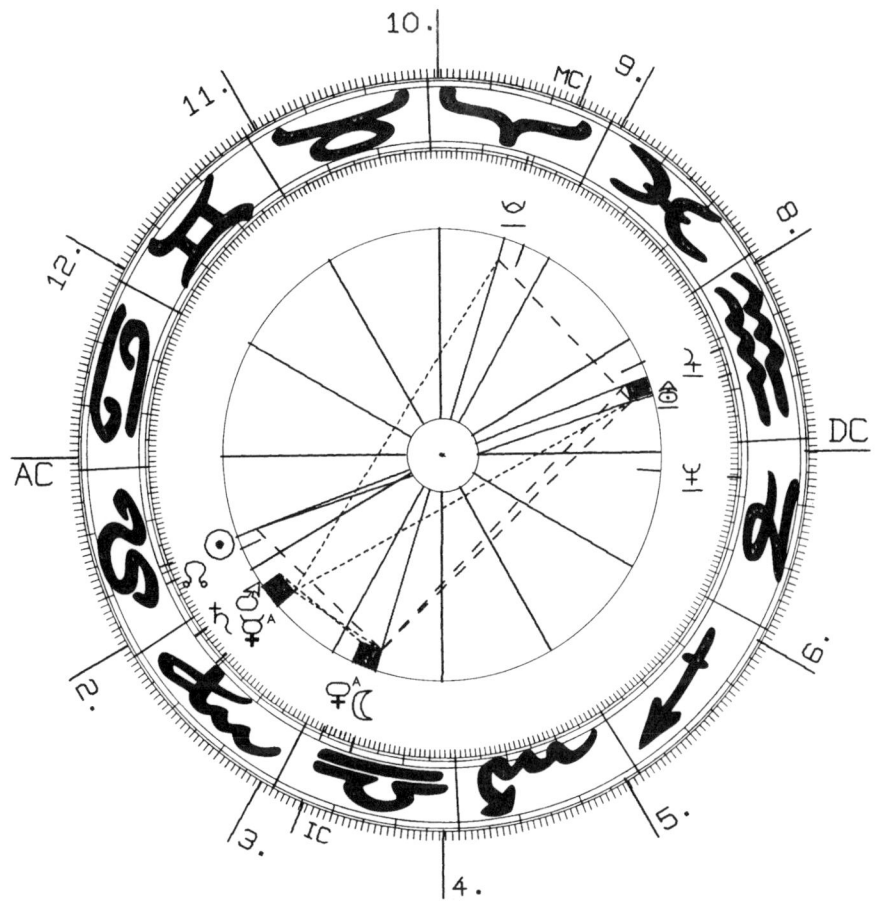

Abb. 32
12. 8. 1831, 3.00 h LT, Ekaterinoslav, SU

Kapitel 20
Die Erb- oder Karmaachse
HAUS 4 UND HAUS 10

Das 4. Haus wurde stets als das Haus der Familie, der Heimat und der Herkunft bezeichnet. Wir müssen da viel tiefer zurückgreifen. Haus des Erbes müssen wir den Umkreis dieses Feldes nennen, wobei kein materielles Erbe gemeint ist. Hier geht es um das Erbe in uns, das viele Jahrtausende alt sein kann, um das Kollektiverbe, in dem jedoch auch ein vielfaches individuelles Erbe lebt. Die Seele hat auf dem Weg ihrer Entwicklung unzählige Leben hinter sich gebracht.

Am besten nehmen wir dieses Urerbe im 4. Haus an. Finden wir hier keine Planeten, ist das Erbe trotzdem in uns vorhanden, wenn es vielleicht auch nicht so sehr nach aussen tritt. Nicht jeder spürt in seinem Leben die Vielzahl der Leben, die seine Seele schon hinter sich hat. Viele lehnen diese Seelenleben rundweg ab, weil es dafür keine «naturwissenschaftlichen» Beweise gibt. Trotzdem lebt das Erbe der Menschheit in uns, und das Erbe der persönlichen, vor unserer Zeugung und Geburt gemachten individuellen Erfahrungen.

Anders wäre die Herkunft von Genies nicht zu erklären. Bei den echten Wunderkindern und Genies wie Mozart oder Kepler, um nur zwei zu nennen, kann niemand ohne den Einbezug von Vorleben erklären, welche Kraft auf einmal in einem solchen Kind und Menschen offenbar wird. Dieses «Offenbarwerden» zeigt sich im 10. Haus. Hier ist die Kraft zu erkennen, die aussen für alle sichtbar wird. Natürlich heisst das nicht, dass viele Planeten im 10. Haus ein Genie ausmachen, aber man kann immer wieder feststellen, dass diese Kräfte in die mehr oder weniger verdiente Anerkennung streben.

Je mehr Planeten das 10. Haus besetzen, umso weniger wird man das Bedürfnis haben, seinem Karma nachzugehen: «Ich bin ja wer, mir fliesst Anerkennung zu, also ist die Welt in Ordnung.»

Je mehr Planeten dagegen im 4. Haus zu finden sind, umso grösser mag die Gefahr sein, sich nur mit dem Karma zu beschäftigen, auch um sich damit eine Entschuldigung für ein gewisses Versagen in diesem Leben zu holen.

Hier ist das Zusammenspiel dieser Achsenpole also ganz besonders wichtig. Habe ich im 10. Haus ein Gebirge von Planeten stehen, dann muss ich fragen, wieso das Karma oder mein Erbe mich jetzt so nach aussen dringen lässt. Je mehr Planeten im 4. Haus ihre Radixheimat haben, umso eindringlicher ist die Frage nach der Verwirklichung der Erbkraft zu stellen. Es kann ja nicht sein, dass in diesem Fall die Heimat (welche?) oder das Heim allein der Mittelpunkt ist. Das mag zwar auch zutreffen, aber hier muss dem individuellen Gang in den Keller der

Menschheit intensiv nachgespürt werden. Die Karmaachse führt uns also in die Vergangenheit und damit über die Gegenwart in die Zukunft.

Nach dem Start ins Leben, dem Ringen um den Selbstwert und der Missionsaufgabe, uns aus dem Alltag heraus zu entwickeln, folgt nun die Suche nach der Erkenntnis unserer meist sehr versteckt lebenden Urerfahrungen. Erst mit diesem Wissen kann die Stellung in der Öffentlichkeit richtig und in die Zukunft weisend ausgefüllt werden. Ein Haus zu erkunden fängt mit der Besichtigung des Kellers an. Anders gesagt, grabe ich eine Stadt aus, muss ich Schichten um Schichten abtragen, um – archäologisch gesehen – zum Ursprung einer Entwicklung zu kommen, die heute noch eine Bedeutung hat.

Wolfgang Amadeus Mozart besitzt mit den beiden Planeten, die Unbewusstes symbolisieren, Mond und Pluto, eine sehr starke Besetzung des 4. Hauses (Abb. 33, übernächste Seite).

Es ist schon ausgeführt worden, dass sich Genies eigentlich nur erklären lassen, wenn man das Karma oder die Reinkarnationen der Seelen anerkennt. Bei Mozart ist dies besonders unausweichlich, da die Erb- oder Karmaachse noch durch den Mars im 10. Haus betont wird.

Mozart spürte wohl – sicher mehr unbewusst als bewusst – etwas von dem Erbe der Menschheit in sich. Allein das Werk «Die Zauberflöte» beweist, wie ungeheuer viel «esoterisches» Wissen in ihm lebte.

Die Seele, die nie etwas vergisst, und Pluto, der die tiefen Schätze bewahrt, zeigen dies alles im 4. Haus deutlich an. Mozart war das siebte Kind von Anna Maria geb. Pertl und Leopold Mozart. Der Vater, der selbst Musiker war, schien überglücklich, als er seinen dreijährigen Sohn Klavier spielen hörte und der kleine Wolfgang sich recken musste, um die Tasten zu erreichen. Mit fünf Jahren komponierte der junge Mozart bereits, und sein Vater sprach nur von den Gottesgaben, die sein Wolfgang besitze. Wir können sagen, hier schlug ein Erbe Gottes durch.

Ein Jahr später begannen die Konzertreisen, das MC im 9. Haus führte ihn weit hinaus, der Mars im 10. Haus zeigt die ehrgeizige Kraft, die Mozart trieb.

Er wurde mit Applaus überschüttet und die Familie empfand es als grosse Ehre, als Wolfgang von Papst Clemens XIV. die Ernennung zum Ritter vom goldenen Sporn erhielt. Mit der Oper «Idomeneo», so schreiben viele Chronisten, hätte Mozart seine Meisterschaft erreicht, aber so populär wie die esoterische «Zauberflöte», seine letzte grosse Oper, wurde Idomeneo nie.

Mit Idomeneo griff Mozart ein altes, klassisches Thema aus der Zeit nach dem sagenhaften trojanischen Krieg auf. Hier spielen Götter wie Poseidon eine grosse Rolle. Hauptinhalt stellt das einst noch übliche Menschenopfer dar, das meist den Sohn des Königs betraf. Idomeneo, der Herrscher Kretas, sollte Poseidon den ersten Menschen opfern, dem er an Land begegnete. Nur die Götter wussten, dass es sein Sohn Idamanthes sein würde. Blind willigte Idomeneo ein. Als er die schreckliche Wahrheit erfuhr, meinte er diesem Gelübde durch Geschick und List entgehen zu können. Doch die Götter liessen nicht mit sich spassen, der

Kampf mit ihnen wollte bestanden sein. Da Poseidon dieses Menschenopfer vorenthalten wurde, bekamen es die Menschen auf Kreta zur Strafe mit einem Ungeheuer zu tun, dessen Gift die Bevölkerung schwer belastete. Erst durch Eingestehen der Schuld und den Kampf mit dem Ungeheuer (das immer das Ungeheuer in einem selbst ist), wurde der zum Opfertod bestimmte Sohn von Idomeneo durch ein Liebesbekenntnis endgültig gerettet, und diese Rettung wird durch eine Orakelstimme, also über einen Priester, von der Gottheit verkündet. So lernte einst der Mensch, seine Geschicke zu meistern; er legte sich auch mit seinen Göttern an, wenn es um einen geliebten Menschen ging.

In der «Zauberflöte» begegnen wir zu Beginn wieder einem Ungeheuer (hier als Schlange), Omen für Gefahren und Kämpfe mit göttlichen Mächten.

Die Handlung führt uns in den Sonnentempel, weiter zur Sonnenpriesterschaft und schliesslich zur Königin der Nacht. In dieser Oper geht es um die Einweihung im Sinn von Isis und Osiris. In einem Prüfungstempel straft der Himmel mit Blitz und Donner, was heute noch Angst in den Menschen erzeugt. Gegen die grossen Gottheiten erhebt sich die Königin der Nacht, und man denkt unwillkürlich an die Auffassung von Helena Blavatsky, die den Mond (die Königin der Nacht ist auch ein Mondsymbol) als böse bezeichnete. Dies ist eine rein esoterische Oper auch von der Musik her: ihr Urklang schwingt in jedem Zuhörer nach.

Das Genie Mozarts ist wohl erkennbar durch seine künstlerische Entfaltung, symbolisiert durch Jupiter im Waagezeichen im Selbstwerthaus 2 mit seinem Sextil zu Mond und Pluto als einzigem Aspekt. Dazu kommt die Inspirationsverbindung zwischen Mars und Venus, denn das Trigon zwischen diesen beiden Planeten hat von den Elementen her einwandfrei Quincunx-Charakter, weil Venus noch im Wassermann steht. Der Mond, ganz eng mit Pluto verbunden und im Quadrat zu Uranus, holt mit diesen beiden Planeten das Dunkle des Menschheitsbeginns an die Oberfläche, wo es Mars im Widdersektor des Abschnitts Krebs kundtut.

Aber dieser Mars ist rückläufig und unterstützt so das Hervorzuholende. Pluto und Mond im verkündenden Feuerzeichen Schütze, der rückläufige Mars im schöpferisch-bewegenden Abschnitt Krebs und im Quincunx zu Saturn unterstreichen das Karmische. Ohne karmische Gesetze oder Voraussetzungen wiederum ist aber Geniales kaum nachvollziehbar. Es ist das Urwissen um die Archetypen, das durch das Genie Mozart hervortritt.

Wolfgang Amadeus Mozart

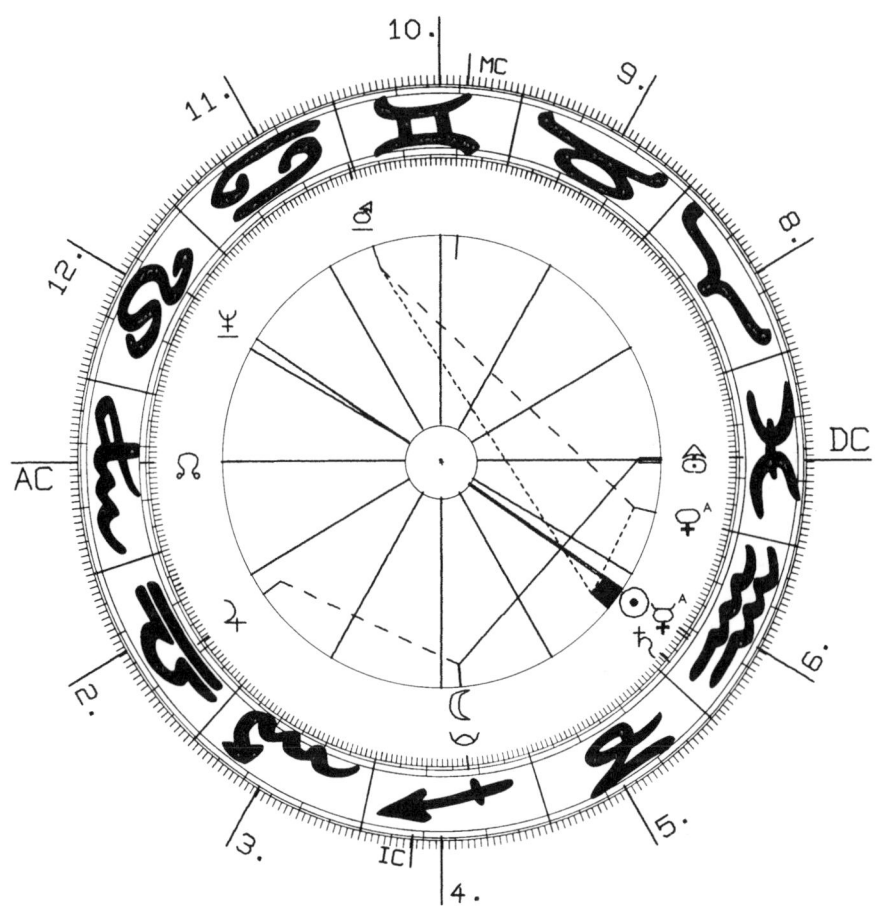

Abb. 33
27. 1. 1756, 20.00 h LT, Salzburg, A

Kapitel 21
Die Kreativachse
HAUS 5 UND HAUS 11

Es ist ein uralter und verständlicher Wunsch des individuellen Menschen, «Spuren zu hinterlassen».

Wer Spuren hinterlässt, hebt sich von der Menge ab und vermag seine Individualität zu steigern. Einst war das Spurenhinterlassen fast nur auf die eigenen Kinder fixiert, aber je mehr sich die Menschheit auf den Weg zur heute teilweise sehr umstrittenen Zivilisation entwickelte, um so mehr wollte sich auch der Einzelne selbst verwirklichen, um dadurch zu sich zu finden.

Aber das Kreative, das in jedem Menschen lebt, kann nicht so einfach in die Welt gesetzt werden. Alles, was geschaffen wird, muss sozial verträglich sein. Es darf andere nicht stören oder schädigen, sondern es hat anderen nützlich und hilfreich zu sein.

Esoterisch betrachtet müssen wir folgern, dass unsere Kreativität zunächst einmal aus dem Inneren zu kommen hat, denn das 5. Haus steht immer noch unter dem Horizont; und dieses Innere ist, wenn es nach aussen dringen soll, gewissen Kriterien unterworfen. Ist das Gebirge (also viele Planeten) im 11. Haus sehr hoch, dann wäre darauf zu achten, dass dieses Gebirge niemanden unterdrückt, und dass es auch für andere dazusein hat. Vor allem aber ist das Tal des 5. Hauses immer wieder zu befruchten, damit dort auch ein neuer Wald wächst, der – sinnbildlich – zum Gebirge wird. Ist das 5. Haus sehr bewaldet, finden wir also hier viele Planeten, dann ist es besonders wichtig, dass das, was nach aussen dringt, das Tal des 11. Hauses befruchtet.

Wer esoterisch zu leben versucht, muss bei allen Handlungen bedenken, dass es immer eine andere Seite gibt, die meist mit dem Ausdruck Schattenseite bedacht wird. Dieser Ausdruck trifft nicht gerade den Kern, denn auch die Schattenseite hat ihren Gegenpol. Dieser Gegenpol ist bei der Kreativachse stets zu berücksichtigen.

Das Kreative ist rein individuell. Es ist das Schöpferische des Individuums. Hier geht es um persönlichste Impulse und Intuitionen. Sind diese jedoch geboren – ob in einem Gebirgswald oder in einem flachen Tal –, dann gehören diese schöpferischen Einfälle nicht mehr dem Individuum allein, dann gehören sie einem Teil der Gesellschaft oder der näheren Umgebung. Deswegen müssen alle individuellen Schöpfungen sozial eingeordnet werden. Ein Maler, der seine Bilder nicht verkaufen will, ja der sie nicht mal zur Besichtigung herausgibt, der versündigt sich an seiner schöpferischen Kraft, die ja nie für einen allein da ist.

Anne Frank

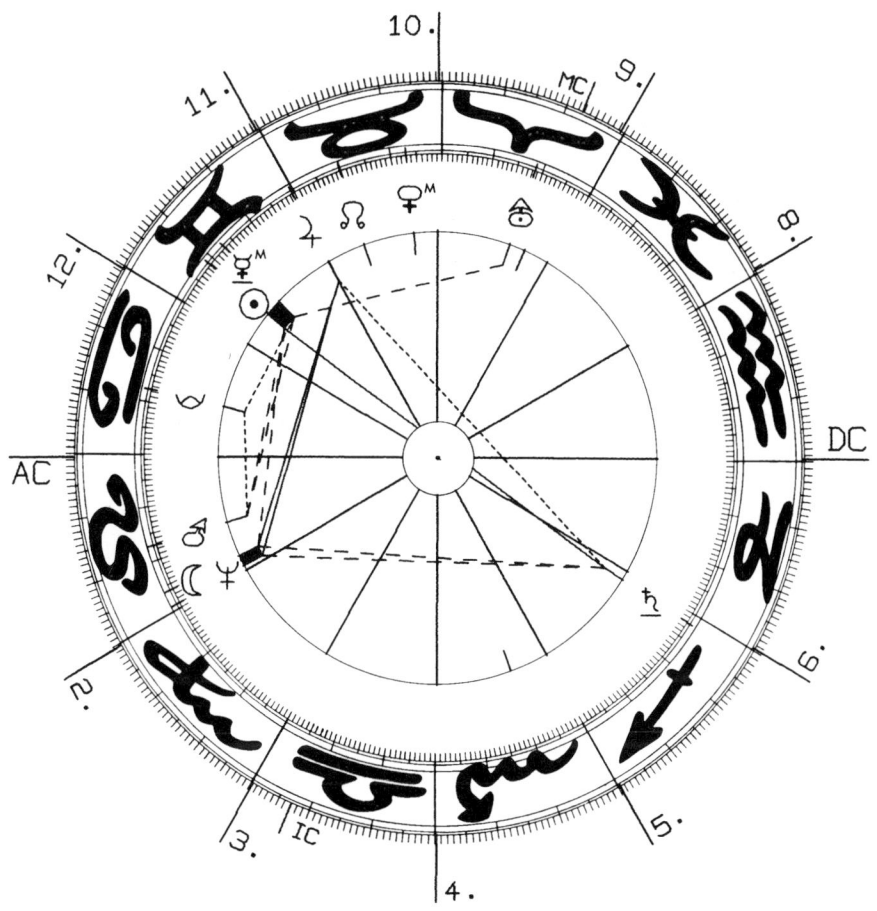

Abb. 34
12. 6. 1929, 7.30 h LT, Frankfurt/Main, D

Andererseits besteht natürlich die Gefahr, dass sich manche Menschen sehr gross in der Gesellschaft herausstellen, ohne eine schöpferische Tat eingebracht zu haben. Dem Drang, in die Gesellschaft zu gelangen, sozusagen zum «Ei» zu gehören, muss eine innere kreative Leistung vorausgehen, oder man muss wenigstens ernsthaft um sie bemüht sein. Die Kreativachse fordert also unseren sehr individuellen, persönlichen Einsatz, der die Grundlage für unser Wirken in der Gesellschaft ist. Anders ausgedrückt zeigt die Kreativachse esoterisches Denken und Handeln in der Praxis an. Hier kann die Esoterik am besten umgesetzt werden.

Ein gutes Beispiel für die Kreativachse gibt das Horoskop von **Anne Frank** (Abb. 34, vorherige Seite). Sie war ein jüdisches Kind, das sich in der Nazizeit in Holland verstecken musste. Dort schrieb sie ein Tagebuch, dessen erschütternde Wirkung erst Jahre nach dem Krieg – vor allem durch die Bearbeitung für das Theater – die Welt noch einmal aufrüttelte. Ihr Saturn im 5. Haus zeigt die tiefe schicksalshafte Kreativität, die sich einfach äussern musste, obwohl überhaupt keine Aussicht bestand, dass diese Zeilen einmal das Licht der Öffentlichkeit erblicken würden. Hier lagen die Wurzeln für eine echte innere, schöpferische und völlig individuelle Kreativität, die schon in der frühen Jugendzeit zum Zuge kam.

Im 11. Haus finden wir Sonne und Merkur eng verbunden, wenn sich auch der rückläufige Merkur von der Sonne lösen will, was einen Schuss Objektivität gibt. Die Manifestation ist Anne Franks erschütternde, aber unsentimentale Schilderung ihrer Leidenszeit.

Dass diese Ich-Schilderung erst Jahre nach ihrer Niederschrift die Öffentlichkeit erreichte, ist sicher auf die Opposition (Saturn-Aspekt) von Sonne/Merkur zu Saturn als Häusergegenschein zurückzuführen.

Aber die innere Kraft dieses Mädchens erreichte die Gesellschaft und damit ihr Ziel. Dieses Tagebuch wird ein ewiges Zeitdokument sein, geschaffen durch die tief verwurzelte Kreativität eines höchst individuellen Menschen. Und die Sonne dieses Mädchens wird noch über Zeiten hinweg leuchten.

Kaiser Franz Joseph wurde 86 Jahre alt. Hatte er ein erfülltes Leben? Wir wissen es nicht. Ironisch können wir sagen: Dieser Kaiser hat zahllose Spuren hinterlassen. Wo er nur einmal ein Brötchen ass, hängt heute noch ein Schild oder ein Bild von ihm.

Aber von einer eigenen Kreativität hat man kaum etwas gehört. Franz Joseph war bei seinen Untertanen sehr beliebt, obwohl er zentralistisch und absolutistisch regierte. Vielleicht lag seine Kreativität darin, dass er sich sehr volkstümlich gab, und dass er nach der Niederlage gegen Preussen den Ausgleich mit den Ungarn fand.

Die Kreativachse ist mit vier Planeten im 11. Haus stark besetzt, obwohl im 5. Haus kein Planet steht. Praktisch heisst dies, dass er durch seine äussere, gesellschaftliche Stellung, durch seine steten repräsentativen Pflichten nicht dazu kam, selbst schöpferisch zu sein. Er war wohl allzu abhängig vom Hof und von der Ge-

Kaiser Franz Joseph

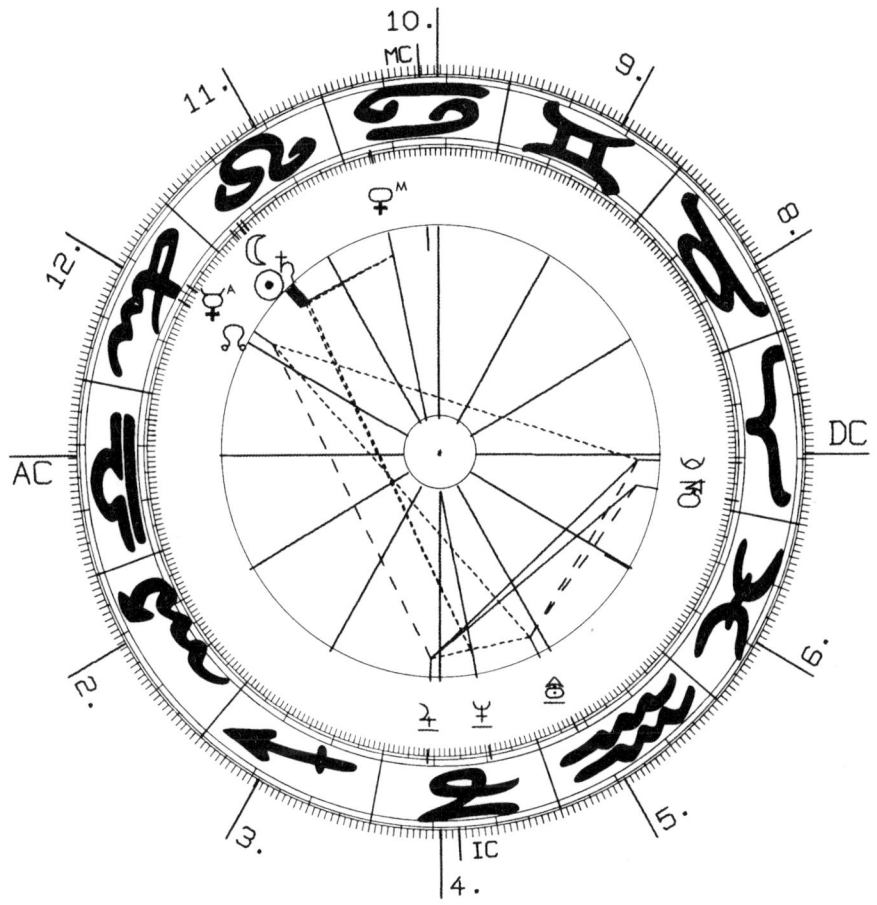

Abb. 35
18. 8. 1830, 9.15 h LT, Wien, A

sellschaft in Wien. Er suchte die Liebe und die Anerkennung seiner Umgebung und seines Volkes (Mond/Sonne/Saturn-Konjunktion), und das genügte ihm allem Anschein nach, denn selbst prägte er nichts von Bedeutung im künsterlischen Wien.

Vielleicht täuschten die vielen Illusions-Aspekte (Quincunx) und gaukelten eine Zufriedenheit vor, die eher einschläfernd wirkte. Franz Joseph verkörperte das «märchenhafte» Österreich, und so darf er heute noch im Sinne der Fremdenwerbung missbraucht werden, als wäre die Zeit mit seinem Tode stehengeblieben. Spuren hinterliess er sehr viele, aber doch nur mehr im oberflächlichen Sinn. Das mag vielen erstrebenswert erscheinen, im esoterischen Sinn hätte man vielleicht etwas mehr von seinem Wirken erwarten können. Von «oben» (11. Haus) nach «unten» (5. Haus) ist schwerer etwas zu schaffen als umgekehrt. Und doch ist es möglich, wie unser nächstes Beispiel zeigt.

Esoterisch gesehen ganz gegensätzlich zu Kaiser Franz Josef verhielt sich **Tycho de Brahe**. Auch bei ihm ist das 11. Haus markant besetzt, und im 5. Haus finden wir ein leeres Tal. Aber Tycho de Brahe füllte dieses Tal gewaltig aus. Er war gesellschaftlich höchst anerkannt, auch sehr wohlhabend und ein echter Mittelpunktmensch. Jedoch blieb de Brahe immer schöpferisch tätig. Er weckte sein «leeres» 5. Haus und scheute sich nicht, bedeutende Menschen in sein Team zu holen, so beispielsweise Kepler. 1572 entdeckte er im Sternbild Cassiopeia eine Supernova, die als Tychonischer Stern in die Geschichte einging. Auch schuf er ein tychonisches System, in dem die Planeten zwar die Sonne, diese aber noch die Erde umkreiste.

De Brahe wirkte sehr arrogant, aber seine Arroganz beruhte auf eigener schöpferischer Leistung. Er suchte den Hintergrund zu erkennen, und wenn sich Astrologen mit oberflächlichen Deutungen zufriedengaben, tat er sie als Scharlatane ab.

Seine Stärke war, dass er – im Gegensatz zu Kaiser Franz Josef – auf die Ansichten der Gesellschaft keine Rücksicht nahm. Er war immer vom Gedanken getragen, etwas «Eigenes» zu schaffen, er wollte Spuren hinterlassen, und er tat es auch. Er füllte seine leeren Täler aus, bekannte sich zu seinen Meinungen, und tat manchen Astrologen einen Tort an, als er kundtat, dass die (kurzlebige) Nova in der Cassiopeia kein Komet war, der das Ende der Welt ankündigte, wie die Astrologen orakelten, sondern dass diese Erscheinung ein Fixstern der achten Sphäre war. De Brahe behielt recht, und so war er auch hier höchst kreativ und dadurch im esoterischen Sinn schöpferisch.

Tycho de Brahe

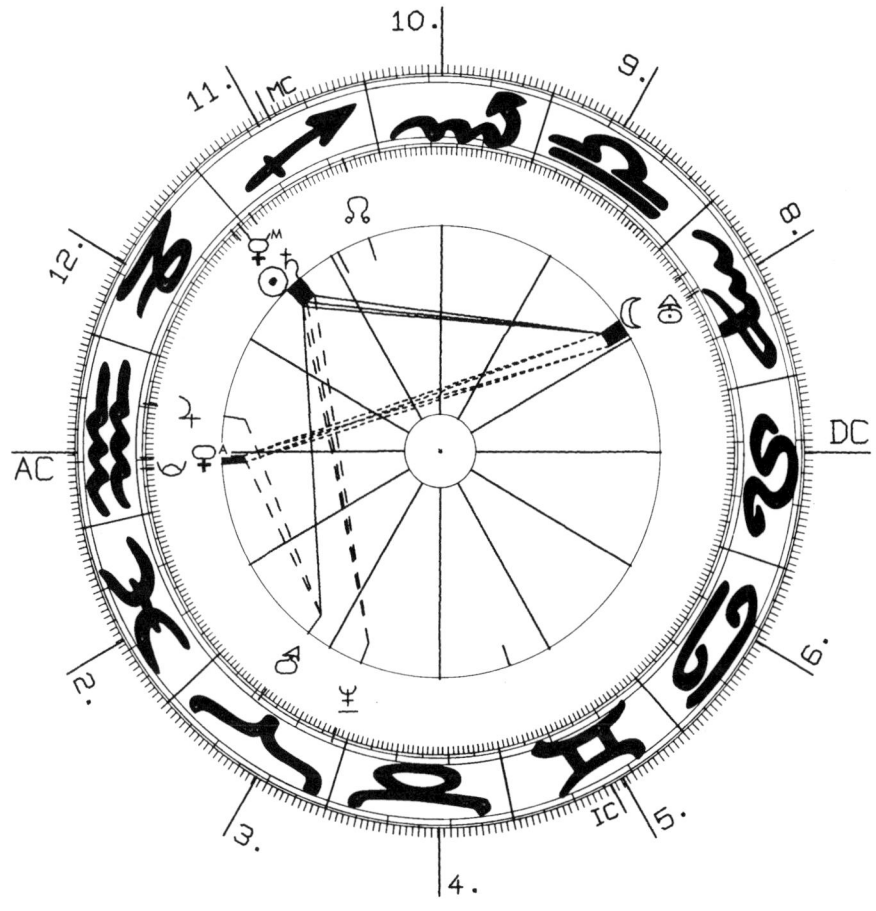

Abb. 36
14. 12. 1546 (Julianischer Kalender), 10.48 h LT, Skane, S

Kapitel 22
Die Leidachse
HAUS 6 UND HAUS 12

Das Wort «Leidachse» darf weder erschrecken noch provozieren. Das Leid gehört nun einmal zum Menschen. Ein Leben ohne Leid wäre ein Leben ohne Freude, ohne Lust, ohne Hoffnung, ohne Träume und ohne Kreativität.

Wir könnten auch das Wort Pflichtachse für die Verbindung von Haus 6 zu Haus 12 benutzen, aber damit würden wir nur einen Teil der Dimensionen erfassen, die mit dieser letzten Achse «von unten nach oben» verbunden sind. Gerade Esoteriker müssen neben dem Leid das Helle sehen. Sie sollten wissen, dass gerade das Leid oft genug ins Helle führt.

In Haus 6 finden wir die Landschaft, in der wir unsere Pflichten zu erfüllen haben, die den «anderen» dienen sollen. Es ist auch der Raum, wo wir erkennen können, wie es in Wahrheit um unsere Einstellung zum Dienen für das Du bestellt ist. Schnell sagen wir: «Natürlich bin ich bereit, für mein Du alles zu tun.» Das ist exoterisch und meist nur Theorie. Diese Einstellung geht davon aus, dass ich zunächst einmal von den anderen geliebt werden soll. Zuerst jedoch muss ich selbst – im esoterischen Sinn – bereit sein, alles oder zumindest sehr viel zu geben, ehe ich das Echo der Liebe erwarten darf. Hier scheiden sich die Geister. Bevor ich nicht meine eigene Kraft einsetze, mit dem Risiko des Verlustes ebendieser Kraft, kann mir keine Kraft aus dem Du zufliessen. Bei der ersten Achse, der Wandlungsachse, ging es um den Einsatz für das Du. Und hier bei der sechsten Achse schliesst sich nun der Kreis.

Der Kreis wird auch im Haus 12 geschlossen, dem «dunklen» Haus des Ichs. Dieses Wort «dunkel» darf kein Erschrecken auslösen. Das Ich braucht beides. In Haus 12 findet das Ich Hinweise für die Regeneration, nachdem die Bilanz gezogen wurde. Jedes Ich benötigt seine stille Zelle, in der es sich besinnen kann. Man denke an eine Art Klosterzelle, in die jeder Mensch – auch im bewegtesten Lebensstrudel – immer wieder einkehren muss, um seine Kräfte (für das Du) aufzufüllen, ja oft neu wachsen zu lassen.

Manchmal finden wir eine Häufung von Planeten im 12. Haus, was meist auch karmisch zu verstehen ist. Sicher hatte sich die Seele in vorherigen Leben vielfach fast ausgelaugt, nun muss sie die Erfahrung machen, dass viele Kräfte sich besinnen müssen, um danach wieder «wirken» zu können. Auch hier spielt die Polarität zwischen Haus 12 und Haus 6 die entscheidende Rolle. Wir können hier fragen: Wo haben wir das Tal, wo die Wälder, die in der Stille oder im Dienen reifen sollen? Oder sind beide Pole nur Täler oder beide Waldgebirge?

Arthur Schopenhauer

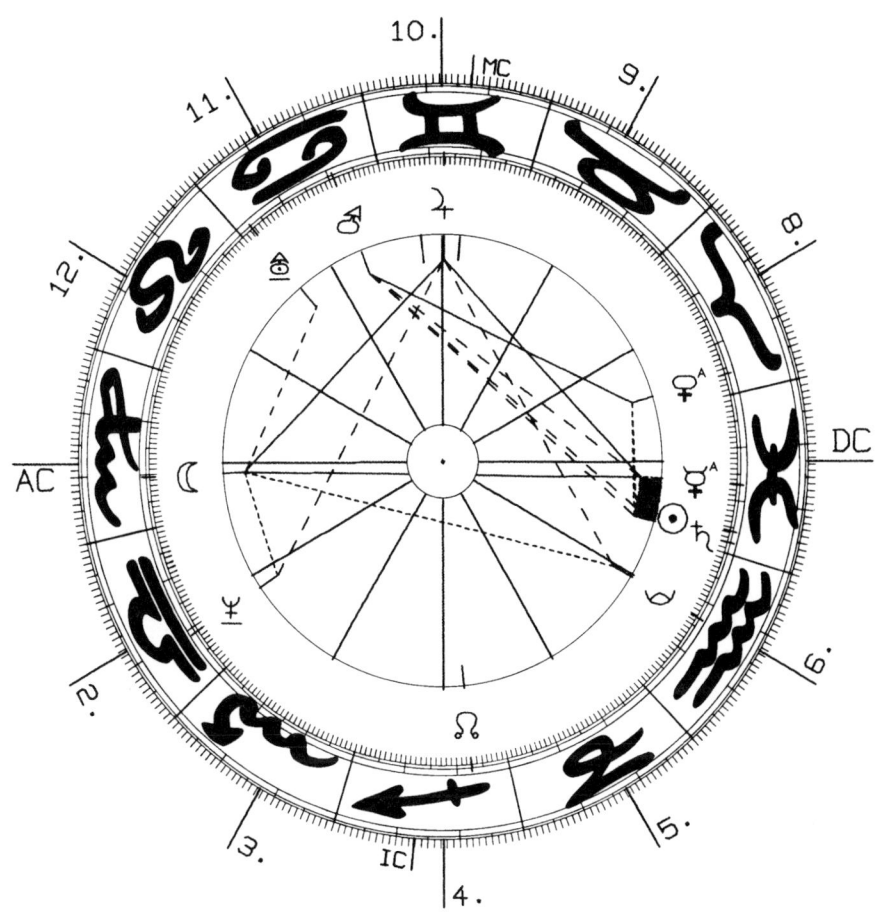

Abb. 37
22. 2. 1788, 18.35 h LT, Danzig, D

Eine auffallende, wenn auch einseitige Besetzung der Leidensachse weist das Horoskop von **Arthur Schopenhauer** auf (Abb. 37, vorherige Seite).

Sonne, Merkur und Saturn im 6. Haus zeigen ein starkes Gebirge, während das 12. Haus als leeres Tal zu bezeichnen ist, denn der Mond, Oppositionsplanet von Merkur, steht im 1. Haus. Immerhin ist diese Opposition in unsere Betrachtung miteinzubeziehen. Schopenhauer, als Sohn eines Grosskaufmanns in Danzig geboren und in Hamburg aufgewachsen, widmete sich dem Studium der Naturwissenschaften und der Philosophie, vorwiegend in Göttingen und Berlin.

Die Philosophie (Saturn/Sonne) gab ihm einen Ernst des Leidens, was hier im 6. Haus ausgedrückt ist. Das Grundthema von Schopenhauer war: «Die Welt ist meine Vorstellung, die Welt ist Wille.» Seine Philosophie und Lebensauffassung war höchst dunkel und pessimistisch. Er ahnte etwas vom Leid der Welt (Fischefärbung) und teilte dies der Welt mit. Seine Seele (Opposition Merkur in Haus 6 zu Mond in Haus 1) war davon mitbetroffen. Das Tal der Regeneration (Haus 12) blieb dagegen leer.

Schopenhauers Philosophie wurde als romantische Philosophie abgestempelt, denn nach dem Fanal eines gewissen Idealismus in der Zeitgeschichte Europas (vor Schopenhauer) brach nun mit Schopenhauers Werk das Leidensmoment, der Pessimismus, herein. Doch Erlösung aus dem Leid war Schopenhauers Sache nicht! Er gab keine Hoffnung – nur Aussicht auf schweres Erfahren. Sein existentieller, kultureller Pessimismus hatte eine mächtige Anziehungskraft auf grosse Geister des 19. Jahrhunderts.

Esoterisch läge die Aufgabe eines solchen Horoskopeigeners darin, das leere Tal des 12. Hauses zu füllen, also Kraft für die Überwindung des Leidens zu finden und zu geben, was sicher nach einer Zeit des Pessimismus zu einem gewissen Optimismus geführt hätte. Doch davon kann bei diesem Philosophen keine Rede sein. Schopenhauers stilistisch perfekte Aphorismen (Parerga) sind sehr böse, wenn auch höchst ironisch formuliert. Hier spürt man die pessimistische Leidenskraft, die mit einem tiefgründigen Galgenhumor verbunden ist. Viele Menschen, die sich am Leid der Welt und ihrem eigenen Leid reiben, finden diese Aphorismen köstlich, sie lachen darüber, aber dieses Lachen macht nicht froh, es führt nicht aus der Traurigkeit heraus.

Wir finden ein Leistungsdreieck mit Jupiter an der Spitze und einem Quadrat ins 6. Haus. Dies verlangt grösste Anstrengung, um einen Weg aus dem philosophischen Pessimismus zu finden, der in die helle Entfaltung des Jupiter führt. Ausserdem stehen fünf Planeten im Wasserelement und unterstreichen damit das melancholische Prinzip der Veranlagung.

Ein feuriger Planet (Venus im Widderzeichen, doch im Quadrat zu Mars im Abschnitt Krebs) kann diese Melancholie kaum aufbrechen.

Vielleicht wäre die Entwicklung dieses Charakters anders verlaufen, wenn er nicht mit seinen dunklen, traurigen Gedanken einen so beeindruckenden Erfolg gehabt hätte. Aber damals war es auch Mode, traurig und verzweifelt zu sein. Diese Zeitströmung muss natürlich mitberücksichtigt werden, wie ja kein Horo-

Charlotte von Mexiko

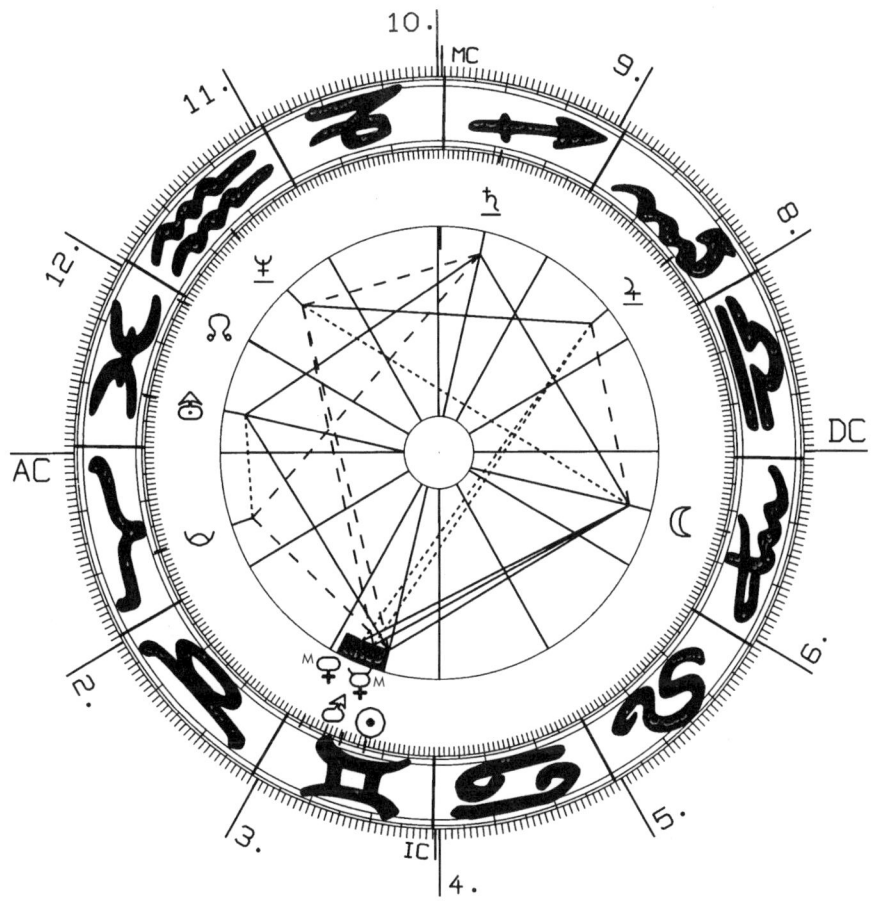

Abb. 38
7. 6. 1840, 1.00 h LT, Brüssel, B

skop ohne das jeweilige Zeitgeschehen, in dem die Menschen leben, gedeutet werden sollte. Wenn wir die Lehre vom «Willen» genauer betrachten, dann erfahren wir, dass allein mit dem Wollen Esoterik nicht fassbar ist oder verständlich werden kann.

Im esoterischen Sinn finden wir bei **Charlotte von Mexiko** eine fast klassische Besetzung der Leidachse (Abb. 38, vorherige Seite).

Das «wunderliche Kreuz», so genannt nach Kepler, der es bei Wallensteins Horoskop aufgrund der Transite entdeckte und so bezeichnete, zeigt immer die Chance von Grösse oder Genie bei Leid und schwerem Schicksal an. Im Horoskop von Charlotte trägt der Mond das Leid, und der Gegenscheinplanet Uranus bringt Hoffnung auf Regeneration.

Charlotte, einst Erzherzogin von Österreich und Mitherrscherin der Lombardei, war vom Ehrgeiz besessen, aus «ihrem» Alltag herauszufinden. Alle individuellen Planeten stehen in Ballung und weisen Quadrate zum Seelensymbol Mond und eine Opposition zum Saturn auf. Sie hetzte ihren Mann, den Erzherzog Maximilian, gegen seinen Bruder Franz Josef auf. Diesem kam die Berufung seines Bruders auf den Kaiserthron von Mexiko wie gerufen, denn so wurde er auch seine Schwägerin Charlotte los, die nun weit weg von Wien intrigierte. Dort aber verwickelte sich Maximilian durch Charlottes Schuld in schwere Kämpfe mit den Einwohnern Mexikos. Er fiel durch die Rebellen, die Lage war haltlos. Charlotte, die sowohl Franz Joseph wie Napoleon III. um Hilfe anflehte, konnte ihre eigene Schuld nicht einsehen, sie fiel in geistige Umnachtung, irrte jahrelang durch die Königsgärten von Brüssel und war unzurechnungsfähig.

Ihr Mond im 6. Haus mit dem Illusions-Aspekt zu Neptun, mit dem Gegenschein zu Uranus und den Quadraten zu Mars, Sonne, Merkur und Saturn war dieser Belastung nicht gewachsen. Eine gewisse Rettung kam durch den Uranus in Haus 12, der ihr wenigstens die Umnachtung schenkte, so dass sie ihre tiefe Tragik gar nicht begriff. Soweit sei das Horoskop skizzenhaft im exoterischen Sinn gedeutet.

Esoterisch hatte diese Seele mit dem Eingebundensein in fünf Herausforderungs-Aspekte (vier Quadrate und eine Opposition, dazu ein Quincunx zum Neptun) eine grosse Entwicklungsaufgabe auferlegt bekommen. Niemand erhält ein schwereres Horoskop, als er tragen kann. Diese erdig gefärbte Seele hätte das Dienen und nicht das Herrschen anstreben sollen. Was hätte Charlotte als Kaiserin für das mexikanische Volk tun können! Aber nein, sie war versessen auf persönliche Macht. Den Zank, den sie in Wien entfacht hatte, setzte sie in Mexiko fort. Der auf die Sonne zulaufende Merkur kann die Subjektivität des Denkens sehr verschärfen. So sah sie vor der Thronbesteigung in Mexiko nicht, dass dieser Thron auf wackligen Füssen stand, weil sich die Mexikaner nicht länger unterdrücken lassen wollten. Hätte Charlotte von Mexiko ihre echte innere (esoterische) Aufgabe begriffen, hätte sie sich und dem Volk von Mexiko viel Leid erspart. Sie hätte die alten Kolonialwege verlassen müssen, um neue Wege (Uranus in Haus 12) zu gehen.

Es ist nicht das «wunderliche Kreuz», das das böse Schicksal ansagt – wir werden uns gleich näher mit solchen «schwierigen» Aspekten befassen –, es ist das Nichtverstehen der inneren Aufgaben. Dazu jedoch, sagen wir es ruhig noch einmal, müssen wir weg von der äusseren Betrachtungsweise eines Horoskops.

Wir geben selbstverständlich stets nur Anregungen wieder, weil jeder zu seinen eigenen ganz individuellen Erkenntnissen und Deutungen kommen muss. Auch haben wir immer nur eine Achse aus dem Gesamtbild herausgefiltert, was durch die Deutung der anderen Achsen jeweils ergänzt werden muss. Unsere Beispiele zeigen Mosaiksteine, die jedoch sehr bedeutsame Rückschlüsse auf das Gesamtbild erlauben, weil sie jeweils als «typisch» ausgewählt wurden.

Kapitel 23
Die Aspekte
ÄUSSERE ANBLICKE UND INNERE AUSBLICKE

Aspekte sind gegenseitige Anblicke der Planeten aus unterschiedlichen Winkeln (in der Regel Mehrfache von 30 Grad). Zunächst einmal sind die Aspekte äussere Anblicke, die uns jedoch zu inneren Ausblicken führen können.

Ein Problem der Aspekte sind die Orbes. Diese Orbes sind meist willkürlich festgelegt, wobei die logische Begründung kaum mitgeliefert wird. Dabei schauen sich die Planeten untereinander stets an, auch wenn dies nach Regeln astrologischer Schulen nicht der Fall ist. Das beste Beispiel liefert uns der Mond. Wir sehen den Mond bei klaren Himmel jede Nacht, mit Ausnahme der Schwarz-, Neu- oder Dunkelmondstellung. Die Sonne sieht den Mond an und zeugt ihn durch ihr Licht.

Astrologen lassen aber den Anblick der Sonne nur begrenzt zu. Meist billigen sie pro Aspekt nur einen Orbis von mehr oder weniger zehn Grad. Aber am Himmel scheint der Mond als Vollmond, auch wenn er von der Oppositionsstelle der Sonne 18 Grad entfernt ist. Dies gilt analog für alle Planeten. Alle bekommen ihr Licht stets von der Sonne, egal wie weit oder nah entfernt diese zu einem Aspekt steht. Die logische Konsequenz aus diesem Gedanken wäre es, überhaupt keine Orbes zu verwenden. Am Himmel sieht man sie nicht. Und Astrologie ist Himmelsanschauung, darum kommen wir nicht herum.

Entscheidend ist die Färbung der Planeten oder die Frage, welchen «Anzug» sie tragen beziehungsweise aus welchem Abschnitt des Tierkreises sie sich untereinander anschauen. Hier spielen die Elemente und die jeweilige Motorik die einschneidende Rolle.

Wenn wir von diesen Grundlagen ausgehen, sollten wir entweder überhaupt keine Aspekte ins Horoskop einzeichnen oder aber die Aspekte grafisch so darstellen, dass jeder Planet stets mit allen anderen durch Aspekte verbunden ist. Praktisch ist dies allerdings nicht, obwohl es richtig wäre. Zeichneten wir alle Aspekte ohne Rücksicht auf die Orbes ein, sähe jedes Horoskop wie ein Urwaldgestrüpp aus. Drei Beispiele sollen dies verdeutlichen.

Das Horoskop von **Marcel Marceau** zeigt die gewohnte Art der Darstellung. Die Abb. 40 zeigt das Horoskop so, dass jeder Planet mit jedem durch alle möglichen Element-Aspekte ohne Orbes verbunden ist.

Wie wir sehen, bekommt die Sonne zu Uranus und Merkur je einen Confinis-Aspekt, genauso wie zu Mars und Mond, weil diese vier Planeten alle in Nachbarzeichen des Abschnittes stehen, in dem wir die Sonne finden. Die Sonne hat weiter

Marcel Marceau

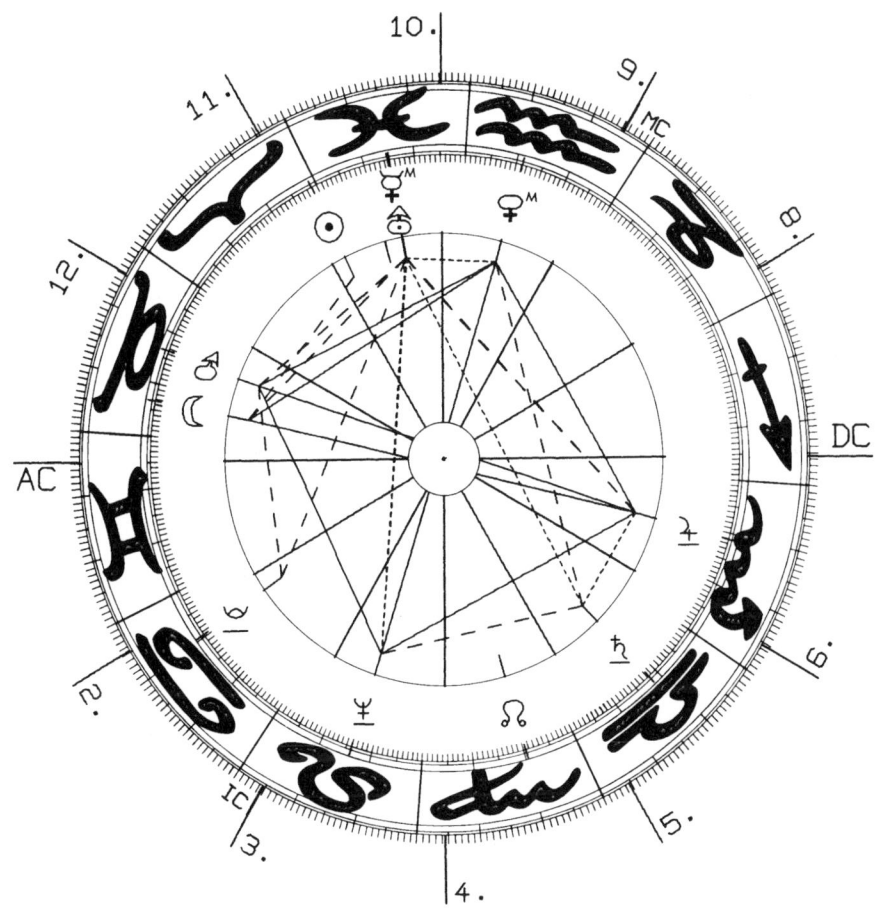

Abb. 39

22. 3. 1923, 8.00 h LT, Strassburg, F *(normale Darstellung der Aspekte)*

ein Sextil zur Venus, ein Quadrat zu Pluto, ein Trigon zu Neptun, ein Quincunx zu Jupiter und eine Opposition zu Saturn.

Dies wären die richtigen Aspekte der Sonne, und das ganze Horoskop würde das einzig richtige Aspektbild zeigen. Nur wie gesagt, praktisch ist das nicht.

Bei der reinen Planentenzeichnung ohne jeden Aspekt (Abb. 41) wäre andererseits die Übersicht gewahrt, aber jeder Astrologe müsste sich die Aspekte mühsam heraussuchen und schliesslich doch noch einzeichnen.

Für die wahre esoterische Astrologie wird deutlich, dass wir die Aspektbilder durchleuchten müssen, wenn wir sie schon nicht ändern. Denn wir müssen leider den Kompromiss eingehen, die Horoskope so zu zeichnen wie bisher.

Wir sollten aber beachten, dass die rechnerischen Aspekte den elementaren Aspekten überhaupt nicht entsprechen müssen, und entscheidend sind gerade die elementaren Aspekte, ja nur diese! Ferner müssen wir auch die nicht eingezeichneten Aspekte berücksichtigen, wenn auch vielleicht als Aspekte zweiter Ordnung oder als Aspekte im Hintergrund.

Bei der esoterischen Astrologie benötigt die Betrachtung der Aspektbilder also bedeutend mehr Zeit. Zu unserem Beispiel: Es ist wichtig, dass Neptun und Pluto von den Elementen her einen Confinis-Aspekt bilden, dass Neptun auch zum Mond ein Quadrat hat und ein Trigon zur Sonne. So schauen wir viel tiefer in das Bild des Himmels und durchleuchten es. Alle Planeten sind insgesamt eine Einheit, die wir nicht willkürlich trennen können, indem wir einfach einen Orbis festlegen, den es am Himmel nicht gibt.

Ungeduldige Astrologen werden hier bald passen, aber das wäre ja eher ein Vorteil.

Es sei noch einmal wiederholt: Würden wir alle Aspekte einzeichnen, die am Himmel zu sehen sind, so würden wir erst recht nicht durchblicken. Das Beispiel zeigt dies deutlich. Trotzdem müssen wir alle Element-Aspekte zur Kenntnis nehmen! Selbstverständlich dürfen wir auch in der Esoterik nicht ausufern, daher werden wir uns saturnisch beschränken und unsere bewährte Art der Horoskopzeichnung beibehalten. Aber wichtig ist es, die elementare Verbindung der Planeten im Auge zu behalten. Zumindest ist dies für Sonne und Mond sehr wichtig. Immerhin schenkt die Sonne allen Planeten ihr Licht, folglich hat sie einen Aspekt zu allen Planeten.

Esoterisch gilt dies auch für das Symbol der Seele, also für den astrologischen Mond. Dies braucht auch nicht ins Bild eingezeichnet zu werden. Man sollte einfach gedanklich nachvollziehen (Abb. 40), dass der Mond von den Elementen her eine Konjunktion mit Mars und einen Confinis-Aspekt zur Sonne hat und zu Pluto ein Sextil bildet. Zusätzlich hat er ein Quincunx zu Saturn. Den wiederum blickt die Sonne in einem elementaren Gegenschein an, während sie Venus im Sextil, Jupiter im Quincunx und Neptun im Trigon aspektiert. Es geht also nicht darum, die Deutung zu komplizieren, sondern sich den Himmel, der in uns lebt, aufzuschliessen. Danach muss aus einem Zuviel das Wesentliche herauskristallisiert werden.

Marcel Marceau

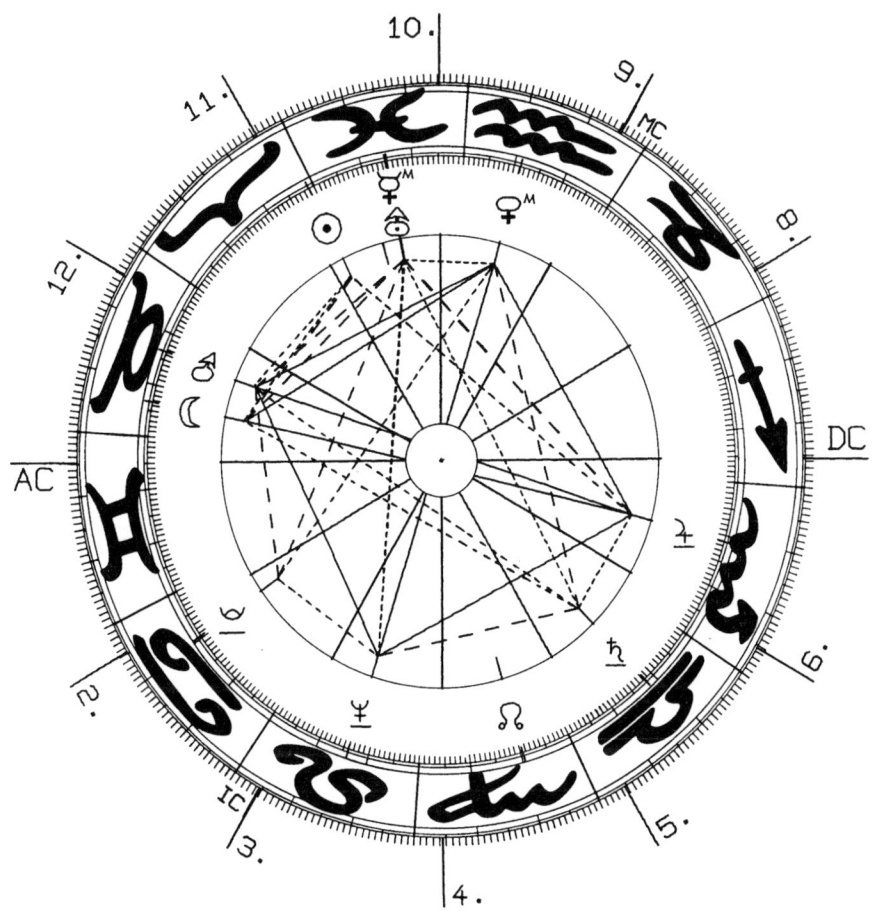

Abb. 40
22. 3. 1923, 8.00 h LT, Strassburg, F *(mit allen Aspekten)*

Das zweite Problem der Aspekte ist ihre Einteilung in gut und schlecht oder in harmonisch und unharmonisch, in spannend und entspannend, und was es so alles an Qualitätseinteilungen gibt. Vergessen wird dabei, wieviele Vorurteile mit solchen Begriffen verbunden sind.

Aspekte sind stets wertfrei zu betrachten! Wichtig sind allein die Färbungen der Elemente und der Motorik!

Vom «wunderlichen Kreuz» ist schon beim Horoskop von Charlotte von Mexiko gesprochen worden. Diese Bezeichnung an sich ist schon gefährlich, wenn auch einleuchtend. Übrigens sind diese wunderlichen Kreuze nicht einmal so selten! Viele Horoskopeigner bekommen sie im Lauf des Lebens, wenn sie in ihrem Radix nur eine einzige recht genaue Opposition haben. Im Grunde bedeutet ein wunderliches Kreuz eine starke Spannung und Kampfbereitschaft sowie die Herausforderung zu anstrengenden Leistungen. Immerhin sind im wunderlichen Kreuz vier Leistungsdreiecke verborgen. Ein Leistungsdreieck haben wir immer dann, wenn von zwei Oppositionsplaneten je ein Quadrat zu einem dritten Planeten ausgeht.

Die Leistungsdreiecke bei Marcel Marceau (Abb. 39):
Opposition Mars/Jupiter je mit Quadraten zur Venus.
Opposition Mars/Jupiter je mit Quadraten zu Neptun.
Opposition Neptun/Venus je mit Quadraten zu Jupiter.
Opposition Neptun/Venus je mit Quadraten zu Mars.

Wir können davon ausgehen, dass Menschen mit einem wunderlichen Kreuz bei aller Last etwas Ungewöhnliches zu leisten haben. Und wenn es etwas Ungewöhnliches zu leisten gibt, dann kommt es ganz besonders auf die innere, also die esoterische Einstellung an, ohne die nichts Ungewöhnliches gelingt.

In der Esoterik gilt jedes Dreieck als besondere Begabung und Aufgabe. Die Handdeutung kennt dafür den Ausdruck «Auge Gottes». Jedes Dreieck muss von seiner Basis, also von der Opposition her über die Spitze gelöst werden. Die Spitze zeigt uns das Ziel beziehungsweise das Streben nach dem Ziel an. In der Praxis heisst dies, dass die Kraft, die an der Spitze eines Leistungsdreiecks steht, uns zum Ziel führt.

Im wunderlichen Kreuz haben wir nun vier solcher Kräfte, die jedoch immer einen Gegenpol haben, wie es die Oppositionen anzeigen. So sehen wir ein Streben von der Tiefe zur Höhe oder von der Wurzel zur Krone (etwa eines Baumes) und umgekehrt.

Dies kann vordergründig oder exoterisch gesehen einen Menschen zerreissen, esoterisch betrachtet führt es aber den Menschen so zusammen, dass sich eine Konzentration der Mitte ergibt, womit gewaltige Kräfte frei- und umgesetzt werden können. Wenn wir bedenken, dass jeder Aspekt zu einem Planeten gehört, dass also die Opposition ein saturnischer und das Quadrat ein marsischer Aspekt ist, dann wird uns die Bedeutung des wunderlichen Kreuzes bewusst. Das Symbol

Marcel Marceau

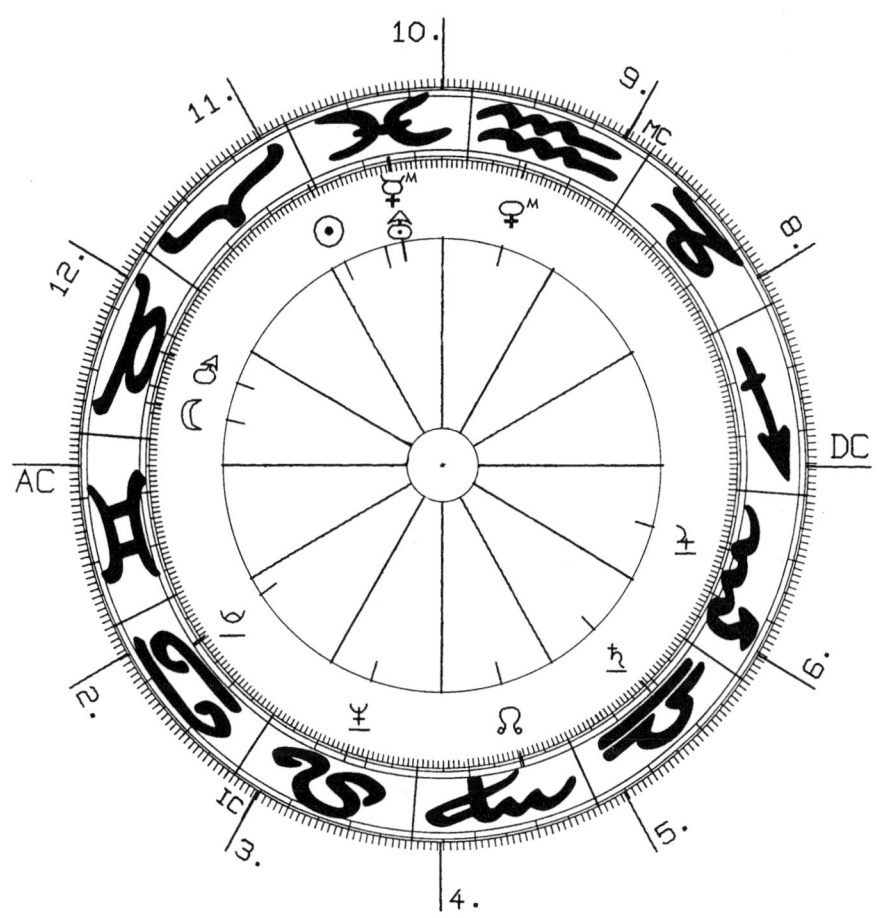

Abb. 41
22. 3. 1923, 8.00 h LT, Strassburg, F *(ohne Aspekte)*

des Antriebes (Mars) im Zwang, sich mit dem Bewahrenden (Saturn) auseinanderzusetzen, führt zur Erkenntnis, dass eines das andere nicht ausschliessen darf.

Antrieb zum Neuen und Bewahren des Bestehenden ist das Ziel. Fortschritt ohne Tradition führt ins Chaos, Fortschritt mit Tradition führt in die wahre Erneuerung.

Dies ist als Aufgabe anzunehmen. Sicher besteht die Gefahr, dass Menschen bei einem wunderlichen Kreuz von einem Extrem ins andere fallen können: so gibt es euphorische Zeiten wie Zeiten der Selbstschädigung, aber diese Extreme sollen ja zur Mitte führen.

Genie und Wahnsinn – so weiss es der Volksmund – liegen nah beieinander, wobei ein wunderliches Kreuz nicht Voraussetzung für ein Genie sein muss, aber immer auf einen ungewöhnlichen Menschen mit einer besonderen Aufgabe hinweist oder auf Zeiten mit ungewöhnlichen Aufgaben aufmerksam macht (wenn etwa Transite mit den Grundstellungen der Planeten im Radix ein wunderliches Kreuz bilden). Wichtig ist, ob das wunderliche Kreuz von mehreren individuellen Planeten mitgebildet wird, oder ob es «nur» von den Planeten ab Jupiter gezeichnet ist. Im letzteren Fall hätten wir es mit einer eher gesellschaftspolitischen Symbolik zu tun.

Ein wunderliches Kreuz nur aus den fünf eher individuellen Planeten ist nicht möglich, ein langsam laufender Planet (also ab Jupiter) muss im Radixhoroskop immer mitbeteiligt sein, weil Sonne, Merkur und Venus nie miteinander ein Quadrat oder eine Opposition bilden können.

Der Künstler Marcel Marceau, ein begnadeter Pantomime, hat Mars und Venus ins wunderliche Kreuz eingeschlossen, ebenso Jupiter und Neptun. Da Sonne, Mond und Merkur ausserhalb dieser Figurine stehen, werden der Lebenskern, die Seele und das Handeln weniger von der Problematik des Antriebes und Bewahrens betroffen sein, wohl aber sein künstlerisches Schaffen!

Venus als höchststehender Planet bestimmt das Ziel. Venus ist aber (Opposition Neptun) verwurzelt im Instinkt und in der Inspiration. Sie will in die Höhen (9. Haus), der Instinkt dazu kommt jedoch aus dem Alltag (3. Haus).

Und in der Tat fand das künstlerische Schaffen Marceaus seine Krönung darin, dass er das Alltägliche – wenn auch künstlerisch fein überhöht – auf die Bühne brachte. Über das Alltagsgeschehen führte er sein Publikum in höhere Regionen der Erkenntnis. Marceau war der Harlekin, der menschliche Clown der Nachkriegszeit. Er trat als melancholischer Vagabund auf und schuf mit der Figur des «Bip» eine unvergessliche Kunstfigur, die die Zuschauer zutiefst menschlich anrührte. Jupiter im 6. Haus im Abschnitt Skorpion zeigt symbolisch die starke melancholische Tiefe an. Er steht in Opposition zu Mars, der uns im Zeichen Stier den künstlerischen Antrieb veranschaulicht und dazu im 12. Haus die solistische Konzentration und – man möchte sagen – Mönchsarbeit deutlich symbolisiert.

Marceau wurde seinerzeit zum Protagonisten der Pantomine. Ihm gelang das Comeback einer alten Kunst. Er schaffte etwas völlig Neues, indem er es bewahrte!

Kapitel 24
Genie und Last
VON DER TÄUSCHUNG ZUR HELLSICHTIGKEIT

Wenden wir uns noch zwei Aspekten zu, die nicht so leicht zu deuten sind, und die im Mittelalter gerne übersehen wurden. Die 30-Grad- und 150-Grad-Aspekte werden heute noch selten genügend beachtet, obwohl sie immer wichtiger erscheinen. Je differenzierter die Menschen, die Gesellschaft, die allgemeine Entwicklung werden, umso nachdrücklicher sollte man auch auf die kleinen Aspekte hinweisen. Sie zeigen Feinheiten in Planetenbeziehungen an, die sonst nicht so gut erfasst werden. Ausgehend von der Konjunktion haben wir alle 30 Grad einen Aspekt, und der erste ist der 30-Grad- oder Confinis-Aspekt, was «Ende der Gemeinsamkeit» bedeutet, da nach 30 Grad die Färbung wechselt. Die nebeneinanderliegenden Zeichen haben stets die entgegengesetzteste Färbung. Das zeigt Zerrissenheit an, wenn dies beispielsweise auf eine Konjunktion zutrifft. Um Zerrissenheit zu überwinden, benötigen wir Einfallsreichtum und Intuition, also eine uranische Kraft.

Schauen wir uns noch einmal das Horoskop von **Nostradamus** an (Abb. 42, übernächste Seite). Hier finden wir einen klassischen «kleinen» Drachenkopf auf der Basis Sextil/Venus und Pluto mit Confinis-Aspekten zu Sonne und Merkur.

Nostradamus war in seinem Handeln und Sein mehrmals hin- und hergerissen, nicht nur zwischen den Kriegsfronten, also zwischen den Lutheranern und den Katholischen, sondern auch durch die grossen Umbrüche seiner Zeit, etwa indem Kopernikus das Weltbild der Astrologie umwarf. In der Zeit, da Pest und Zerstörung herrschten, bekam er sechs Kinder, derentwegen er die Astrologie erlernte, um ihre Zukunft sichern zu können. Eine zerrissene Zeit führt zum Aufgerissensein der Menschen, und dieses ist ein Weg ins Innere und zur Tiefe der Seele.

Die nahe Bindung von Merkur (der rückläufig auf die Sonne zuläuft) und Sonne (die auf Merkur zuläuft) zeigt die Einheit von Sein und Handeln. Die Confinis-Aspekte zum Symbol des Gefühls (Venus) und zum Symbol der unbewussten Machtansprüche und Dämonie (Pluto) sind jedoch der uranische Schlüssel zum esoterischen Wissen und Handeln dieses grossen Geistes.

Da Nostradamus erfahren hatte, wie gefährlich Vorhersagen sein können, verschlüsselte er diese in den berühmten Vierzeilern, die im Grunde bis heute nicht genau deutbar sind. Auch wenn es Bücher gibt, die behaupten, die Vierzeiler entschlüsselt zu haben, so trifft dies doch auf keinen Fall auf die Vorhersagen zu. Das verschlossene Uranische (Uranus im 12. Haus) ist kaum zu lösen. Nostradamus war sicher der Meinung, dass eines Tages ein grosser Geist seine Sprache mit der Realität in Verbindung bringen könnte. Doch wessen Horoskop wäre vergleichbar mit dieser starken Besetzung der Häuser 9, den Betonungen der Zeichen Schütze, Steinbock und Wassermann und dieser Himmelsmitte direkt auf der Sonne!

Dieses Horoskop ist wie der Mensch Nostradamus wohl nur über esoterisches Verständnis zu begreifen, exoterisch ist sein Geheimnis nicht zu lösen. Aber leider beschäftigen sich alle Bücher über die mystischen Prognosen nur mit ihrer realistischen Auswertung.

Der Confinis-Aspekt ist sehr wichtig für die Direktionen, in geringem Masse auch für die Transite, denn gerade die Schnelläufer unter den Planeten bekommen ja zu ihrer Radixstellung einen Confinis-Aspekt, was entscheidend sein kann für den Einstieg in esoterische Disziplinen.

Als Transite wiederholen sich die Sonne-, Merkur- und Venus-Aspekte zu oft, nämlich jedes Jahr.

Ein anderer Aspekt, der auch als ein Schlüssel der Esoterik bezeichnet werden kann, ist der 150-Grad-Aspekt, Quincunx genannt. Dieser Aspekt zeigt hervorragend den Weg von der Täuschung zur Hellsichtigkeit an. Er weist uns die neptunische Richtung aus den Bereichen des inneren Instinkts, der Illusionen, Täuschungen und Halluzinationen hinaus und führt uns nach deren Überwindung hin zur Möglichkeit der Hellsichtigkeit.

Nach dem Ende der Täuschungen, der Enttäuschung, führt der Weg zur wahren und neuen Erkenntnis meist nur über die esoterische Arbeit, also über die Arbeit an den verborgenen Tiefen in einem Menschen.

Dieser Aspekt tritt kurz vor oder kurz nach der Opposition (180-Grad-Aspekt) auf und hängt mit diesem Symbol der Zielerreichung eng zusammen. Unbedingt beachtet werden muss die Frage, ob die Täuschung kurz vor dem Ziel kommt oder danach. Fehlt mir die Endspurtkraft, weil ich meine, nun hätte ich es geschafft, oder ruhe ich mich zu früh auf meinen Lorbeeren aus? Die Antwort darauf will meist mühsam ausgegraben werden.

Täuschung und Hellsichtigkeit führen häufig zu einer Inspiration, besonders auf künstlerischem Gebiet. Deutlich wird dies in der Musik, welche ohne esoterischen Gehalt – ob er einem bewusst wird oder nicht – sehr schnell vergänglich ist. In jeder klassischen Musik – und das gilt auch für die sogenannte Unterhaltungsmusik – ist ein starker esoterischer Gehalt vorhanden, sonst würde die Musik kaum die Gefühle, ja die Herzen so berühren und den ganzen Menschen ansprechen! Wir wählen für den ebenfalls sehr esoterischen 150-Grad-Aspekt das Beispiel eines begnadeten Komponisten.

Das Horoskop von **Giuseppe Verdi** fällt durch vier neptunische Quincunx-Aspekte auf, dazu kommen zwei uranische Confinisaspekte. Verdi entstammte

Nostradamus

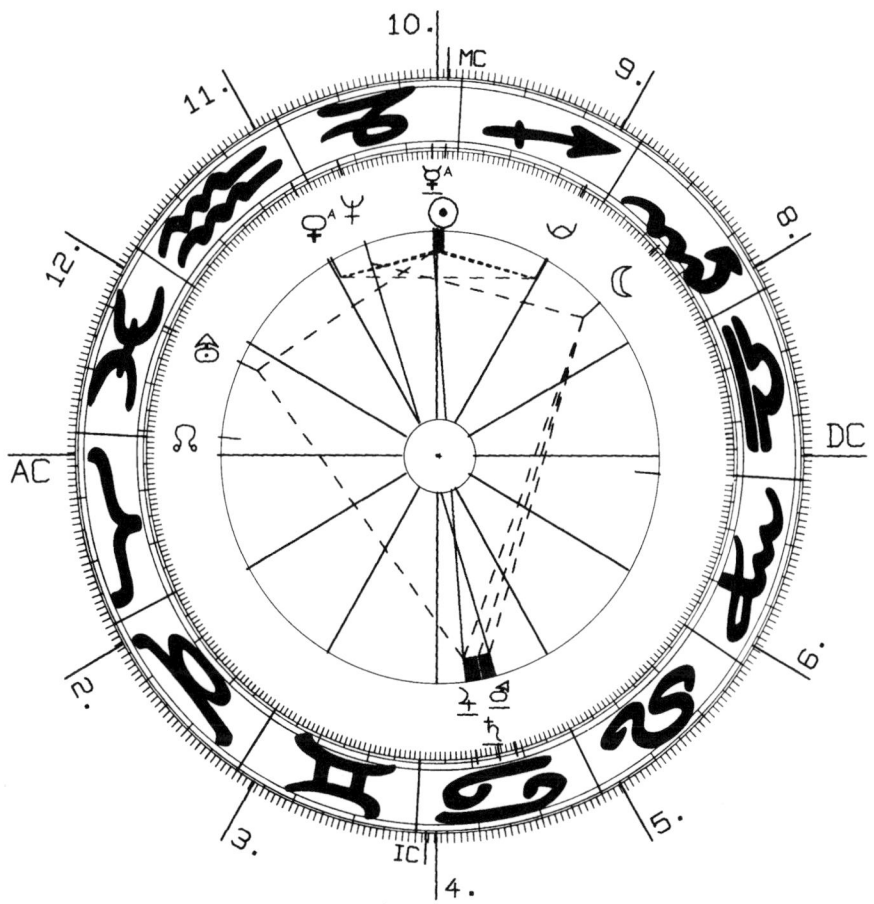

Abb. 42
14. 12. 1503, 12.00 h LT, St. Rémy de Provence, F

einer in Emilia ansässigen Bauern- und Kleinhändlerfamilie. Seine früh erkennbare musikalische Begabung wurde zum Glück von einem reichen Bürger (Antonio Barezzi) aus Busseto gefördert.

Barezzi schickte den jungen Giuseppe nach Mailand, damit er dort am Konservatorium studieren könne. Sehr früh hatte Verdi die richtige Inspiration. Als er erfuhr, dass er nicht aufgenommen wurde, reagierte er nicht verzweifelt, sondern schuf sich sein 11. Lehrhaus selbst, nahm beim Cembalisten der Mailänder Scala, Vincente Lavigna, vier Jahre Unterricht und arbeitete unermüdlich. 1836 wurde er Kapellmeister in Busseto (gemäss Reclam-Opernführer).

Sicher war seine Seele sehr enttäuscht, dass seine künstlerische Intuition (Venus/Uranus-Konjunktion im Quincunx zum Mond) nicht erkannt und geachtet wurde. Aber er hatte die Erkenntnis und die Überzeugung, dass bei noch so grossem Talent ohne mühsame Arbeit nichts zu gewinnen ist. Die Tiefe der Skorpionfärbung half da sicher sehr entscheidend mit. Diese Konjunktion sehr nahe am Du-Punkt zeigt in Verbindung mit dem Mond auch das Bedürfnis an, dem Volk gefallen zu wollen, was schliesslich gelang, denn seine Opernmelodien wurden sogar zu sogenannten Gassenhauern, die das Volk auf den Strassen pfiff und sang.

Die zweite Konjunktion Sonne/Merkur mit der musikalisch-künstlerischen Waagefärbung finden wir markant im kreativen 5. Haus stehend, mit den Inspirations-Aspekten zu Pluto im 10. Feld dieses Horoskops.

Sicher bestand die Gefahr, sich zu früh auf den ersten errungenen Erfolgen auszuruhen (Nach-Quincunx, siehe «Schicksalspunkte im Horoskop»), aber die Umstände zwangen Verdi, einfach immer weiter zu komponieren. Er musste arbeiten, um seine finanziellen Ansprüche, die er inzwischen hatte, zu erfüllen und er wurde von Aufträgen förmlich überschüttet. So führte ihn die Notwendigkeit zu weiteren Inspirationen – Grundlage hervorragender, ja unvergänglicher Melodien.

Das Genialste war wohl, dass für Verdi – bei aller Ausdehnung des Orchestralen – die menschliche Stimme (Merkur/Sonne-Konjunktion) der Souverän seiner Opern blieb. Betont sei noch, dass Mars im Wassermannzeichen hier wohl ein Hinweis darauf ist, das Verdi mit seinem dramatischen Talent das Neue in der Musik wollte, und dass dieser Antrieb die Geschenk-Aspekte (Sextile, Trigone) wohl zu nutzen wusste. Dabei war der Antrieb gezwungen, sich auf uranische Weise (Mars im Abschnitt Wassermann mit uranischem Confinis-Aspekt zu Saturn im Steinbockzeichen) mit dem Alten, der Tradition, auseinanderzusetzen. Das zeigt sich darin, dass Verdi die alte «Nummernoper» zugunsten einer musikdramatischen Einheit überwand (nach Reclam-Opernführer).

Verdis Seelensymbol (Mond) finden wir in einem künstlerischen Begabungs-Aspekt zu Jupiter. Tief unten im Horoskop zeigt Jupiter meist eine Verbindung zu traditionsreichen Stoffen und archetypischen Themen an. Denken wir an Verdis grosse Opern «Nabucco» und «Aida». Damit führte dieser bedeutende italienische Komponist das musikalische Theater des 19. Jahrhundert zu hohen Gipfeln, die zugleich Endpunkte waren. Saturn, auf das 8. Haus zugehend, und Mars im 8. Haus zeigen uns auch den Weg zu seinem berühmten Requiem.

Guiseppe Verdi

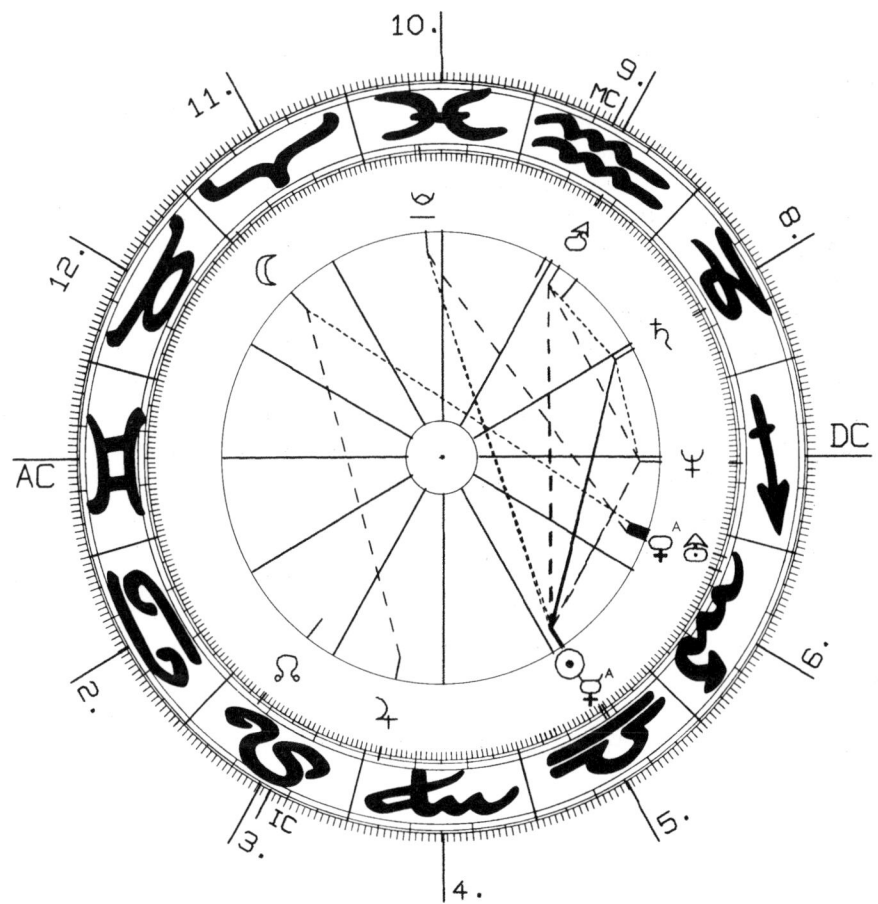

Abb. 43
10. 10. 1813, 20.00 h LT, Le Roncole/Parma, I

Für alles aber entscheidend sind die Quincunx-Aspekte, die die Inspiration anzeigen, vor allem in der Bindung Merkur/Sonne zu Pluto und Mond zu Venus. Solche Leistungen sind jedoch nur möglich, wenn Enttäuschungen und Illusionen durchschaut und überwunden werden.

Viele Quincunx-Aspekte (oft reicht einer, der nicht esoterisch begriffen wird) führen die Menschen häufig an einen Abgrund, aber auch zu Startrampen für schwindelnde Höhen. Bei Direktionen ist dies besonders zu berücksichtigen, ebenfalls bei Transiten ab Saturn.

Mars im 8. Haus bringt nicht das Unglück, etwa in Gestalt eines frühen Todes, wie so oft behauptet wird. Verdi wurde sehr alt und war bis zuletzt höchst schöpferisch. Mit nahezu 80 Jahren schuf er die Musik zur lyrischen Komödie «Falstaff» nach Shakespeare. Dies gehört zu den ungewöhnlichen Leistungen der Operngeschichte! Es ist erstaunlich, dass er am Ende seines Lebens, nach seinen Schöpfungen auf dem Gebiet der ernsten Oper, noch eine Opera buffo komponierte!

Wir haben hier nicht die Aufgabe und auch nicht den Raum, alle Aspekte auf ihren esoterischen Gehalt hin zu untersuchen. Wir haben uns auf die Aspekte beschränkt, deren Planeten sich aus eher gegensätzlichen Färbungen der Elemente anschauen. Gerade bei diesen Aspekten, so etwa bei einer Konjunktion aus zwei Nachbarzeichen, kommt es darauf an, stets den tieferen Sinn herauszuarbeiten, um Menschen hilfreich unter die Arme greifen zu können. Jeder Aspekt zeigt eine äussere, aber auch eine innere Aufgabe an, die wir annehmen und umsetzen sollten, wobei die Aspekte der individuelleren Kräfte (Mond bis Mars) wohl besonders wichtig erscheinen. Bei Verdi sind vier persönliche Planeten in die Quincunx-Aspekte eingebunden.

Es war uns hier wichtig aufzuzeigen, dass gerade sogenannte schwierige Anblicke Menschen aus der Tiefe in die Höhe, aus dem Dunkeln ins Licht führen können.

Die Planeten-Partnerschaften

Kapitel 25
Verleugne deine Schatten nicht
... DENN ERST ZWEI SIND EIN GANZES!

Der Begriff Schatten löst sehr häufig Ängste oder negative Assoziationen aus. Diesen Begriff gibt es ja nicht nur in der Esoterik, sondern auch im täglichen Leben.

«Ich habe meinen Schatten angenommen» besagt meist: Ich nehme meine negativen Seiten zur Kenntnis. Ich weiss, dass in mir auch dunkle Charaktereigenschaften vorhanden sind, und ich weiss, dass ich nicht nur mit diesen dunklen Schatten leben, sondern sie auch bewältigen muss. Hier wird der Begriff Schatten rein negativ gewertet.

Das war einst völlig anders. In den Kulturwiegen unserer Erde rund um das Mittelmeer wurde der Schatten hoch geschätzt. Schattenplätze galten als Plätze der Denker und Philosophen, und innere Schatten wurden wie Schätze angesehen und behütet. Auch die Dunkelheit war oft höchst willkommen, so dass der Begriff des Dunkeln auch keinerlei negativen Beiklang hatte.

Doch heute werden sogar in vielen esoterischen Schulen der Schatten oder das Dunkle als eher gefährliche Kräfte angesehen, die unbedingt zu erhellen sind, um sie für das Leben nutzen zu können.

Dabei sind diese Begriffe als Werte durchaus positiv zu beurteilen. Wenn wir für den Begriff Schatten das Wort Tiefe verwenden, klingt es schon ganz anders, denn wer will nicht seine Tiefe ausschöpfen, wer schätzt nicht die Kraft, die aus der Tiefe kommt.

Schatten massen einst die Zeit. Die Sonnenuhr, die sich aus den Obelisken entwickelt hat, zeigt dies deutlich. Zeit war und ist vergänglich, und vielleicht war das ein unbewusster Grund, die Schatten zu fürchten, da uns der Ablauf der Zeit ängstigt. In der Astrologie wird gern der Gegenpol als Schatten angesehen. Bei den Planeten beispielsweise ist der Gegenpol der Sonne im Abschnitt Löwe der Uranus im Wassermannzeichen, beim Mond ist der Saturn der Schatten oder umgekehrt, beim Mars die Venus etc. Es wird dabei verwechselt, dass die gegenüberliegenden Zeichen mit den Planeten, die in diesen Zeichen ihre verwandte Färbung finden, im Grunde Ausgangspunkt (oder Wurzel) und Ziel symbolisieren. Wurzel und Ziel sind also nicht die Schatten, wenn man auch vielleicht der Meinung sein könnte, die Wurzel läge im Dunkeln. Aber Wurzeln sind leicht erkennbar! Für Uranus als Ziel ist die Sonne die Wurzel, für Saturn als Ziel gilt der Mond als Wurzel, auf die Häuser bezogen ist das 1. Haus die Wurzel, das 7. Haus das Ziel – und natürlich umgekehrt!

Die Schatten sind also nicht identisch mit den gegenüberliegenden Planeten, Zeichen oder Häusern! Es sei nochmals betont, dass sich der Begriff Schatten zwar sehr erfolgreich eingebürgert hat, aber doch im Grunde nicht den Punkt auf dem «i» trifft, ja sogar falsch ist. Und doch benötigt jeder Planet seine Ergänzung, seine enge Partnerschaft, die andere Seite der Medaille, seine wahre Du-Beziehung, denn in der Esoterik – wie es die Lemniskate zeigt – gibt es immer die zwei Seiten einer Kraft, damit im symbolischen Sinn keine Kraft einseitig wirkt.

Wenn es nun nicht die Opposition oder das Oben und Unten ist, wie finden wir die Kraftergänzung der einzelnen Planetenkräfte?

Ein Bild, wie es in alten Astrologieschriften zu finden ist, gibt uns weitere Hinweise (Abb. 44). In diesem Bild geht es um die Zuteilung der zwei Lichter und der fünf Planeten zu den einzelnen Tierkreisabschnitten.

Sonne und Mond teilte man nur je einen Tierkreisabschnitt zu, den fünf Planeten aber je zwei. Dieser Überlegung vermag man nur schwer zu folgen, denn damit wurden ja die Planeten als mächtiger hingestellt als die Lichter! Es galt ja damals das heute überholte Herrschaftsprinzip, und es ist nicht zu verstehen, dass Merkur (oder irgendein anderer Planet) zweimal Herrscher sein durfte, während man der Sonne nur ein Zeichen unterstellte. Und doch liegt in diesem Bild eine tiefe Wahrheit, besonders wenn wir die transsaturnischen Planeten einbeziehen.

Einst galt folgende Zuteilung von Planeten und Tierkreisabschnitten:

Sonne	Löwe
Mond	Krebs
Merkur	Zwillinge und Jungfrau
Venus	Stier und Waage
Mars	Widder und Skorpion
Jupiter	Schütze und Fische
Saturn	Steinbock und Wassermann

Mit der (Neu-)Entdeckung der Transsaturnier und der Erkenntnis, dass Venus und Merkur mal als Morgen-, mal als Abendstern mit sehr unterschiedlicher Symbolik am Himmel leuchten, bekommt das «alte» Bild eine ganz neue, tiefe Aussage.

Wenn wir nämlich die neuen Planeten in ihre Zeichen einsetzen und auch die Zeichenzuteilung für Morgen- und Abendstern berücksichtigen, bekommen wir Planetenpaarungen von einer erstaunlichen Ergänzungsbreite.

Wie gesagt, es handelt sich hier nicht im direkten Sinn um die Schatten der Planeten. Aussprüche wie die «Schattenseiten des Lebens» oder «Die im Lichte stehen sieht man, die im Schatten sieht man nicht» verbieten uns diese Bezeichnung. Aber die Ergänzungen sind höchst einleuchtend und erhellend. So ergänzen und brauchen sich gegenseitig:

Sonne und Mond (Löwe/Krebs)
Merkur als Morgenstern und Merkur als Abendstern (Zwillinge/Jungfrau)

Abb. 44
Planeten und ihre Querverbindungen

Venus als Morgenstern und Venus als Abendstern (Stier/Waage)
Mars und Pluto (Widder/Skorpion)
Jupiter und Neptun (Schütze/Fische)
Saturn und Uranus (Steinbock/Wassermann)

Wir werden jedes Planetenpaar durchgehen, denn in der esoterischen Astrologie sollten wir diese Beziehungen immer mitbeachten, ob die jeweiligen Planeten nun untereinander einen Aspekt bilden oder nicht, ob sie in der Färbung des anderen stehen oder nicht. Erst diese Betrachtung, die in der exoterischen Astrologie nicht so notwendig ist, erhellt innere Zusammenhänge, die sonst eher zugedeckt und uns damit verschlossen bleiben würden.

Kapitel 26
Sonne und Mond
GEIST UND SEELE

Die Paarung dieser beiden Lichter dürfte eindeutig sein. (Damit stimmen auch alle anderen Paarungen, worüber jedoch noch zu reden sein wird.)

Das Zeugende (Sonne) benötigt die Empfangsbereitschaft (Mond), das Empfangende benötigt die Zeugung.

Vater und Mutter sind eines. Im *1. Buch Genesis* 37,9 wird von einem Traum Josephs erzählt: «Er hatte noch einen anderen Traum. Er erzählte ihn seinen Brüdern und sagte: ‹Ich träumte noch einmal: die Sonne, der Mond und elf Sterne verneigten sich vor mir.› Josephs Vater wurde böse, denn er wusste aus dem alten Bild-Denken, dass die Sonne der Vater, der Mond die Mutter bedeutete und rief: ‹Was soll das, was du da geträumt hast? Sollen wir vielleicht, ich, deine Mutter und deine Brüder, kommen und uns vor dir auf die Erde werfen?›»

Diese Identifikation von Sonne und Mond mit den Eltern ist also uralt, es ist wohl das erste Bild des Himmels, das die Menschen auf sich bezogen, das auch den Ursprung der Astrologie darstellt. Noch heute können wir ja allein mit Sonne, Mond und Aszendent ein Horoskop bereits recht gut ausdeuten, wenn wir den Aszendenten mit dem jungen Leben, also dem Kind, das leben will, gleichsetzen. Sonne und Mond wurden als die Mächte des Lebens angesehen und waren nie voneinander zu trennen. Beide Lichter wurden stets als Einheit betrachtet. An der jeweiligen Gestalt des Mondes ist noch heute deutlich am Himmel erkennbar, wo die Sonne steht und welchen Aspekt Sonne und Mond miteinander haben. Nur festzustellen, ob heute Halb- oder Vollmond ist, ist zu wenig, wir sollten immer die Stellung der Sonne mitsehen.

Die Menschen wussten bald, dass die Lichter in ihnen lebten. Paracelsus sagte es in klassischer Manier: «... alle wisset, dass der Mensch muss zugeben, dass der Neumond, Vollmond, Viertelsmond usw. empfindlich sei in ihm.» Und weiter: «Darum so empfindet er die Zeit nicht nach den äusseren Planeten, von den inneren aber. Der Planet regiert nicht dich noch mich, der in mir aber. Der Astronomus, der aus den äusseren Planeten die Nativitäten beurteilt, der irrt, denn sie tun nichts im Menschen; der innere Himmel mit seinen Planeten, der tut's, der äussere demonstriert und ist ein Zeiger des inneren.» (zitiert nach Dr. Otto Lankes *Das Weltbild der Astrologie*) Dies ist die beste Erklärung für das «Wirken» der Astrologie, die es überhaupt gibt.

Der Mensch der Vor- oder Frühzeit dachte nie daran, Sonne und Mond nicht als eine Einheit, als eine Paarung aufzufassen.

Die Sonne zeugt das Leben auf der Erde, aber der Mond (insbesondere der Neumond) teilt den Weg der Sonne in zwölf Abschnitte ein. Der Mond gibt folglich die Impulse für das Wirken der Sonne auf der Erde. Ohne ihn wäre der Lauf der Sonne nicht einteilbar, also nicht zu verfolgen.

Mit dem Mond konnte sich der Mensch identifizieren, der Mond liess die Menschen ihr Leben verstehen. Ohne die Gestaltsformen des Mondes gäbe es bis heute keine Astrologie, die im tiefsten Sinn ja eine Sonnenlehre ist, denn wir haben es in der Astrologie nur mit einem Stern zu tun, eben der Sonne. Wenn nun Sonne und Mond von den Menschen als Lebensmächte und Bild der Eltern aufgenommen wurden, dann erklärt sich daraus schon die in den Menschen verwurzelte Elternliebe und Elternachtung, die mehr darstellt, als allgemein in Familien angenommen wird. Sie zeigt gleichzeitig eine tiefe Verwurzelung mit den Lichtern des Kosmos an. Das Verwachsensein mit den Eltern, auch nach deren Tod, ist also eine tiefe archetypische Bindung an Sonne und Mond.

Schauen wir nach diesen Gedanken noch einmal das Horoskop von **Johann Wolfgang von Goethe** an.

Goethe wusste etwas von dem untrennbaren Zusammenhang zwischen Sonne und Mond. Schon seine schwere, todesgefährliche Geburt brachte er damit in Zusammenhang, als er schrieb: «… nur der Mond, der soeben voll war, übte die Kraft seines Gegenscheines (Opposition zur Sonne) umso mehr, als zugleich seine Planetenstunde eingetreten war. Er widersetzte sich daher meiner Geburt, die nicht eher erfolgen konnte, als bis diese Stunde vorübergegangen.»

Goethe folgte sein Leben lang seinem Geist wie seiner Seele. Er war Naturwissenschaftler und Esoteriker. Der zweite Teil des *Faust* liest sich wie eine Schule der Esoterik, genauso die «Walpurgisnacht» im ersten Teil. Im *Faust* wirken Geist/Sonne sowie Innenleben/Mond stets zusammen. Faust verkörpert die Sonne, Mephisto den Mond. (Alle Götter, die hinken, sind Mondgötter.) Die Seele verführt Faust, lässt ihn Proben bestehen, damit er reife. Der Geist (Faust) darf nicht einseitig ausgerichtet sein. Er muss die Höhen und Tiefen des Daseins erfahren.

Faust wird durch die Begegnung mit Gretchen von der zeugenden Lust erfasst und überwältigt, und er will noch mehr: «Vom Himmel fordert er die schönsten Sterne, und von der Erde jede höchste Lust.» Deswegen lässt er Gretchen in ihrer Verzweiflung allein zurück und jagt nach dem hohen Sinnziel: «… dass ich erkenne, was die Welt im Innersten zusammenhält.»

Er will es nur vom Geist her erfahren, losgelöst von der Seele, und so trennen sich Geist und Seele; daher muss Faust nun erstmal die Tiefen der Welt, die Tiefen des Ichs erleben.

Hoch oben genau an der Himmelsmitte steht Goethes Sonne, tief unten bei der Himmelstiefe sein Mond. Nüchtern gefärbt ist die Sonne im Zeichen Jungfrau, hingebend und gläubig gefärbt ist die Seele im Abschnitt Fische. Das macht – esoterisch betrachtet – das Genie von Goethe aus. Entscheidend ist ausserdem die Verbindung von Sonne und Mond zu Mars (Trigon von der Sonne und Sextil vom

Johann Wolfgang von Goethe

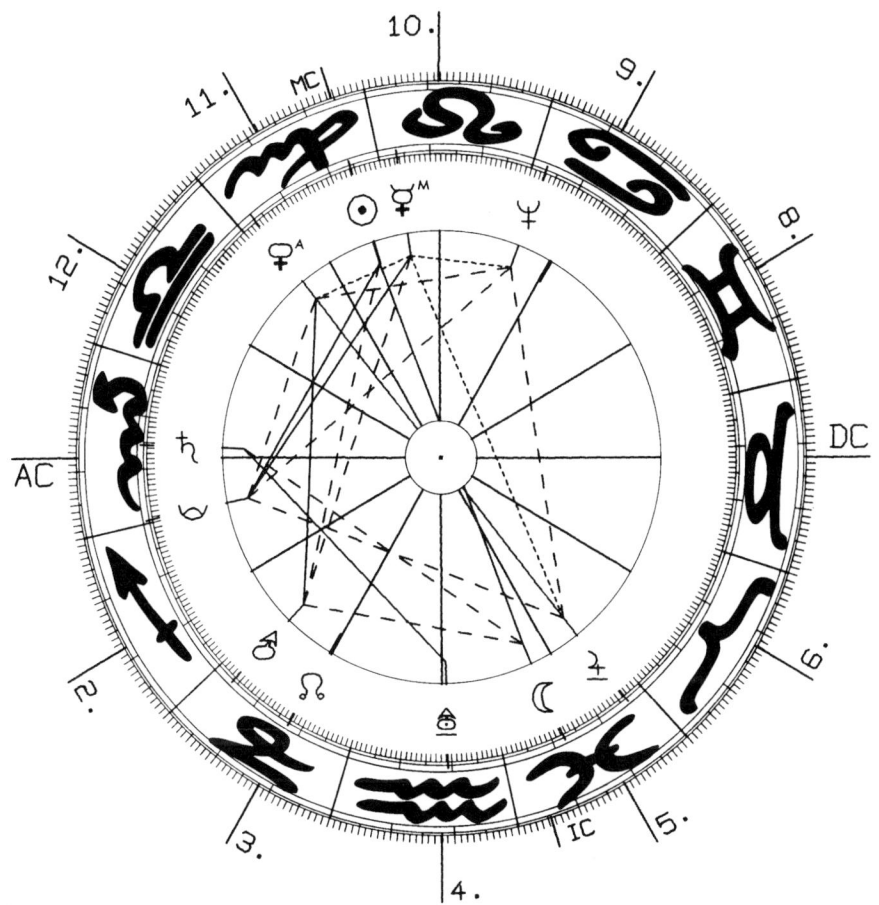

Abb. 45
28. 8. 1749, 12.00 h LT, Frankfurt/Main, D

Mond). Folglich ist der Antrieb eng mit dem Bewusstsein und dem seelischen Kapital verbunden. So vereinen sich Geist und Seele im Ehrgeiz, was zu einer starken Verkettung oder Paarung führt.

Natürlich führt eine ähnliche Mond/Sonne-Bindung nicht bei allen Menschen zu einer solchen Höhe und Erfüllung, wie es bei Goethe der Fall war.

Beim Betrachten unserer Herkunft ist daher nicht nur das 4. Haus massgeblich, sondern auch die Stellung von Sonne und Mond, und es ist kein Zufall, dass das 4. Haus dem Mond und das kreative 5. Haus der Sonne zugeschrieben wird, das als Haus der Kinder das «künftige Leben» symbolisiert.

Sonne und Mond und das 4. Haus geben also Auskunft über unser direktes Erbe aus der Familie, das 4. Haus allein zu betrachten reicht da nicht. Der Mond ist bestimmt für unser Erbe, während die Sonne unser Lebensziel ausweist. Wenn wir das 4. und 5. Haus im esoterischen Sinn miteinbeziehen, wird deutlich, dass unser Weg vom Mond zur Sonne geht.

Mond als Symbol des Elementes Wasser, Sonne als Symbol des Feuerelementes ergeben die Luft des Atmens, denn das Feuer wandelt das Wasser zu Luft. Wenn aber das Wasser das Feuer löscht, dann erhalten wir mit der Asche die Erde, auf der wir zu leben haben. So ergänzen sich bei scheinbarer Feindschaft gerade diese Elemente, die erst im Zusammenprall unsere Lebensvoraussetzungen schaffen. Die Sonne erweckt die Toten, so hiess es einst in Babylon, die Toten aber sind die Seelen (Mond), die wieder zum Leben streben.

Die Sonne symbolisiert das Ich, das Sein, das in seinen Handlungen von der Seele genauso abhängig ist, wie die Seele vom Ich. Denn ohne den Ich-Geist vermag sich auch die Seele nicht zu entwickeln, und wenn der Geist mit dem Körper stirbt, dann muss die Seele mit dem letzten Atemzug den Leib verlassen. Das ist nun einmal das Gesetz des menschlichen Lebens. Sonne und Mond stehen also in einer untrennbaren Beziehung zueinander, und wenn diese Kette reisst, dann sind beide Glieder verloren.

Die Sonne kann zwar zeugen, aber diese Zeugung ist ohne Wirkung, wenn kein Mond zum Empfangen bereit ist. Vor der Sonnenzeit (Abschnitt Löwe) kommt die Mondzeit (Abschnitt Krebs), das Mondhafte muss vorhanden sein, ehe das Sonnenhafte etwas schaffen kann.

Vom esoterischen Standpunkt aus wäre daher eher der Abschnitt Krebs als Tagzeichen anzusehen, was wiederum belegt, dass die alten Unterscheidungen von Tag- und Nachtzeichen, von positiven und negativen Zeichen höchst unglücklich sind, weil dadurch verbal die Gleichwertigkeit verloren geht. Wie sich die Sonne nächtlicherweise im Mondreich erneuert, so erneuern sich der menschliche Geist und Körper zur Nacht-Mondzeit, um in der Tag-Sonnenzeit wirken zu können. Beides benötigt sich. Sonne und Mond separat zu deuten mag in der allgemeinen Astrologie angehen, für die esoterische Betrachtungsweise reicht dies nicht.

Kapitel 27
Merkur als Morgen- und als Abendstern
VOM ALLTAG ZUR PHILOSOPHIE

Die Nachbarzeichen von Krebs und Löwe sind Zwillinge und Jungfrau, und beide Zeichen sind dem Merkur zugeschrieben. Merkur – es ist genügend darüber geschrieben worden – ist zumindest esoterisch sowohl als Morgen- wie als Abendstern zu betrachten (und dies gilt auch für die Venus). Früher wusste man nicht, dass die beiden Morgensterne am Osthimmel dieselben Planeten sind, die als Abendsterne am Westhimmel scheinen. Wir sollten daher überlegen, ob die Morgensterne uns nicht andere Zeichen des Himmels geben als die Abendsterne.

Das Problem ist nun, dass nur ein Merkur (und eine Venus) im Horoskop erscheint. Morgen- und Abendstern gleichzeitig gibt es nicht. Aber es ist ein riesiger Unterschied, ob Merkur als Abendstern der Sonne im Tierkreissinn vorausgeht, sich also eher von der Sonne löst, oder ob Merkur der Sonne folgt, also auf diese zuläuft. Der Abendstern (wenn er nicht rückläufig ist) strebt von der Sonne weg, er ist also selbständiger als der Morgenstern, der auf die Sonne zuläuft und sich ihr daher eher unterwirft, beziehungsweise sich mehr mit ihr identifiziert als der Abendstern. Beide Sterne jedoch bilden eine Einheit, eine Paarung, gerade weil sie verschiedene Aussagen machen und uns verschiedene Zeichen geben.

Bei der Betrachtung von Merkur müssen wir also erst einmal schauen, ob es sich um Merkur als Morgen- oder als Abendstern handelt. Aber wir müssen im gleichen Atemzug bedenken, dass in Merkur beide Charaktere leben. Merkur ist der wandelbarste Planet. Er wechselt verhältnismässig oft.

Immer wenn er rückläufig wird, vollzieht sich die Wandlung vom Abend- zum Morgenstern in der unteren Konjunktion, also zwischen Sonne und Erde; die Wandlung vom Morgen- zum Abendstern erfolgt in der oberen Konjunktion, ist also von der Erde aus nicht zu sehen, da sie hinter der Sonne stattfindet (siehe Abb. 46, übernächste Seite).

Drei bis viermal im Jahr wandelt sich der Merkur vom Abend- zum Morgenstern und genauso oft vom Morgen- zum Abendstern, also erfährt er zirka sieben Wandlungen im Jahr. Jede einzelne von ihnen wirkt sich bei Sekundärdirektionen oder Progressionen und noch markanter bei den Transiten (zirka sieben Mal im Jahr) aus. Das bedeutet, dass wir mit den verschiedenen Aussagen dieses Götterboten ständig leben und beide Kräfte für uns nutzen sollten.

Natürlich bleibt die Radix-Grundstellung immer der entscheidende Ausgangspunkt, aber wer Merkur als Morgenstern im Horoskop stehen hat, der muss sich um die Gaben, die Merkur als Abendstern aufweist, kümmern und diese entwickeln. Aus dem journalistischen Denken des Merkur als Morgenstern muss ein eher philosophisches Denken werden. Wer andererseits Merkur als Abendstern im Radix stehen hat, der darf sich nicht nur in seiner nachdenklichen Welt einspinnen, er muss die Realitäten sehen und auch seinen Humor entfalten lernen.

Hier können wir schon von einer dunklen Seite sprechen, die aus dem Horoskop zwar sichtbar, aber im Leben oft nicht genügend eingesetzt wird. Dies erklärt die Bindung zwischen dem Abschnitt Zwillinge (Merkur als Morgenstern zugeteilt) und dem Abschnitt Jungfrau (Merkur als Abendstern zugeteilt). Besonders deutlich zeigt sich, meist in der zweiten Lebenshälfte, eine tiefe Wandlung über die schon erwähnten Progressionen an. Diese Wandlung vollzieht sich in der Regel ein- bis höchstens zweimal im Leben und erklärt manchen tiefen Bruch, der bei einem Menschen zutage tritt und der sonst nicht erklärbar scheint.

Merkur gilt als der Vermittler zwischen dem Leben des Alls (Merkur als Abendstern) und dem Leben des Menschen (Merkur als Morgenstern). So wurde Merkur der einzige Führer in die Unterwelt hinein und aus der Unterwelt heraus. Damit ist er der Führer durch unser Leben, der uns von den Höhen herunter und aus den Tiefen empor unseren Weg weist.

Da dies jeder Mensch erlebt, muss er beide merkurischen Kräfte in sich ausprägen, wobei jener Pol, der im Horoskop angezeigt ist, eher selbstverständlich erscheint. Die Gegenkraft muss sich jeder erst erarbeiten beziehungsweise aus seinem dunklen Schatz ausgraben, um sie zur Verfügung zu haben, wenn sie gefordert wird. Merkur denkt und handelt, aber er schaut auch in Bildern. Er fördert das Denken, das aus dem Schauen kommt, und dies sollte die Grundlage für die Arbeit jedes Astrologen sein.

Merkur als Morgenstern signalisiert die Fähigkeit, das Leben leicht zu nehmen, was keine schlechte Gabe ist, während Merkur als Abendstern die Fähigkeit symbolisiert, den Ernst des Lebens richtig zu erfassen. Der eine ist der Journalist, der andere der Philosoph und Dichter, und beide sind vollkommen gleichwertig; wer Merkur als Abendstern höher einschätzt als Merkur als Morgenstern (oder umgekehrt), der irrt. Wie bei allen Planetenpaarungen wiederholt sich hier im Grunde die gegenseitige Ergänzung von Sonne und Mond. Beide Zeichen, die man dem Merkur zuteilte, sind sogenannte veränderliche Zeichen, also anpassend und entwicklungsfähig. Diese Stärke lebt im Merkur als Morgenstern, indem er im Zeichen Zwillinge auf den Sommer wartet, während Merkur als Abendstern mit seinem Zeichen Jungfrau, das am Ende des Sommers vorsorgend vor dem Herbst steht, auf den Winter vorbereitet. Daraus erklärt sich auch die Gegensätzlichkeit der beiden Merkurzeichen. So wie wir uns auf den Hochsommer freuen, gehen wir alle auch einmal auf einen Herbst zu.

Merkur wurde einmal als Adjutant der Sonne bezeichnet, da er diese ständig umrundet, aber er galt auch als Abgesandter des Saturn, weil sein Licht genauso schwach und bleiern schimmert. Dies charakterisiert auch die beiden Seiten dieses luftigen und erdigen Planten. Luftiges (Zwillinge) gehört eher zum Feuer, zur Sonne. Das Erdige (Jungfrau) ist dem Saturnischen des erdigen Steinbocks wohl

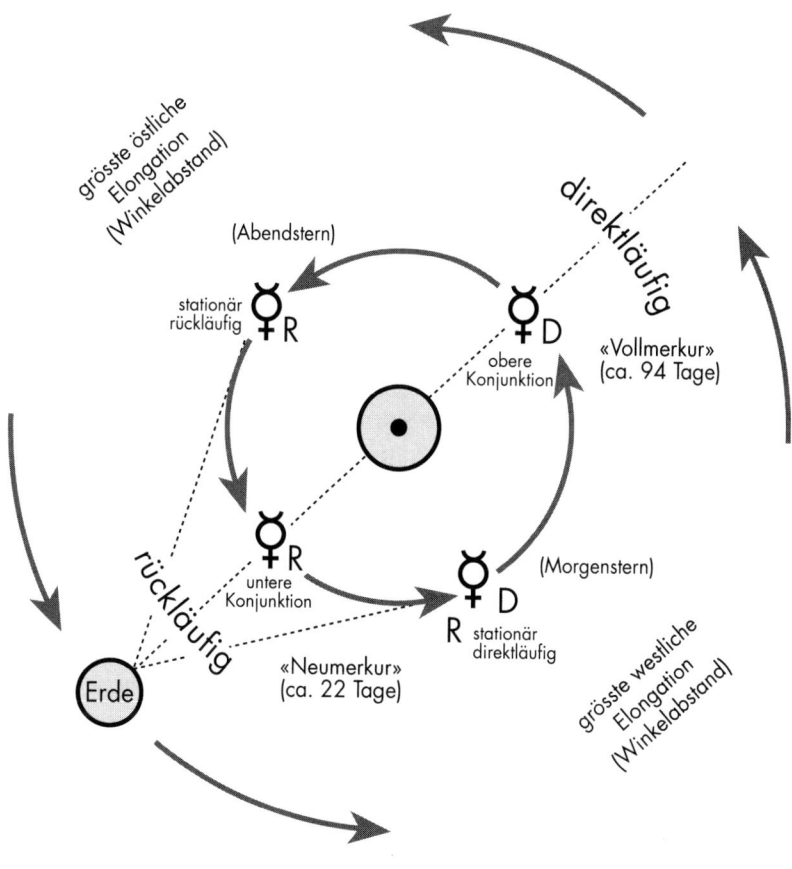

Abb. 46
Die Bewegungen des Merkur

vertrauter, genauso wie dem Wasser (Mond). Esoterisch müssen wir also in unseren Betrachtungen höchst genau auf die Wandlungskraft von Merkur eingehen, um diesen Wechsel zu verstehen oder zu vollziehen.

Schauen wir uns noch einmal das Bild von **Charlie Chaplin** an. Mit seiner Kunst erheiterte er nicht nur sein Publikum, sondern sein Anliegen war es, über seine Komik die Menschen zu humanitärer Nachdenklichkeit zu führen. Ganz besonders sein Hitler-Film «The Great Dictator» wie auch die Streifen «Goldrush», «The Kid», «The Circus» und andere Arbeiten brachten dies zum Ausdruck.

Chaplin hat in seinem Horoskop Merkur als Morgenstern. Merkur steht hier für Komik, Slapstick und ausgefallene Kostüme, kaum für tiefergehende philosophische Nachdenklichkeit. Der auffallende Entengang mit den übergrossen Schuhen, der abgetragene melonenartige Hut, der Frack und das Stöckchen waren seine bis heute unverkennbaren und von vielen anderen Komikern imitierten Markenzeichen. Allein schon die Änderung seines bürgerlichen Namens Charles Spencer in Charlie Chaplin kann als typisch dem Zwillinge-Merkur als Morgenstern zugeschrieben werden, der hier im Abschnitt Widder steht. Die andere Seite von Merkur (als Abendstern) musste sich Chaplin folglich erarbeiten; was leicht und spielerisch aussah, verlangte ernste, nachdenkliche Arbeit. Das fiel ihm kaum schwer, denn sein Merkur bildet ein Trigon mit Saturn an der Himmelsmitte.

Entscheidender ist jedoch, dass dieser Merkur als Morgenstern bereits in der Wandlung zum Abendstern war.

Am 26. April 1889 wurde Chaplins Merkur in der Progression zum Abendstern (nach einer oberen Konjunktion). Nun stand er zur Mittagszeit auf 7 Grad 50 Minuten Stier, während die Sonne in der Progression auf 6 Grad 25 Minuten Stier stand. Merkur ging also im Tierkreissinn der Sonne voraus, und dies in der Progression nach zehn Jahren (Messmethode: ein Tag gleich ein Jahr).

Sehr früh also wandelte sich Charlie Chaplin zum Charakterkünstler, der mehr wollte, als dass man nur über ihn lachte. Natürlich bleibt der Radix-Merkur führend, aber die Wandlung erleichterte doch eine Vollendung der Palette des späteren Künstlers. Und Chaplin machte noch eine Wandlung durch!

Als er zirka 66 Jahre alt wurde, war sein Merkur – nach einer unteren Konjunktion – in der Progression wieder Morgenstern. Die Sonne stand zur Mittagszeit des 19. Juni 1889 bei 28 Grad 19 Minuten im Abschnitt Zwillinge, Merkur auf 28 Grad 16 Minuten im gleichen Abschnitt. Jetzt lief Merkur im Tierkreissinn der Sonne hinterher, damit war er also Morgenstern. Im Alter, so könnte man sagen, übernahm wieder das Alltägliche die Führung. Charlie starb am 25.12.1977 mit 88 Jahren und war im hohen Alter noch einmal Vater geworden, was die Boulevardblätter mit vielen Kommentaren füllte. Die letzten Jahre seines Lebens genoss er also wieder mehr. Sein Interesse an der sehr tiefgehenden, nachdenklichen Kunst liess dann doch nach. Immerhin lebte Chaplin seine beiden Merkurseiten voll aus, wodurch sein Leben erfüllt war. Hier war der Rat eines Astrologen, der für viele andere Horoskopeigner sehr nützlich sein könnte, nicht notwendig.

Charlie Chaplin

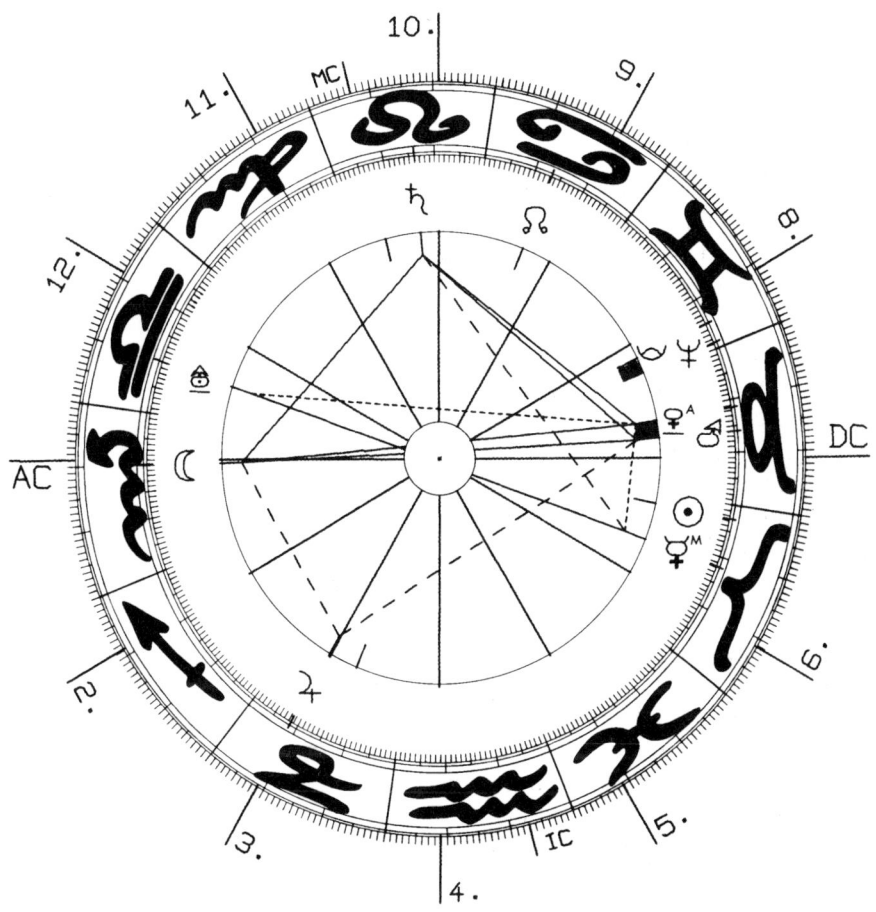

Abb. 47
16. 4. 1889, 20.00 h LT, London, GB

Kapitel 28
Venus als Morgen- und als Abendstern
REALE UND HÖHERE LIEBE

Nach den Merkurzeichen folgen die Venusabschnitte. Stier grenzt an den Abschnitt Zwillinge, Waage an den Abschnitt Jungfrau. Was bei Merkur über Morgenstern und Abendstern gesagt wurde, gilt selbstverständlich auch für die Venus. Es gibt jedoch den grossen und entscheidenden Unterschied, dass Venus sehr viel seltener vom Abendstern zum Morgenstern (und umgekehrt) wechselt. Zirka alle dreiviertel Jahre erleben wir entweder eine obere oder eine untere Konjunktion. Bei der unteren Konjunktion ist Venus wie Merkur stets rückläufig.

Auf die Direktionen bezogen heisst dies, dass die wenigsten Menschen in der Progression eine Wandlung von Venus zum Morgen- oder Abendstern erleben und auf keinen Fall mehr als eine Wandlung. Umso mehr müssen sie bemüht sein, die andere Seite dieses Planeten zu erleben. Weil die für sie dunkle Venus nicht im Horoskop eingezeichnet ist, müssen sie sich aufschliessen und dieser Venusseite öffnen. Vereinfacht ausgedrückt: Venus als Morgenstern zeigt uns mehr die irdische Liebe, Venus als Abendstern die himmlische Liebe an. Venus als Morgenstern ist realer, erdiger geprägt. Sie gehört daher auch zum Stierabschnitt, während Venus als Abendstern dem Zeichen Waage zugeordnet und luftiger ausgerichtet ist.

Es sind also bei Venus und Merkur die gleichen Elemente vorherrschend, nämlich Erde und Luft. Mit Sonne gleich Feuer/Löwe und Mond gleich Wasser/Krebs sind alle vier Elemente durch die inneren Planeten symbolisiert. Bemerkenswert ist auch, dass die vier inneren Planeten in sechs Zeichen ihre verwandte Kraft finden, also die Hälfte des Tierkreises repräsentieren, und dass damit die Hälfte des Tierkreises individuell gedeutet werden muss.

Die Geschichte der Symbolik der beiden Venusseiten zieht sich durch die gesamte Mythenwelt und ist an anderer Stelle schon sehr ausführlich geschildert worden (in *Grundwissen der Astrologie*).

Venus symbolisiert in erster Linie die Liebe und die Kunst. Sie öffnet uns die Welten zum Himmel und zur Erde. Mit der Kunst führt sie uns aus dem tierischen, animalischen Bereich heraus und weist uns den Weg zu den «höheren» Sphären. Doch erst muss die Liebe auf der Erde wirken, um uns zur himmlischen Liebe zu führen.

Horoskopeigner mit Venus als Abendstern müssen lernen, die Liebe zum Irdischen zu verwirklichen, wie sich die Menschen, bei denen Venus als Morgenstern im Radix steht, bemühen müssen, über die Freuden der irdischen Liebe hinauszustreben.

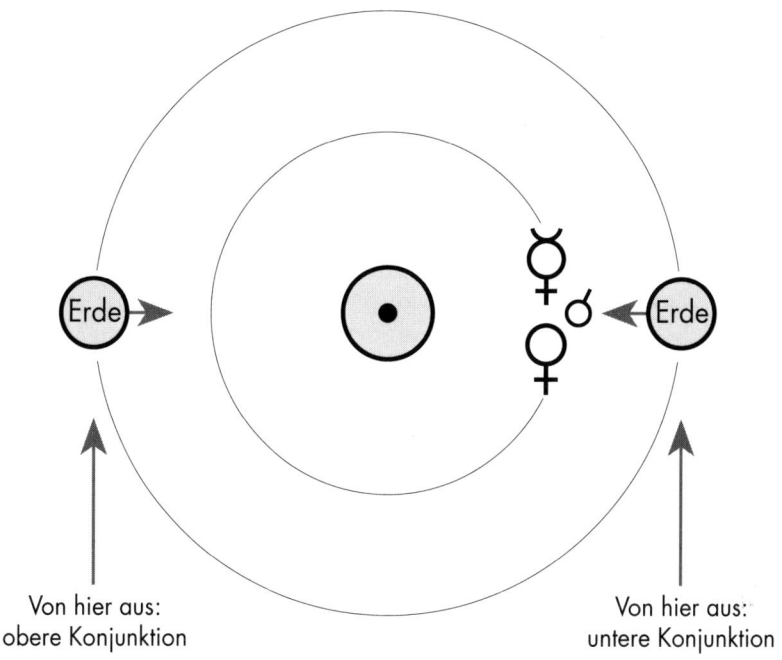

Abb. 48.1
Die obere und die untere Konjunktion

Sexus muss sich zum Eros wandeln, das Erdhaft-Künstlerische muss den Himmel, die Götter und Mythen miteinbeziehen. Erotische Liebe allein reicht nicht, denn Ehen werden im Himmel geschlossen. Oder: der Himmel schützt nur die Liebe, die über die Lust hinauswachsen will.

Gab uns Merkur durch die Schnelligkeit des Wandels seiner Morgen- und Abendseite noch grössere Chancen, so muss – was das Symbol Venus betrifft – der Mensch sich mehr bemühen. Hier ist es für den Astrologen entscheidend, dass er erkennt, auf welchem Weg sich die Venus im Horoskop befindet. Wo steuert sie als Abendstern hin? Wird sie immer deutlicher Abendstern, läuft sie also immer schneller der Sonne voraus, oder ist sie auf dem Weg vom Abendstern zum Morgenstern?

Das gleiche gilt selbstverständlich auch für Venus als Morgenstern. Ist die Tendenz vorhanden, die Stellung als Abendstern oder Morgenstern auszubauen, müssen die Horoskopeigner umso deutlicher auf die andere Seite der Venus hingewiesen werden. Hier passt Goethes Ausspruch: «Wer immer strebend sich bemüht, den werden wir erlösen.»

Einst meinte man: «Die Weltallharmonie ist das Werk der Venus!» Und Kepler schrieb in seinen *Harmonices mundi* IV, 1: «Bestünde dieses Urbild (Venus) nicht, so könnte weder von Harmonie gesprochen werden, noch könnte jemals Harmonie die Seele erregen und bewegen.»

Es liegt also an der Arbeit mit beiden Venusseiten, ob die Menschen zu ihrer Harmonie finden. Wer nur seine Radix-Venus lebt, der wird die Harmonie kaum erleben, die die Götter uns als Möglichkeit geschenkt haben. Wer als Heilige oder Heiliger nur zum Himmel strebt und die Liebe auf der Erde vernachlässigt, der lebt genauso falsch wie der, der die himmlische Liebe ablehnt und nur seinem Liebesgenuss auf der Erde nachstrebt.

An Venus also können wir das Menschliche messen.

Wie jemand seine Venuseigenschaften nutzt und erweitert, wie er mit diesen Kräften umgeht, das weist ihn als Mensch aus, mag er sonst auch noch so eine Grösse auf anderen Gebieten darstellen, noch so tolle Stellungen im Beruf, in der Politik, im gesellschaftlichen Leben haben. Den Wert setzt die Venus. Sie symbolisiert die Liebe, die Diplomatie, die künstlerische Einstellung, den Takt, die Zuneigung, die Harmonie, die gesellschaftliche und soziale Einstellung und Handlungsbereitschaft.

Aber dieser Planet ist «zweiseitig», wobei die dunkle, positive Seite meist erst wie ein Schatz aus der Tiefe ausgegraben werden muss. Schiller schrieb einmal: «Ohne Liebe kehrt kein Frühling wieder, ohne Liebe preist kein Wesen Gott.» (Jugendgedicht: *Phantasie an Laura*)

Hier werden die Astrologen in der esoterischen Horoskopbetrachtung vielleicht am härtesten gefordert, denn wer von den Ratsuchenden hört schon gerne, dass er nur eine Seite der Liebe, der Kunst etc. lebt.

Merkur ist «nur» ein Götterbote, Venus ist das Symbol für die Gottheit im Menschen. Sie ist in der Astrologie weit mehr als der kleine Glücksbringer. Ihr

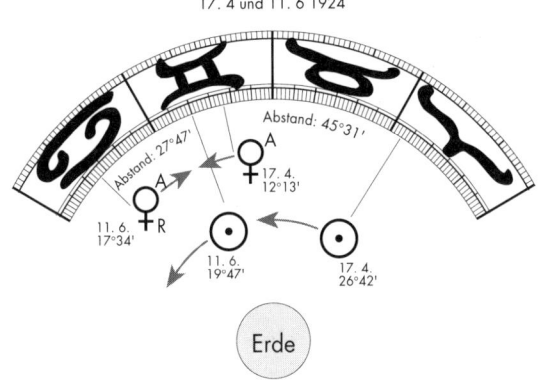
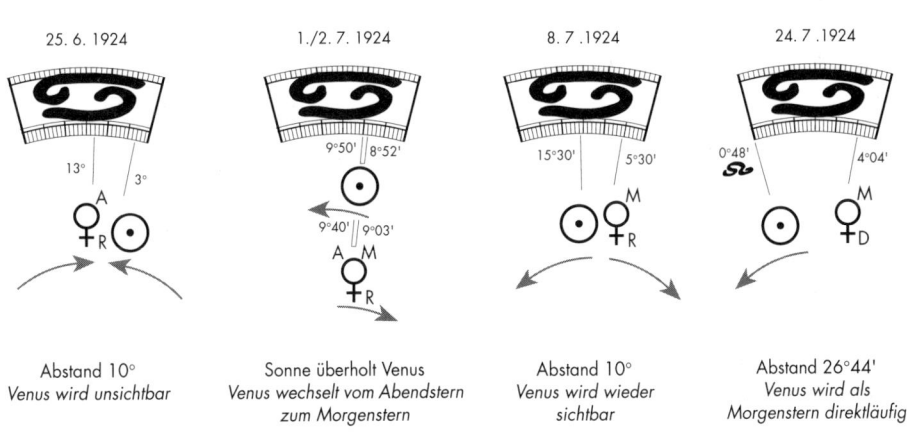

Abb. 48.2
Die Bewegungen der Venus

Symbol ist vielmehr der Prüfstein für das Menschliche im individuellen Wesen – ob als Morgen- oder als Abendstern. So gibt es keinen besseren Wegweiser im Horoskop, der uns auf unsere Aufgaben der Liebe vorbereitet.

Wir haben schon auf den Ernst, der in der Schauspielerin **Brigitte Bardot** lebt, hingewiesen, doch ihr Horoskop zeigt uns noch mehr.

Die Venus als Morgenstern folgt im Tierkreissinn der Sonne mit einem Zerrissenheits-Aspekt zu Mars, einem Illusions-Aspekt zu Saturn und einem Sextil zu Pluto. Venus als Morgenstern scheint auf die Bardot sehr zu passen. Sie war die «äusserliche» Venus der sechziger und siebziger Jahre. Kaum eine Zeitung, keine Illustrierte, kein astrologisches Jahrbuch, das sie nicht als die Venus des 20. Jahrhunderts vorstellte. Unzählige Poster schmückten die Zimmer oder Schränke der Junggesellen. Ihre ersten Filme spiegelten das gleiche Bild wider. Alles schien auf äussere Wirkung programmiert.

Doch diese Venus im Radix, etwas über 17 Grad hinter der Sonne wandelnd, war bereits im Begriff, sich in der oberen Konjunktion ganz langsam vom Morgenstern zum Abendstern zu wandeln. Das dauert zwar bei diesem Abstand von der Sonne einige Zeit: erst mit zirka 53 Jahren hat sich Venus in der Progression zum Abendstern gewandelt.

Doch entscheidend ist bereits die Tendenz! Diese Tendenz erleichterte der Bardot die Entwicklung zu einer ernstzunehmenden Schauspielerin und ermöglichte ihr eine Wandlung, in der sie über das oberflächliche Bild, das man sich in der Masse von ihr gemacht hatte, weit hinauswuchs. Sie lernte die Umwelt und hilflose Tiere zu lieben und gründete eine eigene Tierschutzorganisation. Als sie erfuhr, dass die dänische Olympia-Mannschaft bei den Kämpfen in Albertville in Mänteln aus Seehundsfellen auftreten wollte, beschloss sie, mit allen Mitteln dagegen anzukämpfen. Der Vorsitzende des Nationalen Olympischen Komitees von Dänemark sagte zu dieser neuen Initiative der Französin nur resignierend: «Gegen sowas kämpfen selbst Götter vergebens.» (FAZ 30.12.1991)

Brigitte Bardot hat sich auch bei vielen anderen Umweltsünden eingesetzt – nicht dem Modetrend der Zeit folgend, sondern aus Liebe für die schutzlose Kreatur. Greenpeace hatte Ende der achtziger Jahre erklärt, man habe nicht gewollt, dass Seehundsmäntel unverkäuflich wurden, für die Bardot hingegen galt dieses Argument nicht. Dies möge als Beispiel veranschaulichen, dass sich mit dem Wandel der Venus vom Ost- (Morgenstern) zum Westhimmel (Abendstern) der Mensch verändern kann – ja muss.

Brigitte Bardot

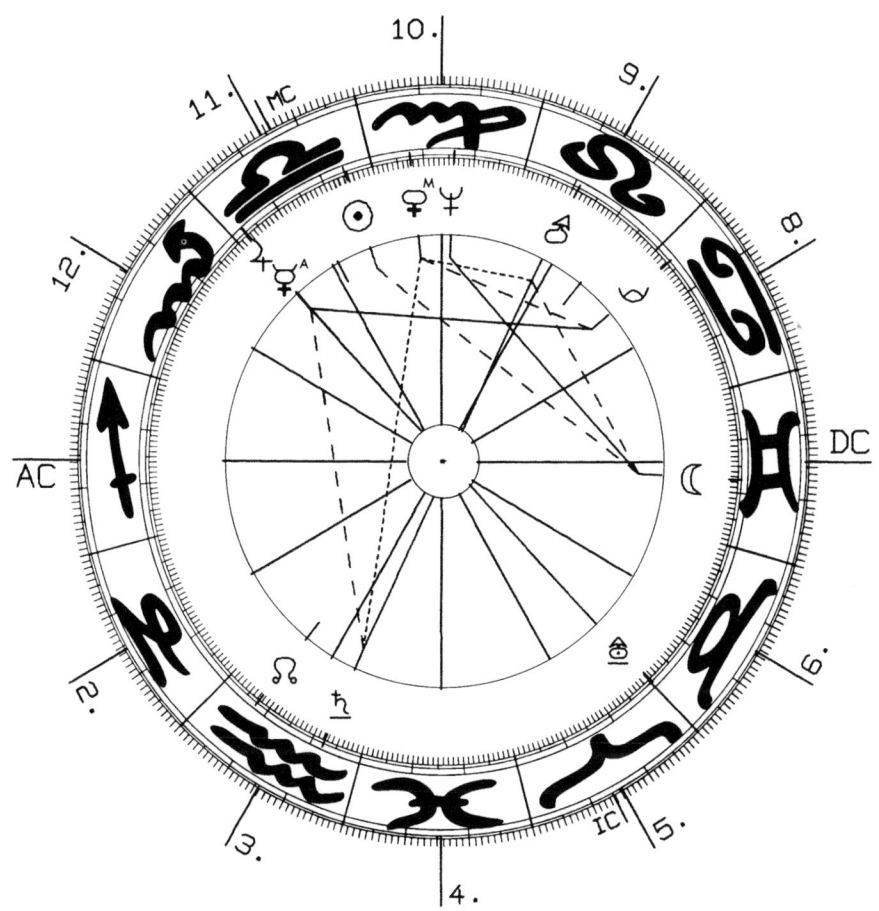

Abb. 49
28. 9. 1934, 13.15 h LT, Paris, F

Kapitel 29
Mars und Pluto
DER HELLE UND DER DUNKLE TRIEB

Neben dem Stierzeichen liegt der Abschnitt Widder und neben dem Abschnitt Waage das Zeichen Skorpion. Damit kommen wir zu den Abschnitten, deren Färbungen am deutlichsten mit Mars (Widder) und Pluto (Skorpion) verwandt sind, und wenden uns nun den äusseren Planeten zu, wobei wir mit Mars dem schnellsten und mit Pluto dem langsamsten begegnen. Pluto wird auch als höhere Stufe von Mars angesehen. Mars und Pluto symbolisieren den Willen, den Ehrgeiz und das Streben zur Macht. Dabei steht Mars für den «hellen» und Pluto für den «dunklen» Willen.

Der Marswille wird stets schnell sichtbar, er ist auch den meisten Horoskopeignern bewusst. Mit dem Plutowillen ist es da doch etwas schwieriger, weil er tiefer im Innern ruht. Doch beide Planeten, Mars und Pluto, bilden eine Paarung, eine Einheit. Es hat keinen Sinn, wenn man seinen Willen mit Mars identifiziert und nichts über die Willenskraft von Pluto weiss und umgekehrt. Der unbekannte und verdeckte Wille, den Pluto symbolisiert, muss mit Mars in Verbindung gebracht werden, wenn Menschen wissen wollen, welcher Wille, Ehrgeiz und Machtanspruch sie treibt.

Gerade bei der esoterischen Analyse eines Radixbildes ist dies sehr entscheidend. Immer wieder stellen Astrologen fest, dass manche Menschen überhaupt nicht wissen, was sie wollen, aber sie als Berater können ihnen nicht helfen. Das liegt daran, dass sie Mars und Pluto nur zusammen betrachten, wenn diese beiden Planeten gegenseitig einen Aspekt bilden. Doch auch ohne Aspekt müssen beide gemeinsam gedeutet werden.

Immer wieder wird beispielsweise bei der astromedizinischen Betrachtung eines Radixbildes beobachtet, dass Kranke zwar scheinbar – nämlich mit bewusstem oder hellem Willen – gesund werden wollen, aber dass ihr unbewusster, plutonischer Wille mehr zur Selbstschädigung neigt.

Auch bei Karrieren wird dies deutlich. Viele Menschen wollen zwar bekannt, ja berühmt werden, sie setzen ihre ganzen Marskräfte dafür ein, aber sie beachten nicht, dass ihre plutonische Kraft dies überhaupt nicht unterstützt, ja oft sogar blockiert und behindert.

Wenn Ratsuchende mit ihrer Willensumsetzung nicht zu Rande kommen, ist häufig ein Zwiespalt zwischen der marsischen und der plutonischen Kraft zu sehen. Ein einfaches Beispiel: Mars im 10. Haus zeigt in der Regel an, dass ein Mensch etwas in der Aussenwelt darstellen will. Steht aber Pluto (ohne nahen Oppositions-Aspekt) im 4. Haus, dann drückt dies aus, dass er im tiefsten ja gar nicht aus seinem Heimnest herauskriechen will. Er wird dann – denn der Wille muss ja kompensiert werden – eher ein Heimdiktator, oder er pendelt mit seinen Wünschen immer zwischen Erfolg draussen und Sehnsucht nach Familie hin und her, und letztlich bekommt er weder seinen Erfolg noch sein Glück im Heim.

Mars ist Tatenlust und Willenskraft, die bewusst ist – Pluto sind die geheimen Wünsche nach Macht, die sich versteckt halten, wie vorne ausführlich beschrieben.

Mars ist ungestüme Jugend – Pluto weiss um die Folgen der Macht- und Willensdurchsetzung und hält daher oft seinen Willen zurück. Mars ist Wagnis – Pluto weiss um das Risiko und unterdrückt die Wagnisfreude, die natürlich noch im Innern lebt, nur nach aussen nicht zugegeben wird.

Es mag sein, dass die eigentlich höchst positive Marskraft deswegen so in Verruf kam, weil man Pluto noch nicht kannte. So wurde Mars unsinnigerweise zum kleinen «Übeltäter». In Wahrheit kam dies deshalb zustande, weil der Wille im Menschen eben zwei Seiten hat.

Die Menschen haben in ihrer jahrtausendealten seelischen Entwicklung gelernt, dass es nicht immer gut ist, seine gesamten Machtansprüche zu zeigen. Dies würde ein menschliches Zusammenleben unmöglich machen. Daher mussten diese Wünsche in der Tiefe verborgen werden, aber vorhanden sind sie. Und wenn Mars, wie man sich früher ausdrückte, «zu den Waffen ruft», dann sollte man sich auch über das plutonische Arsenal im Klaren sein, da nur Mars und Pluto zusammen uns zum Sieg führen, egal auf welchem Feld die Auseinandersetzung stattfindet.

Bei jedem Krieg lässt sich das verfolgen. Erst beginnt der Krieg «halbwegs menschlich oder zivilisiert», aber je länger er dauert, umso stärker setzt sich das Dämonisch-Grausame durch, und eine Zerstörungswut an Menschen und Sachen nimmt überhand. Zum Mars kommt das Plutonische und verfälscht das Marsische.

Aber wir brauchen gar nicht so weit zu suchen. Jede Diskussion, die leidenschaftlich geführt wird, zeigt dies. Am Anfang setzt man sich noch hart aber sachlich mit dem Andersdenken auseinander, wenn jedoch die klaren Argumente nicht mehr weiterhelfen, tritt eine Aggression zutage, die das Menschliche rasant vergessen lässt. Persönliche Diffamierungen ersetzen dann schnell die Argumente und die geistige Auseinandersetzung artet aus. Wenn die Menschen wirklich wüssten, was sie wollen, nämlich nur Recht zu behalten, sich durchzusetzen und an die Spitze zu kommen, dann wäre diese Gefahr schon zu neunzig Prozent gebannt. Wenn aber angeblich das «Ziel» der besseren Argumente angestrebt (oder vorgeschoben) wird, werden nun aus Gegnern ewige Feinde, die vernichtet werden müssen.

Es ist also unsere Aufgabe, den bewussten Willen mit dem Willen unserer Tiefe zu verbinden! Wenn wir mutig zu unseren geheimen Machtansprüchen stehen, obwohl sie in unserer Umgebung nicht so gerne gesehen werden, und wenn wir unsere geheimen Machtansprüche wenigstens vor uns selbst zugeben, dann haben wir tausendmal bessere Chancen, unser Ziel zu erreichen und dabei Mensch zu bleiben. Selbsterkenntnis ist also angebracht.

An unserer Ausgangszeichnung Abb. 44 sieht man, wie sich die Linien Widder-Skorpion und Stier-Waage beim Kreuz in der Mitte fast treffen, womit deutlich wird, worum es geht: nämlich unsere Mitte zu finden, das Innere, also das Esoterische zu erkennen und uns zum Menschsein zu entwickeln.

Im Horoskop von **Kurt Waldheim** finden wir Mars noch im 4. Haus im Wassermann. Wille und Antrieb setzen sich für die Heimat und das Erbe, für das Bestehende und Vergangene ein. Waldheim war Sohn eines Lehrers, der wegen seiner christlich-sozialen Grundeinstellung im Dritten Reich verfolgt wurde.

Waldheim ergriff den Beruf eines Juristen. Später wurde er zur deutschen Wehrmacht eingezogen, wo er einen Offiziersrang bekleidete. Er erreichte höchste Ziele in der Weltpolitik, war neun Jahre lang (von 1972 bis 1981) UNO-Generalsekretär und wurde 1986 von dem eher konservativen Teil der Bevölkerung Österreichs zum Bundespräsidenten seines Heimatlandes gewählt. Jetzt erst wurde ihm zum Verhängnis, wovor er als Generalsekretär der UNO verschont worden war: Er musste sein Verhalten während des Zweiten Weltkrieges als Offizier auf dem Balkan verantworten.

Wenn wir uns nun zur Ergänzung von Mars den Pluto anschauen, wird uns dies – zumindest aus astrologischer Sicht – klar. Sein Pluto, also sein dunkler Machttrieb, steht hoch oben an der Himmelsmitte. Er signalisiert (zumal der rückläufige Jupiter auf ihn zuläuft) seinen Drang, nach oben zu kommen und die Macht zu bewahren, um oben zu bleiben. Waldheim dachte wohl kaum daran, seine Wahl nicht anzunehmen oder zurückzutreten, stattdessen hielt er jahrelange Kampagnen in Presse und Politik scheinbar unberührt aus.

Damit teilte er Österreich in zwei Lager. Eine internationale Expertenkommission legte einen Untersuchungsbericht vor, der Waldheim praktisch schuldig sprach. Der aber kannte wohl nur seinen Wassermann-Mars und war der festen Überzeugung, mit seinem Willen recht zu haben und das einzig Richtige für seine Heimat zu tun.

Im Vordergrund stand bei Waldheim der von Pluto symbolisierte unbewusste Drang, die höchsten Stellungen zu erringen und sich nicht mehr entmachten zu lassen. Anderes kam ihm gar nicht in den Sinn.

Mars und Pluto haben zwar gegenseitig keinen Aspekt, und doch müssen wir beide Planeten miteinander analysieren. Pluto als höchststehender Planet wird immer die führende Kraft sein, und die Nähe zu Jupiter gibt ausserdem die feste Überzeugung, recht zu haben. Als österreichischer Aussenminister (1968 bis 1970) wurde Waldheim nicht so direkt angegriffen, genausowenig wie als UNO-Generalsekretär, was seinem dunklen Trieb zur Macht sicher sehr genehm war. Astrologisch könnte man folgern: Wäre diesem Mann sein Machttrieb bewusst geworden – nun wird auch die Beziehung zu Jupiter wichtig –, wäre er vielleicht selbstkritischer gewesen. Ein unbewusster Machttrieb mit Jupiter macht dagegen eher selbstgerecht und neigt kaum dazu, eigene Fehler einzusehen oder überhaupt nur in Erwägung zu ziehen.

Kurt Waldheim

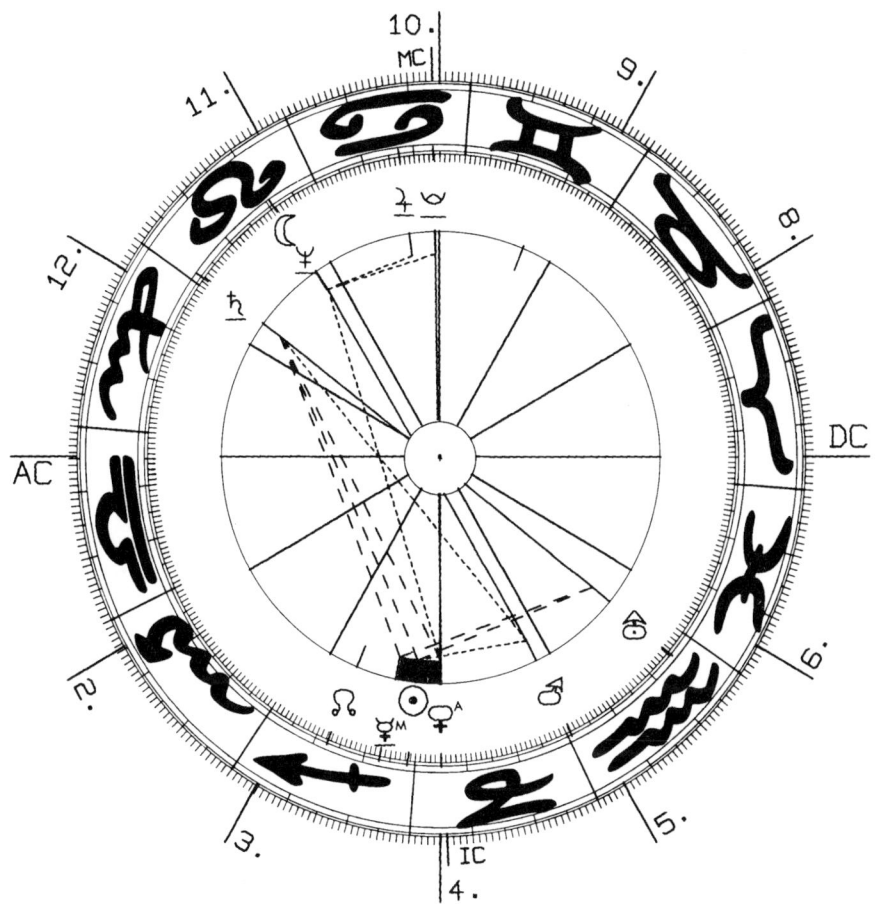

Abb. 50
21. 12. 1918, 0.25 h LT, St. Andrä-Wörtern, A

Kapitel 30
Jupiter und Neptun
Entfaltung und Inspiration

Da der Abschnitt Schütze neben dem Abschnitt Skorpion und der Abschnitt Fische neben dem Abschnitt Widder liegt, kommt jetzt die Paarung von Jupiter und Neptun an die Reihe. Einst war das Zeichen Fische Jupiter zugeordnet, aber nach der (Neu-)Entdeckung von Neptun wurde diesem der Abschnitt Fische zugeschrieben, was sicher richtig ist. Früher lagen sich die Zeichen von Jupiter und die von Merkur stets gegenüber (Fische zu Jungfrau sowie Zwillinge zu Schütze), was jetzt zwar wegfällt, aber die alte Logik unterstreicht, dass es im Gegenschein der Götterbote stets mit dem obersten Herrn des Olymps zu tun hatte.

Auf den ersten Blick mag manchen die Paarung Jupiter/Neptun nicht so recht einleuchten, aber die Praxis bestätigt diese Verbindung und ihre Symbolik.

Jupiter stellt in erster Linie das Symbol für die Entfaltung dar, Neptun symbolisiert in erster Linie den Grundlebensinstinkt, der allen Lebewesen, also auch Pflanzen und Tieren eigen ist. Jeder Lebensinstinkt drängt nach Entfaltung, jede Entfaltung beruht auf dem Grundlebensinstinkt der Vermehrung von Art, Rasse und Bestand. Es war der Instinkt, der das Überleben ermöglichte, und nicht eine Reaktion des Verstandes! Tiere richten sich noch heute nach diesem Instinkt; denken wir nur an die Zugvögel, die im Frühling wie im Herbst zu ihren Zielen fliegen. Auch der Mensch lebte instinktiv – aber mit dem Wunsch nach Entfaltung.

Einst galt Jupiter als Herr der Pflanzenwelt, und die Pflanzen überleben ja nur auf Grund ihres Instinktes, sich nach den Himmelslichtern auszurichten. Jupiter gewährte den Pflanzen sozusagen ihre Entfaltung, gab ihnen ihren Lebenssinn. Ohne Pflanzen wäre die Erde unfruchtbar, was der frühzeitliche Mensch sehr wohl bemerkte, denn durch die Pflanzen konnte er sich ernähren. Aber wie heute noch das Tier, war auch der Mensch einst mit dem gesunden Instinkt (Neptun) ausgestattet und wusste, welche Pflanzen geniessbar und nicht giftig waren, um später sogar ihre Heilkraft zu erkennen und zu nutzen. In keinem andern Wesen auf der Erde lebt so viel Regenerationskraft wie in den Pflanzen, und es mag sein, dass gerade deswegen in uralten Texten aus Babylon Jupiter als heilende Gottheit und als Erwecker der Toten eingeschätzt wurde.

Jupiter schrieb man eine Verjüngungskraft zu; so wurde ihm «die Weisheit des Leibes» zugeordnet, die sich aber ohne guten Instinkt nicht verwirklichen lässt. Der Instinkt, der in erster Linie aufs Überleben ausgerichtet war, benötigt die Entfaltung, aber er benötigt auch Zuversicht und Vertrauen in den Lebenssinn, und dies ergibt dann – alles in allem – erst die Lebensfreude.

Beide Zeichen, Schütze wie Fische, wurden stets mit dem Glauben in Verbindung gebracht, der einerseits instinktmässig im Menschen lebt, andererseits in der Sinnsuche zum Ausdruck kommt. Beides muss zusammengeführt werden. Was nützt ein guter Instinkt, der nicht für die Entfaltung eingesetzt werden kann, was eine Entfaltungskraft, die nicht auf den Instinkt baut, der aus der Erfahrung gewachsen ist!

Die Jupiterkraft ist es, die den Instinkt in höhere Regionen führt, so dass sich daraus die Inspiration, das Ahnungsvermögen, ja die Hellsichtigkeit entwickeln können. Und das Ahnungsvermögen zeigt dann der Entfaltungskraft im Menschen, welche Möglichkeiten ihm offenstehen, wohin er streben kann, ohne in Illusionen abzugleiten. Denn Jupiter und Neptun haben etwas mit Illusionen zu tun: Jupiter, weil er zu hoch hinaus will, Neptun, weil der Mangel an Instinkt, der heute allgemein anzutreffen ist, zu Täuschungen und später zu Enttäuschungen führt. Enttäuschungen wiederum bremsen den Entfaltungsdrang vieler Menschen, die oft zu früh aufgeben, weil ihnen nicht im ersten Anlauf alles gelingt. Erst Neptun und Jupiter geben dem Streben von Mars und Pluto einen Sinn, der die Kräfte der Machtansprüche reguliert und sie damit in den allgemeinen Lebensablauf einschliesst. Wenn wir auf Instinkt und Inspiration hören und den Sinn miteinbeziehen, werden also die Grenzen des Möglichen einerseits relativiert und eingeschränkt, zugleich aber auch erweitert.

Neptun als höhere Stufe der Venus bringt auch die Liebe mit ins Spiel, denn der Instinkt weiss noch ganz genau: «Was du nicht willst, dass man dir tu, das füg auch keinem andern zu.» Jupiter dagegen, der diese Aussage real umsetzen muss, steht für Gerechtigkeit und für die höhere Ordnung des Alltags. So bilden Jupiter und Neptun eine Einheit. Sie ergänzen sich, obwohl sie scheinbar Gegensätze symbolisieren. Hier wird deutlich, dass die Planeten wie die Räder einer Uhr ineinandergreifen. Ein Rad ist nichts in einem Uhrwerk. Viele Räder setzen das Ganze erst in Bewegung. Somit sorgen alle Planeten für eine fortschreitende Entwicklung. Die Richtung der Entwicklung allerdings bestimmt jeder einzelne Mensch selbst, dafür trägt er allein die Verantwortung. Die Planeten sind nie schuld, auch wenn man das immer wieder hört.

In den Mythen waren Jupiter und Neptun als Söhne des Saturn Brüder (im griechischen Vorbild waren es Zeus und Poseidon).

Jupiter als der stärkere teilte sich selbst den Olymp, Neptun aber die Meere zu, wozu auch das Himmelsmeer, durch welches die Planeten wandelten, gehörte. So waren sich beide Brüder (der Olymp des Zeus galt als der achte Himmel) immer sehr nah, näher als alle anderen Götter-Paarungen. Zeus lag mit Poseidon auch nie so im Streit wie etwa mit seinem anderen Bruder Hades, dessen Reich er in die Erde verbannte.

Auch im astrologischen Sinn gibt es zwischen Neptun (Fische) und Jupiter (Schütze) kaum unüberbrückbare Gegensätze, obwohl die Zeichen sich im Quadrat ansehen. Sicher wird es schwieriger, wenn die Entfaltung nicht auf den Instinkt hört, oder wenn sich der Instinkt nicht zur Inspiration entfalten mag. Hier müssen die Horoskopeigner also selbst tätig werden und erkennen: nur wenn sie selbst beide Kräfte ergänzen – ob diese einen Aspekt haben oder nicht –, vermögen sie echten Gewinn aus ihnen zu ziehen.

Ein besonders schönes Beispiel für die Paarung Jupiter/Neptun, die keinen nahen Aspekt miteinander haben, bietet das Horoskopbild des Psychologen **Carl Gustav Jung.**

In seinem Radix steht Jupiter hoch oben im 9. Haus im Venuszeichen Waage, Neptun unten an der Spitze des 4. Hauses im Venuszeichen Stier. Hier haben sich Entfaltung und Instinkt bis zur hochbegabten Inspiration fabelhaft ergänzt. Es ist die Entfaltungskraft von Jupiter im eigenen Haus, also an seine Mission glaubend und mit dem Willen, den Horizont stets zu erweitern; dazu die Inspirationskraft von Neptun an der Spitze des 4. Hauses, dem Feld des Erbes, des kollektiven Unterbewusstseins und der Archetypen.

Jung, zuerst Anhänger von Freud, wandte sich von diesem ab, weil er dessen Sexualtheorie als zu einseitig erkannte, und kümmerte sich immer mehr um die Herkunft des Menschen, um das, was seit Jahrtausenden in uns lebt und bis heute nicht gestorben ist. Je mehr Jungs idealistische Entfaltung in seine grosse Aufgabe hineinwuchs, umso stärker steigerte Neptun seine Inspiration.

Jung erkannte, dass eine allgemeine seelische Energie das Wesen Mensch vorantreibe, und er war sich sicher, dass neben dem individuellen Unterbewusstsein das kollektive Unterbewusstsein den Menschen präge. Viele Vorbilder hatte Jung in dieser Richtung nicht, er baute auf seine sich entfaltende Inspiration, und er besass den Instinkt für den Menschen und seine Herkunft. So führte ihn sein Instinkt dazu, die Mythen in die analytische Psychologie einzubauen.

Jung erkannte, dass die Mythen nicht nur Göttersagen widerspiegeln, sondern dass in ihnen im übertragenen Sinn menschliche Handlungsweisen geschildert werden, aus denen der Mensch viel lernen kann. Er erkannte auch, dass in den ältesten Mythen und Märchen Urbilder ihren Ausdruck finden, die als universale Motive oder Symbole in unserer Seele leben. So gab er viel auf Träume, weil er der Ansicht war, dass sich im Schlaf – wenn der Verstand ruht – diese Mythen (in welcher Form auch immer) melden, um uns etwas von dem Erbe zu schildern, das in der Gegenwart beachtet werden sollte.

Die Urbilder in uns beeinflussen unser Handeln, unser Gefühl und unseren Verstand – und damit unser Leben. Damit kam Jung zu dem Begriff der Archetypen, einer genialen Inspiration, mit der er in der Psychologie Marksteine setzte.

Es kommt sicher hinzu, dass bei ihm auch Mond und Pluto im 4. Haus stehen, aber entscheidend war die Hellsichtigkeit, die Jung in seiner Psychologie entwickelte.

Eine weitere Inspiration war seine Entdeckung, wie wichtig in der Liebe das Problem von Anima und Animus ist. So schlug er in der bisherigen Psychologie neue Wege ein (Jupiter im 9. Haus der Horizonterweiterung), die heute noch nicht zu Ende gegangen sind.

Carl Gustav Jung

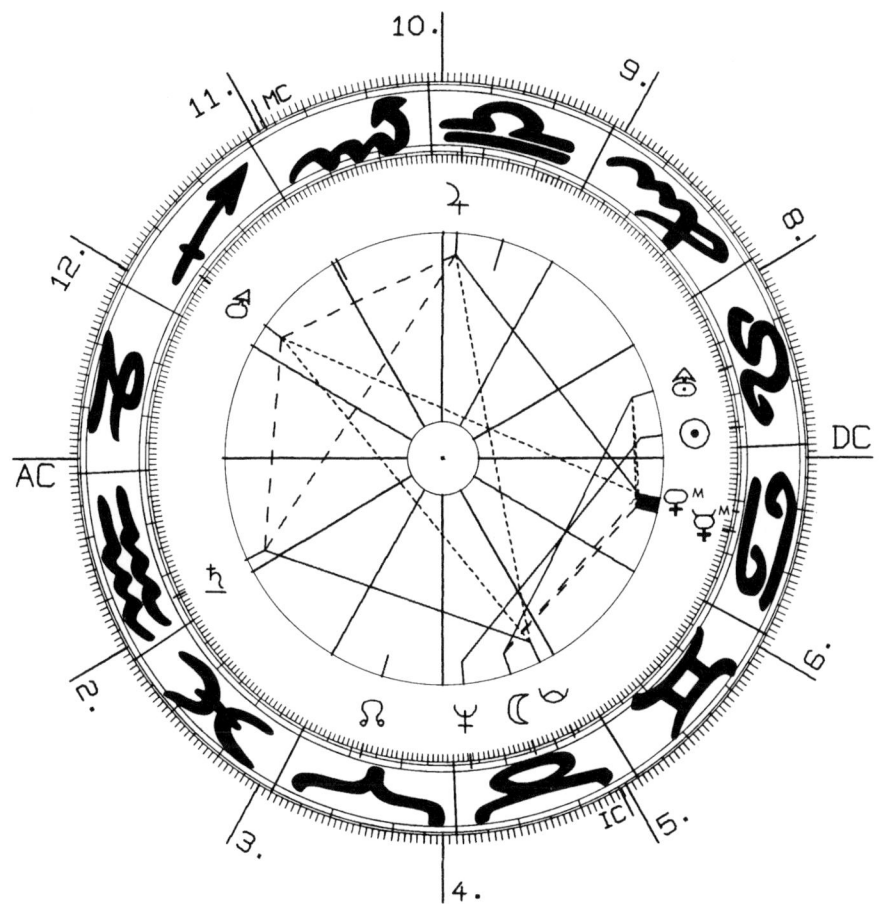

Abb. 51
26. 7. 1875, 19.20 h LT, Kesswil TG, CH

Kapitel 31
Saturn und Uranus
BEWAHRUNG UND AUFBRUCH

Die letzte Paarung ist die der Nachbarplaneten Saturn und Uranus. Der Abschnitt Steinbock folgt dem Schützezeichen, und dem Zeichen Wassermann folgt der zwölfte Abschnitt Fische.

Einst waren die Abschnitte Wassermann und Steinbock dem Saturn zugeteilt, was für das Luftzeichen Wassermann sicher nicht so glücklich war. Diese Zuteilung schien willkürlich und ein Notbehelf. Dem Hüter der Schwelle Saturn folgt der erste Transsaturnier Uranus, der den Übergang zu neuen Wegen und intuitiv neuen Erkenntnissen symbolisiert. Es mag zuerst erstaunlich wirken, dass diese beiden Planeten eine Einheit bilden sollen, dass das beharrende, bewahrende Symbol mit dem Symbol der Revolution eine Paarung ergibt. Doch gerade darauf kommt es an. Nur Bewahren und Verharren wäre letztlich Stillstand, genauso wie stetes Umstürzen und Neubeginnen nichts anderes als Chaos wäre.

Die Mythen wissen dies. Uranus – mit Gäa verbunden – war aus dem Chaos geboren worden, und sein Sohn Saturn, der die Zivilisation auf die Welt bringen sollte und wollte, musste seinen Vater entmannen, wofür ihm seine Mutter die Sichel reichte. Aus den Zeugungsorganen, die Saturn nach der rettenden Tat ins Meer warf, wurde Aphrodite/Venus geboren. Schon in den Mythen also entstand aus dem Kampf der beiden Gottheiten die Schönheit, und die Liebe wurde geboren.

Kampf gibt es auch astrologisch zwischen Uranus und Saturn, aber dadurch wächst der Fortschritt und öffnet neue Türen, ohne das Alte vorher zu vernichten. Das ist die wahre Weisheit. Die Tradition, das Konservative, das Saturn symbolisiert, muss der Boden für das Neue sein, wenn dieses Bestand haben soll. Bekanntlich gibt es ohne Tradition keinen Fortschritt.

Die Astrologen können seit Jahrhunderten ein Lied davon singen, und gerade in den letzten Jahrzehnten wurden neue Schulen gegründet, die als erste Tat das alte Wissen radikal ablehnten. Keine dieser Schule hielt länger als eine, höchstens zwei Generationen. Je älter diese Schulen wurden, umso mehr waren sie gezwungen, doch auf die Weisheit der alten Astrologie zurückzugreifen – oder sie wurden eine Sekte ohne grosse Überlebenschancen.

Analoge Beispiele gibt es auf politischen Gebiet in grosser Zahl. Man denke nur an den Zusammenbruch des Kommunismus und der Sowjetunion.

Davor kann uns die Partnerschaft von Saturn und Uranus bewahren. Uranus verhütet das Verkrusten, Saturn verhütet das Zurückfallen in ein neues Geburtschaos. Natürlich müssen beide Kräfte miteinander ringen, daran besteht kein Zweifel, und in jedem von uns leben ja diese Kräfte, die zunächst eher gegensätzlich, wenn nicht feindlich sind. Aber es ist der Mensch, der aus ihrer Feindschaft eine Freundschaft zu gestalten hat. Die esoterische Erkenntnis, dass in Feindschaften Freundschaften zu finden sind, ist hierbei unser Wegweiser, so wie wir auch gesehen haben, dass sich die eher feindlich gesinnten Elemente letztlich doch benötigen.

Das Steinerne des Saturn muss – gebrauchen wir einen grossen Ausdruck – befreit und erlöst werden, ohne dem Felsen seine Kraft zu nehmen. Die unruhige Intuition braucht eine Festigung, um die Einfälle mit der Realität in eine Bindung zu bringen.

Eine alte Ordnung, die bis heute sozusagen ewigen Bestand hatte, ist die Zeiteinteilung, die uns der Himmel gab. Zuständig für diese Zeiteinteilung war Chronos/Saturn. Sicher gab es auch hier Revolutionäre wie etwa jene, die drei Zehnerwochen schaffen wollten, um mehr Arbeits- und weniger Feiertage zu bekommen, aber alle diese Versuche endeten kläglich.

Der Julianische wie der Gregorianische Kalender bauten auf den alten Zeitgesetzen auf. Caesar lies seinen neuen Kalender erst beginnen, als der neue Mond am Himmel sichtbar wurde. So kamen wir zum Datum des 1. Januar als Jahresbeginn.

Natürlich müssen die bürgerlichen Kalender immer wieder dem fortlaufenden Sonnen- und Mondkalender angepasst werden, aber ohne die himmlischen Zeitgesetze dabei in Frage zu stellen. Der Neuerer Uranus muss hier also vorsichtig vorgehen. Saturn stand früher für die Astrologen an der Schwelle der Ewigkeit, Uranus führt uns heute über die Saturnwelt hinaus, ohne sich jedoch von Saturn lösen zu können. Kein Planet kann im Alleingang seinen Weg gehen. Andererseits darf das Neue nie abgelehnt werden, wenn es das Alte verändert, ohne es zu vernichten.

Diejenigen, die immer nach dem Neuen rufen und jetzt schon, über einhundert Jahre zu früh, alles auf das Wassermannzeitalter setzen, müssen lernen, dass alles Neue zuerst nur wenige Tore öffnet. So schnell lässt uns das Zeiterbe nicht los, so schnell gibt es (zum Glück) keine radikale und erfolgreiche Änderung.

Saturn ist der Bürge, dass wir uns nicht aus dem All-Leben lösen. Er bewahrt die Menschen, die wie Ikarus die Sonne erstürmen wollen, davor, dass sie sich ihre Flügel verbrennen und abstürzen. Uranus jedoch muss seine Intuition nicht gegen, sondern mit Saturn einsetzen, damit aus Zeitwenden keine Umstürze werden, die die Menschen und die Welt, die sie bewohnen, nicht aushalten.

Karmisch gesehen ist es Uranus, der die Seelen der Menschen mit neuen Intuitionen füllt, wenn sie am Hüter der Schwelle vorbei (also bei ihrem Tod) ins All fliegen und vor dem Beginn eines neuen Abenteuers stehen. Saturn, der auch um das Leid in diesem neuen Leben weiss, bremst Uranus, zu viele Hoffnungen in den Menschen zu erwecken, damit keine Sehnsüchte und Wünsche aufkommen, die nie erfüllt werden können. Beide Kräfte, die saturnische wie die uranische, leben in uns, und es liegt an jedem selbst, wie er diese Paarung umsetzt, wie er sie zu einer Einheit verbindet.

Ein gutes Beispiel für den richtigen Einsatz der uranischen und saturnischen Kräfte gibt das Horoskop des ehemaligen deutschen Bundespräsidenten **Gustav Heinemann.**

Uranus an der Himmelsmitte zeigt uns, wie sehr in diesem Politiker der Wunsch nach Erneuerung lebte. Sein Saturn – als zweithöchster Planet und im gleichen Zeichen – arbeitete da sein Leben lang sehr gefasst und bewahrend mit, ohne dass die beiden Planeten einen Aspekt miteinander haben.

Heinemann, seiner Herkunft gemäss eher konservativ erzogen, wurde Jurist und Volkswirtschaftler. Früh lehnte er sich gegen den Nationalsozialismus in Deutschland auf und war in führender Position in der bekennenden Kirche tätig. Nach dem Krieg wollte er die Erneuerung Deutschlands vorantreiben. Er trat der CDU bei und wurde zunächst Oberbürgermeister von Essen, dann Justizminister im Land Nordrhein-Westfalen. Aber als er merkte, dass seine Partei ihm zu rechts oder zu wenig sozial war, gründete er mit Freunden die GVP (Gesamtdeutsche Volkspartei), um später zur SPD überzutreten, wo er nun seine politische Heimat fand. Dies alles ohne grosses Aufsehen, ohne Eklat.

Heinemann wollte Veränderungen, auch als er die Notgemeinschaft für den Frieden Europas gründete, aber er war nie für Gewalt oder Revolution, und er behielt stets sein ausgeprägtes Gerechtigkeits- und Sozialgefühl. Zudem blieb er immer der gläubige Mensch und war in hohen Funktionen der Evangelischen Kirche Deutschlands (EKD) tätig. Mit seiner Wahl zum Bundespräsidenten von Deutschland 1969 war er der erste Bundespräsident der Nachkriegszeit, der Mitglied der SPD war. Das kam einer Sensation gleich! Die Wahl dieses Mannes – und das wurde überall so gesehen – läutete einen Machtwechsel in der Bundesrepublik ein, der völlig demokratisch verlief und mit Mass vollzogen wurde, obwohl er sich in der Folgezeit stark bemerkbar machen sollte.

Ab nun regierte – bis zur Wende mit Helmut Kohl – die sozialliberale Koalition; nun konnte Willy Brandt eine neue Ostpolitik in die Wege leiten.

Als 1974 die zweite Wahl anstand, verzichtete Heinemann auf seine Kandidatur. Er hatte sein Werk vollendet und ein neues Denken durchgesetzt, ohne dass irgend etwas zerstört wurde, ohne dass die junge Demokratie der Bundesrepublik irgendwelchen Schaden nahm.

Saturn wie auch Uranus stehen im 11. Haus, sind also beide sehr sozial ausgerichtet. Sie liessen diesen Politiker klug und überlegt handeln, so dass in der Bundesrepublik neue Denkanstösse geboren und durchgesetzt wurden.

Uranus in seiner Trigonverbindung zur Sonne dicht am Du-Punkt im dienenden 6. Haus zeigt den Einsatz des Ichs für die anderen. Saturn bewahrt die Werte der Ideale für die Gemeinschaft im nichtrevolutionären Sinn (rückläufig) und ist in der uranischen Seele von Heinemann (Mond im Wassermannzeichen) durch das Sextil Mond/Saturn tief verwurzelt.

Gustav Heinemann

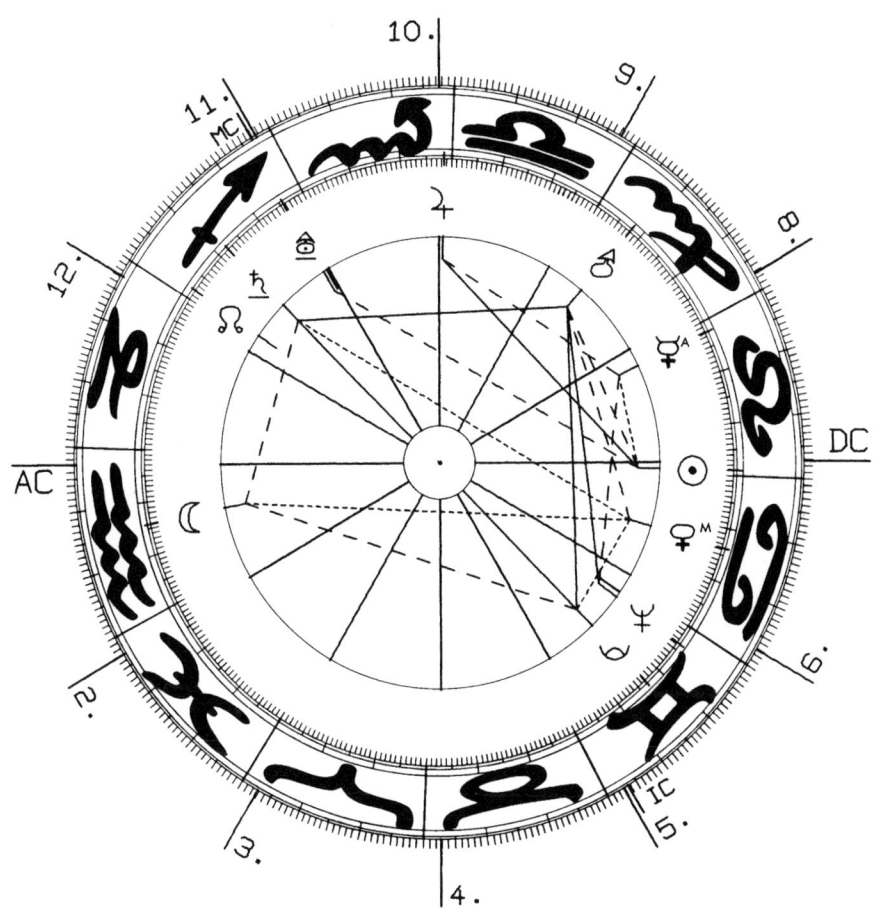

Abb. 52
23. 7. 1899, 20.30 h LT, Schwelm, D

Der vorgeburtliche Neumond

Kapitel 32
Die archetypische Aufgabe in dir

Über die Bedeutung des Neumondes ist an anderer Stelle ausführlich geschrieben worden (Mertz, *Die Lichter des Himmels geben Zeichen*). Sie hängt damit zusammen, dass der Neumond Ursache für die Einteilung des Tierkreises in zwölf Abschnitte war. Die drei Tage, in denen der Mond vom Licht der Sonne nicht erhellt, sondern verdunkelt ist, galten einst als die Zeit des Luna silens oder als das Interlunium.

Im Volksmund war es die Zeit des Schwarzmondes. Nachdem der Mond gestorben ist, und bevor er neu geboren wird, erholt er sich im Paradies der Sonne, einst auch als Garten Eden bezeichnet. Mit seinem Wiedererscheinen beginnt das Leben auf der Erde neu. Kein Wunder, dass der Neumond als der wahre neue, esoterische Impuls identifiziert wurde.

Im Altertum wurde der Mond grundsätzlich als Ourania Gaia oder die Erde des Himmels bezeichnet, und vom Vollmond hiess es, dass er das Licht über die Erde erstrahlen liesse, welches er «im Neumond empfangen» habe. Da es sich beim Neumond um eine Konjunktion von Sonne und Mond handelt, ist es sogar möglich, dass dieser Schwarzmond auch das Licht der Sonne verdunkelt. Ist die Neumondsichel wieder am Himmel zu sehen, ist dies nicht mehr möglich. So bringt der Neumond oft doppeltes Licht, das neue Licht des Mondes und der Sonne.

Das Bild des sterbenden und des neuauferstandenen Mondes, das am besten im grafischen Zeichen für die Fische zum Ausdruck kommt, wurde im Altertum als das Tor zum Jenseits und zum Diesseits betrachtet. Nichts auf Erden stirbt endgültig, wenn auch immer neue Entwicklungen geboren werden. Es ist die uralte Überzeugung, dass das Paradies, von dem wir gesprochen haben, in Wahrheit das Jenseits sei. Wenn etwas aus dem Jenseits neu oder wieder aufersteht, muss es sich verändert haben.

Im esoterischen Sinn verkörpert der Mond, wie erwähnt, die Seele, die immer wieder aufersteht, aber nicht nur die Seele des Menschen, sondern auch die Seele der Welt. Also verändert sich auch die Welt mit der Wieder- oder Neugeburt des Mondes.

Nach einer antiken Theorie beherrscht der Mond das Embryo im letzten Schwangerschaftsmonat der Mutter. Folglich wird in diesem Zeitraum der noch ungeborene Mensch im Mutterleib vom Mond geprägt. Das ungeborene Baby nimmt also bereits deutlich den Wandel der Weltenmonde in sich auf und ist so vorbereitet, in seine richtige Zeit hineingeboren zu werden. Dies gilt auch bei einer Frühgeburt, denn auch hier hält sich ja die Seele schon bereit! Von daher begreift man auch leicht, dass keine Geburt gegen den Mond erfolgen kann, wie es Goethe so wunderschön zum Ausdruck brachte.

Für Ptolemäus besass der Neumond eine ungeheure Bedeutung. Er meinte, dass ohne den Neumond eigentlich nichts über das Kommende, also auch über ein Geburtshoroskop, gesagt werden sollte.

Der Neumond prägt die Welt alle 28 bis 30 Tage, und er prägt vor der Geburt den Menschen. Um die letztere Prägung zu ersehen, ist das Neumondhoroskop auf das Radixhoroskop zu beziehen. Erst dadurch wird das Neumondhoroskop individuell. Die Stellungen der Planeten, des Aszendenten wie des Medium Coeli werden aussen im Radix eingetragen. So wird schnell klar, in welches Haus der Neumond-Aszendent, das Neumond-MC und die Planeten fallen, was sehr entscheidend ist.

Der letzte Neumond vor der Geburt kann höchstens 29 1/2 Tage vor der Geburt stattgefunden haben, und je nachdem kann das Neumondhoroskop mit der Geburt zusammenfallen (dem Autor noch nicht begegnet), was jedoch kaum minuten- und sekundengenau der Fall sein kann. Zumindest der Aszendent und das MC des Neumondes werden nicht mit denen des Radix übereinstimmen. Die Berechnung ist sehr einfach: In den meisten Ephemeriden stehen die Zeitpunkte der Neumonde in einer gesonderten Tabelle, so dass nur noch ein wenig interpoliert werden muss. Die langsamen Planeten verändern ihre Stellung in höchstens 29 Tagen so gut wie nicht, aber die individuellen Planeten teilweise sehr, und es ist wichtig, ob sie in ein anderes Haus kommen. Dann muss dieses Haus zusätzlich zu dem Haus, in dem der gleiche Planet zur Geburt stand, berücksichtigt werden. Im tiefsten archetypischen Sinn spielt dieses Haus (es handelt sich ausser beim Mond nur um Nachbarhäuser) eine nicht unwichtige Rolle. Und es ist entscheidend, in welches Haus der Neumond-Aszendent oder das Neumond-MC fallen.

Der Neumond-Aszendent zeigt eine tiefverwurzelte Lebensprobe an, das MC die tiefverwurzelte Berufung. Wir werden dies an zwei Beispielen klarzumachen versuchen. Auch lassen sich Beziehungen zu Eltern oder zu Kindern feststellen, denn die rechnerischen Punkte und die individuellen Planeten haben häufig eine Aspektbeziehung zu wichtigen Konstellationen im Horoskop der Eltern, der Grosseltern oder der Kinder.

Kapitel 33
Deutungsbeispiele

Als erstes Beispiel dient uns das Horoskop eines **Journalisten:** Neumond war rund acht Tage vor seiner Geburt (Abb. 53, übernächste Seite). Es fällt auf den ersten Blick auf, dass die starke Krebsbesetzung noch massiver wird, da nun auch der Mond diese Färbung aufweist, was auf eine noch tiefere innere Verletzbarkeit hindeutet. Sie wird verstärkt durch den Aszendenten, der zwar im Löwezeichen bleibt, aber ins 12. Haus fällt. Das Löwe-Auftreten erfolgt also doch eher zurückhaltend. Es brauchte lange Zeit, ehe sich der Horoskopeigner zu «Auftritten» durchrang, erst im letzten Drittel des Lebens gelang ihm dies.

Der Aszendent liegt ziemlich genau auf der Sonne seines Vaters, der in der Tat seine Umwelteinstellung weitgehend bestimmte; aber es war auch sein Vater, der mit ihm in der Umwelt etwas anderes vorhatte, als er selber wollte. Der Vater wünschte, dass sein Sohn Rechtsanwalt werde wie er und sein Grossvater, was aber der Sohn ablehnte. Von da an gab es einen Bruch zwischen Vater und Sohn, was sich aber später wieder legte. Das Neumond-MC fällt jedoch auf die Sonne seiner Mutter, und diese bestimmte entscheidend seine Berufungsausrichtung.

Wer den Journalisten etwas besser kannte, war oft verwundert, dass dieser sich in seinen Berufungswünschen überhaupt nicht so ruhig verhielt, wie es die Himmelsmitte im Abschnitt Stier anzeigt. Im Neumondhoroskop fällt aber das MC in den Abschnitt Widder, was ein temperamentvolles Handeln symbolisiert, wenn es um die innere Zielsetzung geht.

Wichtig ist auch, dass das Neumond-MC in das 8. Haus des Radix fällt. Im Laufe seines Lebens, in dem sich der Horoskopeigner mehrfach vom Saulus zum Paulus wandelte, kam er der Esoterik näher, die er als junger Journalist mit allen Konsequenzen abgelehnt hatte. Aber die Prägung des Neumondhoroskops war letzlich doch bestimmender und setzte sich dann recht schnell durch. Wir müssen nun die beiden Punkte der jeweiligen Himmelsmitte zueinanderfügen.

Im täglichen Leben ging der Journalist seinen inneren Zielen nach. Ferne Kulturen waren seine Sehnsucht, er beschäftigte sich sehr mit Religionen und fremden Sitten und reiste gerne. Am tiefsten bewegten ihn jedoch Esoterik und Psychosomatik, seine verborgene Hauptberufung. Dafür opferte er manche Nachtruhe. In diesem Punkt war er aufgrund der Widderfärbung recht kämpferisch, wenn auch die Stierfärbung des Radix-MC eine gewisse Diplomatie hinzufügte.

Beachtenswert ist die Wandlung Merkurs während der letzten acht Tage vor der Geburt! Im Neumondhoroskop (aussen) steht Merkur als letzter Planet in der

Ballung des 11. Hauses, Pluto am Anfang. Während der acht Tage wandelt sich Merkur vom Morgenstern, der mehr das «Journalistische» repräsentiert (er folgt der Sonne im Tierkreissinn), zum Abendstern (siehe Radix), wo er nun der Sonne davonläuft. Die Wandlung vom Alltagsdenken zu eher philosophischen Überlegungen war hier also schon programmiert.

Während der acht Tage vom Neumond zur Geburt wandelten auch noch der Mond und die Sonne an Pluto vorbei. Der Mond kam ins 2. Haus in zulaufender Konjunktion zu Saturn, dem er sich damit praktisch unterwarf. Dies weist auf eine vorwiegend ernste Lebensgestaltung und auf einen nicht gerade leichten Lebensablauf hin.

Die Sonne, die sich im Neumondhoroskop Pluto näherte, löst sich im Radix von ihm. Das Ich geht also eigene Wege und versucht, sich den Machtstrukturen der näheren Gesellschaft (11. Haus) nicht zu unterwerfen. Auch dies prägte das Leben des Journalisten und machte ihn in gewissen Dingen zum Aussenseiter.

Hier kennt also Merkur durch die letzte achttägige Prägung vor der Geburt seine beiden Seiten. Dies zeigt sich deutlich im Leben des Horoskopeigners, beispielsweise indem ihm das Schreiben (Merkur als Morgenstern) verhältnismässig schnell von der Hand geht, während die Themen, die er sich wählt, immer schwieriger zu erarbeiten werden.

Die anderen Planeten veränderten sich in den acht Tagen so gut wie gar nicht, weder in ihrer Hausposition noch in ihrer Bewegungsrichtung (direkt- oder rückläufig).

Man könnte noch die Aspekte der Neumond-Planeten zu den Radix-Planeten untersuchen, aber nach der Erfahrung lohnt sich dies nur bei gravierenden Unterschieden, etwa wenn aus einem Trigon ein Quadrat geworden ist. Die Aspekte des Mondes vom Neumondhoroskop zum Radix sollten besser nicht gewertet werden, weil sich der Mond ja praktisch vom Himmel verabschiedet und voll mit der Sonne identifiziert hat.

Die Aspekte des Neumondhoroskops sind zwar sehr wichtig für die Mundan-Astrologie, weil sie für alle auf der Welt gelten; individuell sind sie nicht so bedeutsam, es sei denn für Politiker oder andere Personen, die sich mit den politischen Abläufen der Welt beschäftigen. Nur hat dies mit esoterischer Astrologie so gut wie gar nichts zu tun.

Unser zweites Beispiel ist eine Gesamtbeurteilung, die das Neumondhoroskop und alle anderen Themen berücksichtigt, mit denen wir uns im Verlauf dieses Buches beschäftigt haben.

Friedrich Christian Samuel Hahnemann war ein recht umstrittener Mensch und ist es bis heute. Allein die Vornamen zeigen diesen Widerspruch deutlich auf (nomen est omen!). Ein Jahr vor dem siebenjährigen Krieg, den Preussen führte, geboren, wuchs Hahnemann im verarmten Sachsen auf.

Sein Vater, ein fast arbeitsloser Porzellanmaler, erwirkte für seinen Sohn eine Freistelle an der Meissner Fürstenschule. Danach wollte Hahnemann Arzt wer-

Journalist

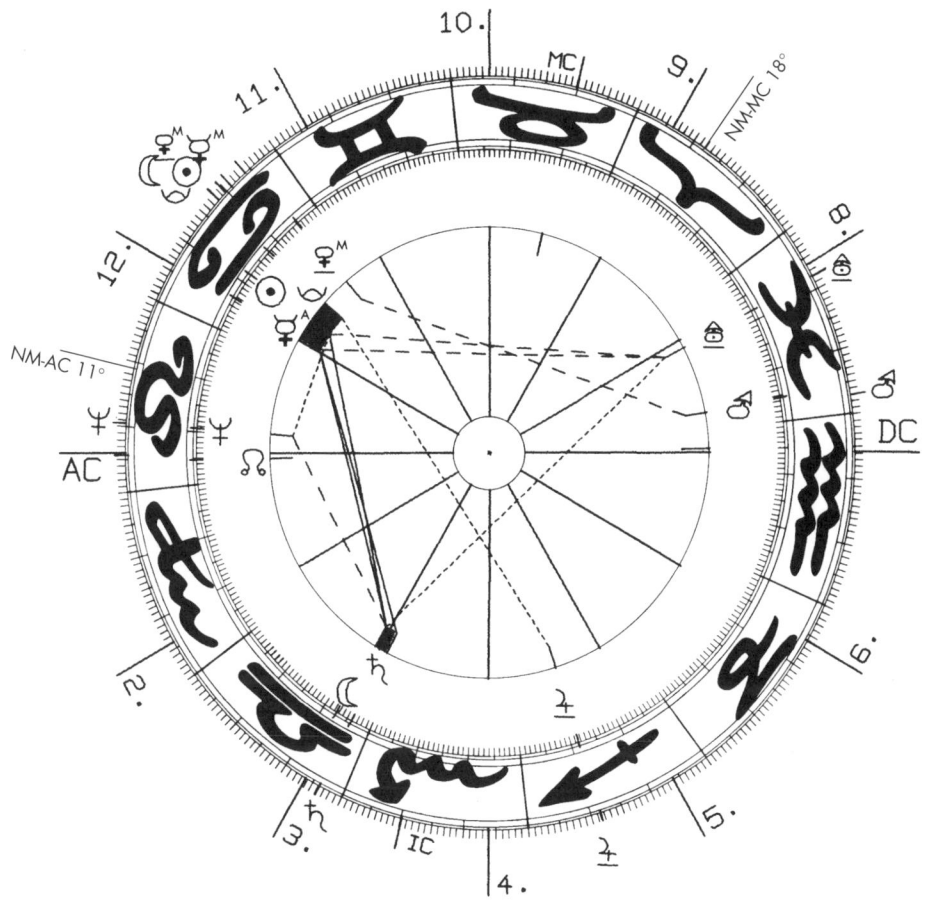

Abb. 53
10. 7. 1924, 7.25 h LT, Berlin, D
Aussen: Neumondhoroskop vor der Geburt

den. Sparsam wie er als Student war (Saturn im 2. Haus), kam er mit seinem Studium gut voran und konnte 1799 in Erlangen seine Doktorarbeit einreichen.

Aber das Leben blieb hart. Als Arzt konnte Hahnemann seine Familie nicht ernähren, so verdiente er zusätzlich Geld als Abschreiber und Übersetzer. Immerhin beherrschte er sechs Sprachen in Wort und Schrift (Besetzung des 3. Hauses). Er sprach griechisch, lateinisch, arabisch, hebräisch, englisch und französisch. Da er Übersetzungen von Fachliteratur aus diesen Sprachen ausführte, war er über die medizinische Entwicklung auf der Welt orientiert. Bei den vielen verschiedenen Ansichten, die er dabei erfuhr, kam er zu seinem ersten Wahlspruch: «Wage selbständig zu denken!» (Mars in Opposition zu Jupiter und im Quadrat zu Pluto am Aszendenten).

Als er die *Materia medica* von Cullen, einem bedeutenden schottischen Arzt, übersetzte und dort las, dass Chinarinde Malaria heile, probierte er – selbst wohl magenleidend – dieses Mittel aus. Er stellte fest, dass sich nun dieselben Krankheitssymptome einstellten wie beim Wechselfieber. Das war die Geburtsstunde der Homöopathie. Ab nun probierte er weitere Mittel an sich und seinen vielen Familienmitgliedern aus – er hatte elf Kinder – und kam so zu seiner entscheidenden Erkenntnis des Prinzips «Ähnliches wird durch Ähnliches geheilt».

Später wurde Hahnemann berühmt. Zu Wohlstand gekommen (Jupiter als höchststehender Planet), wurde er fast ein Modearzt und ging nach Paris, wo sein Ruhm noch zunahm. Er führte ein sehr unstetes Leben (Mond Konjunktion Merkur und Uranus Opposition Jupiter). Bis heute ist er bei vielen Medizinern umstritten, während andere begeistert seiner Lehre folgen.

Gerade heute, da die Esoterik wieder im Kommen ist, gewinnt auch die Homöopathie immer neue Freunde. Ärzte, die sich für Esoterik interessieren, stimmen häufig auch dem Prinzip der Homöopathie zu.

Zum Neumondhoroskop vor der Geburt: Im Radix steht die Sonne im kreativen 5. Haus (auch das Haus der Kinder!). Der Mond in Konjunktion mit Merkur geht auf eine Neumondstellung zu. Aber der letzte Neumond vor dieser Geburt war 28 Tage vorher. Hier erfolgte also eine sehr lange Neumondprägung. Die Neumondstellung vom 12.3.1755 finden wir im 4. Haus des Radix: Trotz der Unstetigkeit, die Hahnemann immer wieder auf Reisen trieb, war ihm die Familie sehr wichtig. Als seine Frau starb, heiratete er bald wieder, allerdings eine 44 Jahre jüngere Französin.

Der Neumond-Aszendent, der die Lebensprobe genauer differenziert, steht im 11. Haus, also dem Haus der sozialen Einstellung und der Freunde. (Auch Freunde mussten Experimente mitmachen.) Das Radix-MC fällt ebenfalls ins Haus 11, aber das Neumond-MC finden wir im 9. Haus des Idealismus, der Horizonterweiterung und der Reisen. Bedeutend sind im Neumondhoroskop zudem die Stellungen von Mars und Venus, die noch im Abschnitt Wassermann und im 2. Haus zu finden sind, also den vorgeprägten Selbstwert, Mut zu Experimenten und die Suche nach Neuem symbolisieren. Dieses Neue wird dann im Radix ausgeführt, wo Venus und Mars im Fischezeichen und im 3. Haus des Alltags stehen.

Samuel Hahnemann

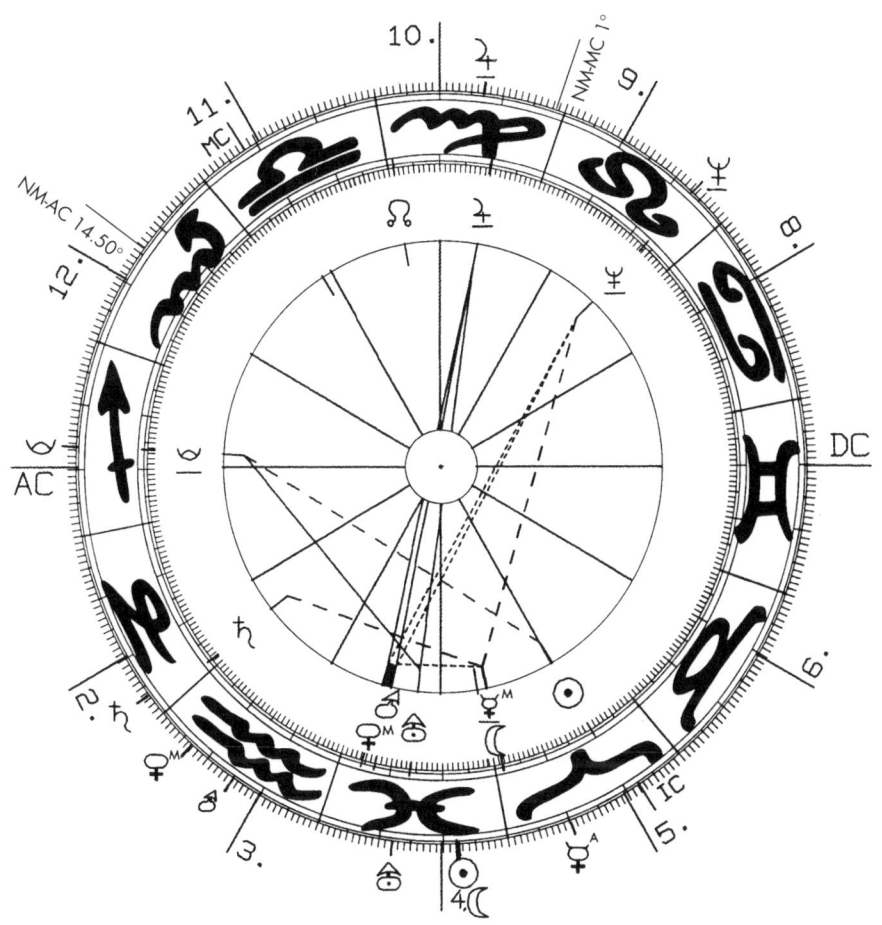

Abb. 54
10. 4. 1755, 0.10 h LT, Meissen, D
Aussen: Neumondhoroskop vor derGeburt

Entscheidend ist aber wieder einmal Merkur!

Hier wandelt sich in den 28 Tagen vor der Geburt Merkur vom Abendstern im Neumondhoroskop zum Morgenstern im Radixbild. Die Aufgabe lautet also, das tiefe Wissen, das in diesem Mann lebt, praktisch und im Alltag umzusetzen.

Im Neumondhoroskop steht Merkur noch weit vom Mond entfernt, aber im Radix hat er mit dem Mond eine sehr nahe Konjunktion und folgt mit ihm der Sonne. Sonne und Mond (Neumond) stehen an der Spitze des 4. Hauses, das sich mit dem weiterlebenden archetypischen Erbe beschäftigt. So hatte Hahnemann die Aufgabe, nach innen zu horchen und altes, vergessenes Erbe auszugraben und ans Licht zu bringen.

Die Homöopathie ist ja nicht 1789 (das Jahr des ersten Selbstversuches) entdeckt worden, sondern sie ist uralt. Schon Hippokrates (etwa 460 bis 375 v. Chr.) hatte die Ähnlichkeitsregel formuliert.

Ein anderes Erbe wird uns aus Afrika berichtet. Um ihre Herden gegen die Pleuropneumonie (kombinierte Lungen- und Rippenfellentzündung) zu schützen, ritzten die Volksstämme die Häute der noch gesunden Tiere mit Dolchen auf, die sie vorher in die Lungen der kranken Tiere getaucht hatten. Sie wandten also dasselbe Prinzip an. Ebenso tat es Paracelsus, der sich auf den «inneren Arzt» berief und hinsichtlich der Dosis von Heilmitteln den Grundsatz «Arznei oder Gift» aufstellte. Hahnemann, der alle griechischen und lateinischen Werke kannte, wusste davon, und so grub er ein altes Erbe wieder aus, gemäss der Aufgabe, die ihm das Neumondhoroskop gestellt hatte.

Hahnemann hatte eine Seele, die bereit war, sich zu opfern, was er ja auch die längste Zeit seines Lebens tat. Ob er allerdings bereit war, dies auch noch im Alter zu tun, ist höchst zweifelhaft, denn als Arzt der Schickeria in Paris wollte er wohl eher Versäumtes (Reichtum und Anerkennung sowie die Genüsse des Lebens) nachholen. Aus dieser Zeit sind jedenfalls keine grundlegenden neuen Erkenntnisse bekannt. Sein Mond steht mit Merkur an der ersten Mondstation, was eine starke, feurig gefärbte Kraft der Seele symbolisiert.

Wir erkennen eine junge Seele, die das Alte sucht und findet, zumal sie mit Merkur als Symbol des Denkens und Handelns äusserst nah verbunden ist. Handeln und Seele bilden eine Einheit. Da auch das Sein dieses Arztes (die Sonne) vom Zeichen Widder gefärbt ist, können wir sagen, dass dieser Horoskopeigner mit einer bewegenden Feuerkraft daranging, seine Probleme zu lösen. Die Sonne benötigt keine Maske, wenn sich auch das «Ich» mit Pluto am Aszendent nicht so ganz klar über die eigenen Machtansprüche gewesen sein dürfte. Diese Ansprüche lebte er erst am Ende des Lebens, dann aber um so intensiver aus.

Die Mondknotenachse lässt uns esoterisch einen starken Drang nach Ausdehnung in die Aussenwelt erkennen, der aber in der Familie und im eigenen Heim verwurzelt ist. Diese Mondknotensymbolik hat Hahnemann beispielhaft verwirklicht.

Wenn wir daran denken, dass wir die Seele eines Menschen im Mond finden, den Geist in der Sonne und den Körper in der Mondknotenachse, dann können wir hier fast von einer Einheit sprechen, wobei die Mondknotenachse vom Jungfrau- zum Fischezeichen das Feuer etwas dämpft und die Realität nicht ausser acht lässt. Hier hat das schwere Schicksal Hahnemann begünstigt, denn ohne dieses wäre er vielleicht nie so enorm fleissig, tätig und zu Opfern bereit gewesen. Aber die Einheit des absteigenden Mondknotens mit Mond sowie Merkur im selben Haus ist schon bemerkenswert.

Venus als Morgenstern ist auf tätige Liebe ausgerichtet, die Hahnemann als praktischer Arzt zum Ausdruck brachte. In sehr naher Verbindung zu Mars zeigt sie zudem opferbereite Liebe – nicht nur zur Partnerin – an, die einem helfenden Menschen gut ansteht. Wenn sich die Antriebskraft auch einer dienenden Aufgabe unterzieht, was bei der Fischefärbung wahrscheinlich ist, werden doch die eigene Liebessehnsucht, das Verlangen nach Zärtlichkeit und die Sehnsucht nach Gefühlserfüllung oft mit den Aufgaben eines Arztes im Konflikt gestanden haben. Aber diese Konstellation visiert eine Heilkraft an.

Beides konnte Hahnemann wohl recht gut vereinen. Seine elf Kinder sprechen da für den persönlichen Bereich eine deutliche Sprache. Hier wurde der gebändigte Mars sicher zum grossen Selbsterzieher, der keiner Sinnaufgabe im Wege stand. Die Opposition von Jupiter zu Venus/Mars – und hier beziehen wir Uranus gleich ein – zeigt dies. Doch sie zeigt (wie alle Oppositionen) zugleich, dass der Weg zu diesem Ziel kein leichter ist, zumal Jupiter in der Erdfärbung des Jungfrauabschnittes auch noch rückläufig ist.

Dieser Horoskopeigner hat also einen langen, beschwerlichen Weg vor sich. Hält er durch, erreicht er seine hochgesteckten Ziele.

Die Schatzkammer (Jupiter) leuchtete zur Zeit der Geburt ganz oben am Mitternachtshimmel bis zum frühen Morgen. Dieses Symbol bedeutete einst: Ein grosser Mensch ist geboren! Nun wurden sicher viele Menschen um diese Zeit geboren. Doch wer von ihnen hatte so ausgeprägte Gaben vom Erbe her, wer hatte Pluto am Aszendenten und die Sonne an der Spitze des 5. Hauses?

Der tiefe Sinn dieser Jupiterstellung heisst: Wachse über dich hinaus, glaube an deine Ziele, aber verliere nie den Boden unter den Füssen. Ernte, was andere gesät haben (Jungfrau), und lass dich nicht von langen Wegen in die Knie zwingen!

Dazu bedarf es einer Strenge gegen sich selbst und der beständigen Prüfung des eigenen Selbstwertes, wie es Saturn im 2. Haus hier anzeigt. Hahnemann machte Saturn zu seinem Freund, weil er wohl früh spürte, dass Plage einen Sinn hat. Saturn bringt hier den Glauben an sich selbst, Kraft zur Reife und Mut zur Konsequenz, und dies stärkt – nach mancher Verzweiflung – den inneren Selbstwert.

Dazu kommt Uranus als Symbol des Ausbruchs aus dem Alltäglichen. Hahnemanns Intuition ging wirklich neue Wege, das ist astrologisch aus der Uranus/Jupiter-Verbindung zu ersehen. Doch das Quadrat zu Pluto zeigt auch, wie kämpferisch, ja fast skrupellos dieser Mann mit seinem ihm gar nicht so bewussten Machtanspruch umging.

Neptun nun signalisiert uns sichtbar die Inspiration, die sich im 8. Haus intensiv mit den Grundfragen des Lebens auseinandersetzt.

Viele schwer erkrankte Menschen machen sich diese Gedanken, aber Hahnemann wurde seiner Inspirationsaufgabe gerecht und kam über das Studium vieler alter Schriften zu der Erkenntnis, helfen zu müssen, um die oft nachhaltigen Folgen einer Krankheit abzuwenden. Er wuchs zunächst über seine animalischen Instinktwünsche hoch hinaus, aber am Ende des Lebens holten ihn diese Wünsche dann doch ein (Quincunxverbindung von Neptun zu Venus und Mars). Bis dahin war aus der Tiefe die Inspiration, die höhere Liebe zum Klingen gekommen.

Auffallend ist die Besetzung der Missionsachse (Haus 3 zu Haus 9), die einwandfrei das Horoskop beherrscht und das gesamte Leben Hahnemanns und seine Handlungsweisen bestimmte. Bei den Aspekten ragen die saturnischen Oppositionen heraus, aber auch die zwei Jupiter-Aspekte, die Trigone, die vom bewussten Ich (Sonne zu Pluto) und vom seelischen Ich (Mond zu Neptun) ausgehen. Solche Entfaltungschancen wollen genutzt werden – und sie wurden genutzt.

Streifen wir noch kurz die Planetenpartnerschaften. Wir haben schon festgestellt, dass Sonne und Mond eine gute Einheit bilden; auch die Problematik von Merkur mit seinem Wandel vom Abend- zum Morgenstern kurz vor der Geburt wurde genannt. Venus musste sich mit der «himmlischen» Liebe auseinandersetzen, was Hahnemann als Arzt besser gelang als in seinem privaten Leben. Bei Mars und Pluto wird es interessant.

Mars im 3. Haus in Verbindung mit Venus zeigt den Antrieb, im Alltag, in der täglichen Patientenbehandlung, mit Liebe zu helfen. Die Verbindung zu Neptun im 8. Haus begünstigt dies natürlich eminent, da Mars im Abschnitt Fische steht.

Doch Pluto steht nah am Aszendenten im 12. Haus und ist rückläufig! Pluto am Aszendenten zeigt stets den unbewussten Ich-Trieb, der Umwelt gegenüber seine Macht einzusetzen. So kann man schliessen, dass bei aller Hilfsbereitschaft doch ein Machtanspruch des Ichs vorhanden ist.

Das trifft übrigens für manche Heilenden zu, die Bewunderung und Gläubigkeit von ihren Patienten erwarten. Wenn von der Macht der «Götter in Weiss» gesprochen wird, ist dies deutlich genug. Wie viele Frauen und Männer streben, ohne dass sie sich dieser Tatsache bewusst sind, deswegen in die Heilberufe!

Selbstverständlich gilt das auch für andere Berufe, oft sogar für Astrologen. Hier kann die esoterische Astrologie manche Bewusstseinslücke erhellen.

Entscheidend ist in diesem Horoskop die Jupiter/Neptun-Paarung. Die ideelle und doch reale Entfaltung von Jupiter kam Hahnemanns Inspiration, sich mit Kranken zu beschäftigen, die oft schon dem Tod ins Auge sahen, sehr zugute. Sein Eintreten für den «inneren Arzt» war wesentlich für seine Entwicklung, der er voller Glauben und Nachdruck folgte. Dieses Zusammenspiel zwischen der feurigen Inspiration und der erdigen Entfaltung gab manchen Samen die Kraft, sich zur fruchtbaren, starken Pflanze zu entwickeln. Jupiter und Neptun sind beide «höchststehend» und führten Dr. Hahnemann weit über das übliche Niveau hinaus.

Bestimmt glich dies manche Mars/Pluto-Anfälligkeit aus. Dazu trugen auch die Inspirations-Aspekte von Neptun zu Mars und Venus bei, zusammen mit dem

Entfaltungs-Aspekt von Neptun zu Mond und Merkur. Hahnemann hatte nach seinem ersten Experiment mit der Chinarinde zu einer Hellsichtigkeit gefunden, von der er sich von da an leiten liess.

Bleibt noch die Paarung Saturn und Uranus.

Erst die Treue sich selbst gegenüber und der feste Glaube an den eigenen Selbstwert liessen Hahnemann den schwierigen Alltag bestehen. Es ist erstaunlich, mit welcher Zähigkeit und Beharrlichkeit er Sprachen lernte, und er hatte sich ja nicht gerade die leichtesten, sondern eher saturnische Sprachen gewählt. Sich in schwierigen Zeiten treu zu bleiben, ist eine Meisterleistung. Und das Geschenk dafür ist es, beflügelt zu werden. Anders gesagt: Wenn wir uns von unserer Intuition leiten lassen und Neues aufgreifen, werden wir im Kern unseres Menschseins bewegt; es öffnen sich uns Türen, und wir werden an neue Schwellen herangeführt, die wir zu überschreiten haben.

Auch bei diesem Horoskop zeigt sich die Wichtigkeit der aufgelisteten Planetenpaarungen, ob sie gegenseitig einen Aspekt bilden oder nicht. Wenn wir auch bestimmte Orbes festlegen – am Himmel schauen sich immer alle Planeten an.

Ausblick

Es ist wohl deutlich geworden, dass die esoterische Astrologie die Deutungsmöglichkeiten der Astrologie ungemein zu erweitern vermag. Nicht immer ist das esoterische Wissen um die Sterndeutung wichtig und vonnöten, aber je gründlicher die Analyse sein soll und je schwerer die Probleme der Ratsuchenden sind, umso mehr muss diese Richtung eingesetzt werden.

In der esoterischen Astrologie verbirgt sich zudem uraltes kulturelles und magisches Wissen. Wir haben in den einzelnen Kapiteln das Wort «magisch» nicht mehr benutzt, aber bei der Deutung wird klar, dass hier viel magische Kraft und magischer Inhalt mit im Spiel sind. Magisch ist es, wenn einem Zusammenhänge klar werden – wie etwa bei den Planeten-Paarungen –, die vorher nicht so beachtet wurden; wenn das Wort Liebe mehr zu klingen beginnt als in der üblichen Sprache; wenn Opfer gebracht werden (wie bei Hahnemann beschrieben), die das menschliche Handeln und Verhalten gewaltig beeinflussen. Auch der Einbezug des Neumondhoroskops vor der Geburt ist im Grunde eine Handlung mit magischer Auswirkung.

Diese Art der Astrologie führt zu einer höchst individuellen Ausdeutung. «Kochbücher» oder Regelnachschlagbücher verlieren ihre Funktion. Hier geht es um die persönliche Intuition und Inspiration, die immer individuell sein muss, um dann doch in das allgemeine Regelwerk der Astrologie nahtlos hineinzupassen. Dies alles kann man als Magie bezeichnen, was nichts mit Zauberkraft oder übernatürlichen Vorgängen zu tun hat.

Den Autor, der seit vielen Jahren keine Grundanalyse mehr ohne das Neumondhoroskop vornimmt, hat die Öffnung für diese Deutungsmöglichkeit viele gute Schritte weitergebracht. Die meisten Ratsuchenden bestätigen dies immer wieder, und auch die esoterische Betrachtungsweise findet allgemein ein höchst positives Echo. Selbstverständlich soll jeder seinen ganz eigenwilligen und höchst individuellen Weg gehen. So liefert auch dieses Buch nur Anregungen für eine Erweiterung der Deutungsbetrachtung. Grosser Wert wurde darauf gelegt, esoterische Grundlagen nicht theoretisierend darzubieten, sondern an vielen praktischen Horoskopbeispielen zu illustrieren.

Die esoterische Betrachtungsweise entfernt sich nämlich seltsamerweise kaum von der praktischen Grunddeutung, sie erweitert jedoch das Grundwissen und weckt die analytischen Deutungskräfte. Ohne sich vom traditionellen Wissen zu entfernen, werden neue Sichtweisen erschlossen und miteinbezogen.

Der Weg ins Innere führt weit zurück ins alte in uns lebende Kulturerbe, das ans Licht geholt werden muss, um uns neue Ausblicke für die Gegenwart und Zukunft zu geben. Die alten Regeln des Hermes Trismegistos werden nun vielleicht erst für unsere heutige Zeit greifbar und praktisch umsetzbar! Das hat durchaus etwas von einer magischen Kraft an sich.

Manche Menschen – auch Astrologen – haben Angst vor dem Begriff Esoterik, der oft mit okkultem Wissen verwechselt wird, was überhaupt nicht zutrifft. Esoterik ist nichts Geheimes (Okkultes), sondern für jeden greifbar und fassbar. Esoterik ist praktisches Wissen, das, vielleicht anders als reales Wissen, mehr erarbeitet werden muss. Esoterik ist für jeden zugänglich, es bedarf keiner geheimen Einweihung oder anderer Kultspiele, wie sie so gerne in internen Zirkeln abgehalten werden.

Wer sich nur eine Tarotkarte interessiert anschaut, beschäftigt sich bereits mit Esoterik. Wer Handlinien studiert, wer sich damit auseinandersetzt, ob in Zahlen umsetzbares Wissen enthalten ist, befindet sich auf dem Weg zur Esoterik. Und wer ein Horoskop anschaut, sucht bereits den Schlüssel zur Esoterik, auch wenn er es nicht weiss.

Sicher ist heute die Esoterik ins Zwielicht geraten, aber das war immer so, wie es auch stets Witze über Esoteriker gab. Über alle Lebensgebiete soll gelacht werden, also auch über die Esoterik, die da keine Ausnahme machen darf! Leider wird heute die Aussenschau etwas überschätzt. Auch das war immer so. Die Schau nach innen, die meist auch eine Schau in die Vergangenheit in sich birgt, ist halt etwas schwieriger und muss häufig erst erlernt werden. Aber Esoterik ist keine hohe Schule, die nur in «erlesenen» Kreisen erlernt werden kann.

Esoteriker zu sein ist überhaupt nichts besonderes! Sie sind Menschen wie alle anderen auch. Sie haben die gleichen Fehler, die gleichen Anfälligkeiten, die gleichen Beschwernisse und Eitelkeiten. Sie unterliegen den gleichen Gefahren, den gleichen Verführungen, den gleichen Irrtümern.

Was sie in gewissen Verhaltensweisen unterscheidet, ist die Tatsache, dass sie vielleicht mehr als andere nach innen zu schauen versuchen und die Schuld für den Ablauf ihres Lebens erst einmal bei sich und nicht bei der Umwelt, den Eltern, den Lebenspartnern etc. suchen.

Dies alles gilt auch für das astrologische Gebiet. Die esoterische Astrologie wurde in den letzten Jahren ein wenig vernachlässigt. Denn obwohl so viel von Esoterik und esoterischer Horoskopdeutung gesprochen wird, fehlen manchmal leider die tiefen archetypischen Bezüge. Wir haben versucht, sie wieder ans Licht zu holen. Damit stehen neue Wege offen für alle, die bereit sind, sie auch zu gehen.

Literaturverzeichnis

Bücher

HAMEL, Jürgen: *Astrologie – Tochter der Astronomie,* Leipzig.
HEINRICH, Josef: *Die sanfte Art des Heilens – Homöopathie.*
KEPLER, Johannes: *Keplers Schriften,* Oldenburg/München/Berlin.
KOCH, Dr. Walter A.: *Gestaltshoroskopie,* Bietigheim.
KREUTER, P.: *Homöopathie,* Niedernhausen.
LANKES, Dr. Otto: *Das Weltbild der Astrologie,* Diessen vor München.
LUCK, Georg: *Magie und andere Geheimlehren in der Antike,* Stuttgart.
MERTZ, Bernd A.: *Schicksalspunkte im Horoskop,* Wettswil.
   ders.: *Handbuch der Astromedizin,* Genf.
   ders.: *Das Grundwissen der Astrologie,* Genf.
   ders.: *Grundlagen der klassischen Astrologie,* München.
   ders.: *Die Lichter des Himmels geben Zeichen,* Münsingen.
   ders.: *Karma in der Astrologie,* Interlaken.
   ders.: *Das Horoskop – seine Deutung und Bedeutung,* Freiburg.
PARACELSUS: *Der Himmel der Philosophen,* Nördlingen.
STRAUSS, Heinz Artur: *Die Astrologie des Johannes Kepler,* München/Berlin.
TAEGER, Hinrich: *Internationales Horoskope Lexikon, IHL,* Freiburg.
WEISS, Jean Claude: *Horoskopanalyse* Band I und II, Wettswil.

Zeitschriften

Astrolog, Zeitschrift für Astrologische Psychologie, Adliswil.
Astrologie Heute, Zeitschrift für Astrologie, Psychologie und Esoterik, Zürich.

Horoskopquellen

ADLER, Alfred: *Astrolog 29*
BACH, Johann Sebastian: *Astrolog 56*
BARDOT, Brigitte: *Astrolog 9*
BLAVATSKY, Helena: *Astrologie Heute 32*
BRAHE, Tycho de: *Astrolog 47*
CHAPLIN, Charlie: *Astrologie Heute 18*
CHARLOTTE VON MEXIKO: Hans Beer, *Neue Astrologie*
CHRISTIE, Agatha: *Taeger Horoskope Lexikon*
D'ARC, Jeanne: *Astrolog 17*
DAY, Doris: *Taeger Horoskope Lexikon*
DEAN, James, *Astrologie Heute 29*
EISENHOWER, Dwight, *Astrologie Heute 27*
FRANK, Anne: *Astrologie Heute 19*
FRANZ JOSEPH (Kaiser von Österreich): *Astrolog 38*
FREUD, Sigmund: Rodden, *American Book of Charts*
GALILEI, Galileo: *Astrologie Heute 17*
HAHNEMANN, Samuel: Bernd A. Mertz
HEINEMANN, Gustav: *Astrologie Heute 20*

HITLER, Adolf: Bernd A. Mertz
JESUS: Bernd A. Mertz
JOURNALIST: Bernd A. Mertz
JUNG, Carl Gustav: *Astrolog 8*
KÜBLER-ROSS, Elisabeth, *Astrologie Heute 31*
MARCEAU, Marcel: *Astrologie Heute 11*
MASINA, Giulietta: *Astrologie Heute 29*
MONTAND, Yves: *Astrologie Heute 33*
MOZART, Wolfgang Amadeus: *Astrolog 17*
NAPOLEON I: *Astrolog 44*
NOSTRADAMUS: Bernd A. Mertz
NOVAK, Kim: Dr. Walter A. Koch, *Gestalthoroskopie*
PAPST JOHANNES PAUL II: *Astrologie Heute 24*
USTINOV, Peter: *Astrologie Heute 30*
SCHOPENHAUER, Arthur: *Astrologie Heute 11*
SCHWARZKOPF, Norman: *Astrolog 63*
STANKOVSKI, Ernst: Bernd A. Mertz
VERDI, Giuseppe: *Astrologie Heute 15*
WALDHEIM, Kurt: *Astrologie Heute 16*
WERFEL, Franz: *Astrologie Heute 26*

Weitere Bücher der Edition Astrodata

Erhältlich in jeder Buchhandlung

Bernd A. Mertz
Schicksalspunkte im Horoskop

DIE SCHNELLDIAGNOSE
IN DER ASTROLOGIE

Format 17 x 24 cm, geb., 232 Seiten, 40 Abb., ISBN 3-907029-20-8

Bernd A. Mertz hat in diesem Buch sein ganzes Praxiswissen zusammengefasst, das auf einer jahrzehntelangen astrologischen Erfahrung fusst, und eine eigenständige Methode kreiert, die es jedem mit ein wenig Grundwissen ausgestatteten Leser erlaubt, auf praxisbezogene Weise ein Horoskop schnell und gründlich zu interpretieren. Der Autor ist dabei systematisch vorgegangen und legt das Gewicht seiner Diagnosemethode auf eine überschaubare Anzahl wichtiger Punkte – alle Nebensächlichkeiten und sekundären Techniken sind weggelassen.

Die Methode stützt sich auf acht wesentliche Kriterien, die der Autor *Schicksalspunkte* nennt; dies sind jene Elemente eines Horoskops, die sich bei jedem Menschen sehr unterschiedlich zusammensetzen und deshalb am klarsten die individuelle Persönlichkeit beschreiben: Substanzpunkt, Fortunepunkt, Aszendent, Deszendent, Himmelsmitte, Himmelstiefe, aufsteigender Mondknoten und absteigender Mondknoten. Das Buch zeichnet sich durch seine vielen anschaulichen und spannend zu lesenden Beispiele aus der astrologischen Praxis des Autors aus. In einzigartiger Weise wird das so wichtige und kraftvolle Horoskop des berühmten Astronomen und Astrologen Johannes Kepler im Verlaufe des Buches mittels des an der entsprechenden Stelle behandelten Schicksalspunktes ganzheitlich gedeutet.

Dieses System der Horoskopinterpretation fasst also gerade dort in die Tiefe, wo die sensiblen Punkte des Horoskopeigners sind, wo seine Stärken und Schwächen sich am schärfsten zeichnen – dort, wo sich die Eigenheiten dieses Menschen anhand seiner nur ihm eigenen, individuellen Kombinationen astrologischer Faktoren am deutlichsten offenbaren.

Erin Sullivan
Rückläufige Planeten

AUFBRUCH IN DIE INNERE
LANDSCHAFT

Format 17 x 24 cm, geb., 360 Seiten, 16 Horoskope, 28 Abb., ISBN 3-907029-29-1

Die Bewegungen und Zyklen der rückläufigen Planeten beruhen ausschliesslich auf der scheinbaren Bewegung der Sonne durch den Tierkreis – dieser geozentrische Ansatz kann also durchaus als egozentrisch bezeichnet werden. Dieses Buch schildert die Rückläufigkeit im System von Sonne und Planeten und gibt dem Leser die astrologischen Interpretationen für die rückläufigen Phasen der Planeten im Radixhoroskop, in der Progression und im Transit.

Dies ist das erste Buch in der Geschichte der Astrologie, das sich ausschliesslich mit Rückläufigkeit befasst. *Erin Sullivan* hat den Schleier der Mythen, der Geheimnisse und der falschen Unterstellungen vom geozentrischen Phänomen der Rückläufigkeit gerissen. Dank ihrer umfangreichen Forschung und den mannigfaltigen Erfahrungen mit Klienten konnte die Autorin alle Zyklen der rückläufigen Planeten eingehend untersuchen und in diesem Buch darstellen. In diesem richtungsweisenden Werk bezieht sie sich sowohl auf das physische Zusammenspiel zwischen den Planeten und der Sonne als auch auf die alten Quellen und Texte und vermag so ein umfassendes Bild der astrologischen Bedeutung der Rückläufigkeit zu schaffen – dies führt zu einer modernen psychologischen und mundanen Interpretationsweise.

Aus dem Inhalt:
Die Mechanik der Rückläufigkeit / Sekundärprogressionen der Planeten / Merkur, der Gott der Rückläufigkeit / Venus, die Göttin mit zwei Gesichtern / Der Zyklus der äusseren Planeten und das Syndrom der Rückläufigkeit / Rückläufige Radix-Planeten / Oscar: eine Fallgeschichte / Rückläufige Transit-Planeten / Syphilis: eine Fallgeschichte aus der Mundan-Astrologie

Weitere Bücher der Edition Astrodata
Erhältlich in jeder Buchhandlung

Melanie Reinhart
Chiron –
Heiler und Botschafter des Komos

Format 17 x 24 cm, geb., 346 Seiten, 22 Horoskope, mit Ephemeriden von 1900–2000
ISBN 3-907029-26-7

Chiron, nach den Kentauren der griechischen Mythologie benannt, wurde am 1. November 1977 von Charles T. Kowal entdeckt. Dieses für die moderne Astrologie wichtige Ereignis löste alsbald zahlreiche astrologische Forschungen aus. Die vorliegende tiefschürfende und umfassende Untersuchung von Melanie Reinhart gilt als die wichtigste auf diesem Gebiet und legt die Bedeutung und Symbolik des neu entdeckten Planeten in psychologischen und astrologischen Dimensionen dar. Chiron repräsentiert den Geist philosophischer Unabhängigkeit, ebenso aber auch das Mitgefühl und das Vertrauen in unser inneres Selbst.

Der mythologische Chiron, der verwundete Heiler, war halb Mann, halb Pferd. Dieses Buch ist voller Anekdoten aus vielen Mythologien und schliesst auch einen Überblick über die historische und religiöse Ebene ein. Das detaillierte Material über Chiron in astrologischen Häusern, Zeichen und Aspekten ist zugleich fundiert und faszinierend. Es wird jedem, der die Bedeutung dieses Planeten im Horoskop verstehen will, wertvolle Anregungen bieten. Mit seinen gründlichen Fallstudien sowie den Tabellen und Ephemeriden für das 20. Jahrhundert besitzt das Werk Pionierstatus.

Aus dem Inhalt:
Schamanismus: die Wurzeln / Chiron in der griechischen Mythologie / Der verletzte Heiler heute / Die weibliche Reise / Chiron-Themen / Die Frage der Herrschaft / Chiron in Zeichen und Häusern / Chiron im Aspekt zu anderen Planeten / Kairos: Chirons Transite / Chiron im Kontext: eine Lebensgeschichte / Der Zeitgeist / Astronomische Informationen / Chiron-Ephemeriden der Jahre von 1900 – 2000

Jane Ridder Patrick
Praktische Astro-Medizin

Entsprechungen zwischen Kosmos, Körper und Seele
Mit einem Vorwort von Charles Harvey

Format 17 x 24 cm, geb., 189 Seiten, 15 Abb., ISBN 3-907029-24-0

Mehr denn je werden sich die Menschen heute bewusst, dass ihre Gesundheit von einer harmonischen Integration in ihre Umwelt abhängt, von einem freudvollen Gleichgewicht zwischen Bewusstsein, Körper und Seele. Wenn wir dieses Gleichgewicht erreichen, erzeugen wir einen Zustand des Wohlbefindens – ein Ungleichgewicht kann hingegen zu Krankheit führen. Die medizinische Astrologie benutzt das Geburtshoroskop, um die Stärken und Schwächen eines Menschen in den drei Bereichen Kosmos, Körper und Seele – die sein Dasein bestimmen – zu untersuchen. Dieser Zweig der Astrologie bietet somit eine wertvolle Hilfe bei der Diagnose von Krankheiten, und dies gleichermassen in der Schulmedizin wie auch bei ganzheitlichen Heilverfahren. Immer öfters greifen Therapeuten zum Horoskop, um ihren Patienten zu helfen. Die weit gespannte Thematik dieses Buches fasst die Arbeit der wichtigsten Pioniere auf dem Gebiet der medizinischen Astrologie zusammen und bringt sie auf den neuesten Stand.

Jane Ridder-Patrick kann als Apothekerin, Naturärztin und Astrologin aus ihrer wertvollen praktischen Erfahrung schöpfen. Sie legt Wert auf die Feststellung, dass die medizinische Astrologie ein ideales Mittel ist, um den einzelnen zu ermuntern, die Verantwortung für seine Gesundheit selbst zu übernehmen.

Aus dem Inhalt:

Das Krankheitshoroskop / Der Hintergrund der medizinischen Astrologie / Prädispositionen für Krankheiten / Anleitung zur Horoskopanalyse / Kritische Gradbereiche / Die therapeutische Situation / Materia Medica

Weitere Bücher der Edition Astrodata

Erhältlich in jeder Buchhandlung

Pauline Stone
Partnerschaft, Astrologie und Karma
WIE MAN BEZIEHUNGEN VERSTEHEN, TRANSFORMIEREN
UND HEILEN KANN

Format 17 x 24 cm, geb., 192 Seiten, 3 Abb., ISBN 3-907029-23-2

Nach vieljähriger Erfahrung als astrologische Beraterin hat die Autorin Pauline Stone ein einzigartiges Verständnis für die karmischen Muster entwickelt, die den meisten wichtigen Partnerschaftsproblemen zugrundeliegen. In diesem Buch vermittelt sie anhand realer Fallstudien ihre Einsichten in die Dynamik karmischer Beziehungen und zeigt auf, wie wir schmerzliche zwischenmenschliche Konflikte mit Hilfe der heilenden Energien der äusseren Planeten lösen können.

Im weiteren wird die Korrelation zwischen den astrologischen Transiten und Beziehungskrisen aufgezeigt, sodann die karmische Bedeutung aller Partneraspekte der äusseren Planeten geschildert. Auf diese Weise vermittelt sie eine detaillierte Analyse der Herausforderungen, die in Liebesbeziehungen, aber auch im Verhältnis Eltern–Kind immer wieder auftauchen.

Im letzten Kapitel widmet sich Pauline Stone einer der interessantesten und aufsehenerregendsten Beziehungen der letzten fünfzig Jahre, nämlich jener zwischen John Lennon und Yoko Ono. In einer einfühlsamen Analyse der karmischen Themen in deren Horoskopen legt sie die tieferen Schichten dieser eindrücklichen Partnerschaft dar.

Aus dem Inhalt:
Karmische Partneraspekte / Die Rolle der Planeten in persönlichen Beziehungen / Jupiter, Karma und Partneraspekte / Die Planeten Saturn, Uranus, Neptun und Pluto in karmischen Partneraspekten / Die Transite der äusseren Planeten und persönliche Beziehungen / Die Ballade von John Lennon und Yoko Ono

Judy Hall
Die karmische Reise
GEBURTSHOROSKOP, KARMA
UND REINKARNATION

Format 17 x 24 cm, geb., 320 Seiten, zahlr. Horoskope und Abb., ISBN 3-907029-22-4

Warum sind wir hier und was können wir aus unseren Erfahrungen lernen? – Die karmische Astrologie geht davon aus, dass wir ewige, spirituelle Wesen sind, geprägt von den Mustern früherer Leben, die zusammen mit den Aufgaben für dieses Leben im Geburtshoroskop identifiziert werden können. Judy Halls Forschungsreise in diesen Grenzbereich geht von der Prämisse aus, dass die Seele für ihre Geburt einen Zeitpunkt wählt, dessen astrologische Färbung zu den Erfahrungen passt, welche die Seele im augenblicklichen Wachstumsstadium braucht. So schenkt die karmische Astrologie dem Verständnis der inneren Prozesse des Lebens eine neue Dimension, indem sie uns Bewusstheit über die in der Vergangenheit angelegten Beziehungen von Ursache und Wirkung verschafft, unsere spirituelle Wahrnehmung vertieft und uns mit einer grösseren Realität in Verbindung bringt.

Die Autorin zeigt anhand einer Reihe von Fallbeispielen, wie das Horoskop eines Menschen das Karma reflektieren kann, das er aus früheren Inkarnationen mitbringt, und schlägt verschiedene therapeutische Ansätze für die jetzige Inkarnation vor.

Aus dem Inhalt:

Durch den Tod zur Wiedergeburt / Die karmischen Häuser und Aspekte / Die Mondknoten in den Zeichen und Häusern / Mord, Gewalt und die Konflikte der Mondknoten / Chiron: Die Wunde der Seele / Chiron in Aspekten und Häusern / Karma und Gesundheit / Sexuelle Störungen / Sexuelle Identität / Aids / Totgeburten und Selbstmord / Vererbung und Erziehung / Karma mit Eltern und Familie / Karma in Beziehungen

Weitere Bücher der Edition Astrodata
Erhältlich in jeder Buchhandlung

Michael Harding / Charles Harvey
Die Feinanalyse des Horoskops
DAS ARBEITEN MIT HARMONICS, SCHNITTPUNKTEN
UND ASTRO∗CARTO∗GRAPHY

Format 17 x 24 cm, geb., ca. 400 Seiten, zahlr. Abb., ISBN 3-907029-21-6

Dieses Buch – in der englischen Version bereits ein Bestseller – stellt einige Techniken vor, die es erlauben, ein Horoskop bis in die feinsten Ziselierungen treffend zu interpretieren. – Während die altbekannte Methode der *Halbsummen* (Schnittpunkte) in einem zeitgemässen Geist vorgestellt wird, sind die beiden anderen besprochenen Techniken für den deutschsprachigen Leser weitgehend neu: Die *Harmonic*-Analyse des Horoskops zeigt, nach welcher Zahlensymbolik der Horoskopeigner vibriert und offenbart so beispielsweise, welche unterschwellige Sinnsuche in den Konstellationen eines Horoskops verschlüsselt liegt. Die *Astro∗Carto∗Graphy* dagegen deckt auf, warum der Betreffende an gewissen Orten der Erde ganz bestimmte Erfahrungen macht.

Anhand vieler Beispiele wird der Leser in die Anwendung und Bedeutung dieser Techniken eingeführt. Die Autoren erläutern historische Ereignisse und bieten verblüffende Einsichten in das Leben zahlreicher bekannter Persönlichkeiten, unter anderen C. G. Jung, Mao, die Fitzgeralds, Thatcher, Joyce und Schweitzer.

Nach Ansicht der Autoren helfen uns diese neuen Techniken, einen Schritt hin «zur nächsten grossen Revolution des menschlichen Bewusstseins» zu tun.

Aus dem Inhalt:
Die Berechnung der Halbsummen / Die innere Ehe: die Halbsumme von Sonne und Mond / Transite / Halbsummen in der Mundan-Astrologie / Einführung in die Harmonics / Bewusstsein: Die Zahl Fünf und das fünfte Harmonic, usw. / Die Benutzung der Harmonics

Nicholas Campion
Das Buch der Welthoroskope
ALLE WICHTIGEN DATEN UND QUELLEN ZU LÄNDERN, NATIONEN
UND WELTPOLITISCHEN EREIGNISSEN

Format 17 x 24 cm, geb., 660 Seiten, 364 Horoskope, ISBN 3-907029-19-4

In diesem umfassenden Band sind die Horoskope praktisch aller Länder und Nationen der Erde abgebildet, ebenso jene von wichtigen wirtschaftlichen und politischen Ereignissen (wie beispielsweise der Gründung der New Yorker Börse, der Wahl Gorbatschows oder der ersten Mondlandung). Wenn man sich vor Augen hält, wie wechselvoll und dramatisch die Entstehungsgeschichte vieler Länder ist und wie schwierig die Recherche wichtiger Ereignisdaten, so kann man sich denken, dass das vorliegende Werk erst nach jahrzehntelanger Forschung abgeschlossen werden konnte.

Nun sind Horoskope nur dann nützlich und als Arbeitsinstrument zu gebrauchen, wenn sie auf genauen Zahlen fussen. Nicholas Campion arbeitete mit Fachkollegen in der ganzen Welt zusammen, um die zuverlässigsten Daten und Quellen ausfindig zu machen. In diesem Buch beschreibt er in jeweils prägnanten Texten die historische Entwicklung bei der Entstehung eines Staates, einer Nation oder eines politischen Ereignisses und dokumentiert seine Ausführungen mit einem reichhaltigen Quellenmaterial. Wo es notwendig ist, werden verschiedene Horoskopvarianten vorgestellt und erläutert, was sie unterscheidet und welche Version allenfalls zu bevorzugen ist.

Ausserdem in diesem Buch:
Horoskope von Städten – Erd-Zodiaks: die astrologischen Herrschaftsbeziehungen – Horoskope von Wirtschaftsorganisationen – Horoskope des Atomzeitalters – Horoskope von militärischen Organisationen – Die Ära der Luftfahrt und des bemannten Raumfluges – Die biblische Schöpfung – Die Entstehung der Welt – Das Wassermann-Zeitalter

Weitere Bücher der Edition Astrodata

Erhältlich in jeder Buchhandlung

Johan Hjelmborg / Louise Kirsebom

Zeichen und Planeten in der Hand

HANDLESEN
UND ASTROLOGIE

Format 17 x 24 cm, geb., 308 Seiten, 180 Abb., ISBN 3-907029-18-6

Das Handlesen ist eine traditionelle und bewährte Technik, um Anlagen und Möglichkeiten eines Menschen zu erkennen. Dieses Buch bietet eine aussergewöhnliche Auseinandersetzung mit dem Thema Handlesen. Aussergewöhnlich deshalb, weil die beiden Autoren sich nicht auf eine sterile Aufzählung der bekannten Zuordnungen der einzelnen Hand-Zeichen beschränken, sondern voll aus ihrem reichhaltigen Schatz an praktischer Erfahrung schöpfen – beeinflusst von der indischen Handlesekunst werden hier die Symbole sehr konkret und auf direkte Art interpretiert. Unzählige Handanalysen haben ausserdem dazu beigetragen, dass die beiden Autoren viele bis anhin nicht klassifizierte Handlinien zuordnen und mit Namen versehen konnten. Die Zeitmessung an der Lebenslinie und jene an der Längsachse werden hier wie kaum anderswo sehr ausführlich dargestellt und anhand praktischer Beispiele erläutert. Diese Methode ist mit der astrologischen Progressionstechnik vergleichbar und erlaubt es, die wichtigen Momente im Leben eines Menschen zu erkennen, in denen sich das Potential seiner Möglichkeiten zur Reifung entfalten kann.

Aus dem Inhalt:

Die Handtypen / Die Linien / Die Zeitmessung an der Lebenslinie und an der Längsachse / Die Sperrungen / Botschaften der Finger / Fingerringe erzählen / Die Nägel / Die Papillarleisten / Das Spiel der Götter und Planeten / Stichworte zu den sieben Chakren / Das Männliche und das Weibliche / Die Form der Handkante / Die Form der Handbasis / In der Tiefe des Nachtbogens / Die rechte Hand von C. G. Jung

J. Claude Weiss/Verena Bachmann

Pluto –
Das Erotische und Dämonische

Format 17 x 24 cm, geb., 256 Seiten, 43 Abb.
ISBN 3-907029-05-4

Der 1930 entdeckte Planet Pluto beginnt erst heute seinen Schleier zu lüften und uns allmählich verständlich zu werden. Die «Stirb-und-Werde»-Prozesse, die er aktiviert, konfrontieren uns mit den verschiedensten Tabus, insbesondere mit Themen wie Sexualität und Macht.

Das Werk ist aufgeteilt in einen theoretischen Teil und einen praktischen Teil. Im theoretischen Teil wird der Bezug Plutos zur Mythologie, zum kollektiven Unbewussten und zu Themen der Menschheitsgeschichte hergestellt, um dann auf individuelle, häufig schicksalsprägende Entsprechungen einzugehen. Im praktischen Teil erfährt der Leser anhand konkreter Beispiele, auf welche Art die plutonische Energie so umgepolt werden kann, dass sie nicht als Blockierung, sondern als Befreiung zum Ausdruck kommt.

So richtet sich dieses Buch an jene, die neben den hellen auch die dunkelsten Bereiche ihrer Psyche zu verstehen suchen. Ebenso wird es den am Weltgeschehen interessierten Leser faszinieren, indem es aufzeigt, dass im Atomzeitalter (Pluto) die Zerstörung des Feindes mit der eigenen Zerstörung gekoppelt ist.

Die zweite Auflage ist um das Kapitel «Pluto im Schützen» erweitert; das Kapitel «Pluto im Skorpion» wurde aktualisiert.

Aus dem Inhalt:

Pluto: Die Magie der eigenen oder der fremden Macht / Mythologie / Die Entdeckung des Pluto / Die Masken Plutos im Alltag / Plutothemen in der Beratungssituation und in Therapie und Prozessarbeit / Sexualität / Pluto-Transite / Weltgeschehen: Pluto in den Zeichen Widder bis Schütze

Weitere Bücher der Edition Astrodata
Erhältlich in jeder Buchhandlung

J. Claude Weiss
Astrologie – Eine Wissenschaft von Raum und Zeit
Format 17 x 24 cm, geb., 200 Seiten, 24 Abb., ISBN 3-907029-03-8

Thomas Schäfer
Bildersprache Astrologie
Format 17 x 24 cm, geb., 172 Seiten, 5 Abb., ISBN 3-907029-17-8

Joëlle de Gravelaine
Lilith – Der Schwarze Mond
Die Grosse Göttin im Horoskop
Format 17 x 24 cm, geb., 224 Seiten, 40 Abb., ISBN 3-907029-13-5

Dane Rudhyar / Leyla Rael-Rudhyar
Der Sonne/Mond-Zyklus
Ein Schlüssel zum Verständnis der Persönlichkeit
Format 17 x 24 cm, geb., 192 Seiten, 25 Abb., ISBN 3-907029-06-2

Johan Hjelmborg / Louise Kirsebom
Augenblicksastrologie
Partituren und Spiele der Planeten
Format 17 x 24 cm, geb., 204 Seiten, 75 Abb., ISBN 3-907029-04-6

Eve Jackson
Jupiter – Der alte Wohltäter in einem neuen Licht
Format 17 x 24 cm, geb., 184 Seiten, 31 Abb., ISBN 3-907029-07-0

Hermann Meyer
Befreiung vom Schicksalszwang
Astropsychotherapie
Format 17 x 24 cm, geb., 208 Seiten, ISBN 3-907029-01-1

Martin Freeman
Astrologische Prognosemethoden
Format 17 x 24 cm, geb., 152 Seiten, 10 Abb., ISBN 3-907029-02-X

Baigent/Campion/Harvey
Mundan-Astrologie
Handbuch der Astrologie des Weltgeschehens
Format 17 x 24 cm, geb., 456 Seiten, 98 Abb., ISBN 3-907029-12-7

Jim Lewis / Ariel Guttman
Astro∗Carto∗Graphy-Atlas
Mit Horoskopen und Biographien
Format 21 x 28 cm, brosch., 328 Seiten, 270 Abb., ISBN 3-907029-14-3

Nancy Anne Hastings
Progressionen und Transite
Ein praxisorientiertes Deutungsbuch
Format 17 x 24 cm, geb., 295 Seiten, 35 Abb., ISBN 3-907029-15-1

Dennis Elwell
Das kosmische Netzwerk
Astrologie – eine neue Wissenschaft
Format 17 x 24 cm, geb., 224 Seiten, ISBN 3-907029-08-9

H. H. Schöffler
Goethes Leben aus den Sternen
Kleines Lesebuch der Transitastrologie
Format 15 x 21 cm, kart., 208 Seiten, ca. 100 Horoskope, ISBN 3-907029-10-0

H. H. Schöffler
Mozart und die Musik der Sterne
Ein astrologischer Lebenslauf
Format 15 x 21 cm, kart., 170 Seiten, ca. 80 Horoskope, ISBN 3-907029-16-X

100 zeitgenössische Filmschauspieler und Filmschauspielerinnen
Lebensläufe und Horoskope
Format 21 x 29,7 cm, kart., 208 Seiten, 100 Horoskope
ISBN 3-907029-09-7

100 Regisseure und klassische Filmschauspieler und Filmschauspielerinnen
Lebensläufe und Horoskope
Format 21 x 29,7 cm, kart., 208 Seiten, 100 Horoskope
ISBN 3-907029-11-9

ASTROLOGIE HEUTE
Zeitschrift für Astrologie, Psychologie und Esoterik

Herausgeber: Claude Weiss

Die Zeitschrift ASTROLOGIE HEUTE erscheint seit 1986 alle zwei Monate und berichtet über alle wesentlichen Strömungen der deutschsprachigen und internationalen Astrologieszene.

Das Heft enthält im Mittelteil jeweils ein *farbiges Magazin*, in dem auf spielerische, verständliche Weise die Grundlagen der Astrologie vermittelt werden.

In der Rubrik *Astrologie im Weltgeschehen* werden anhand der mundanen Konstellationen (in bezug auf das aktuelle Weltgeschehen) die politischen und gesellschaftlichen Ereignisse astrologisch analysiert und interpretiert.

In jeder Nummer sind jeweils die Horoskope von sechs *berühmten Persönlichkeiten,* die im entsprechenden Zeitraum Geburtstag haben, farbig abgedruckt und mit einer Kurzbiographie versehen.

Weitere Rubriken: *Kalender* (astrologische Vorschau über die folgenden zwei Monate), *Praxis* (astrologische Deutungs- und Arbeitsmethodik), *Baukasten* (astrologisches Grundwissen), *Psychologie, Esoterik/ New Age, Bücherschau, Reflexe/Reflexionen.* Regelmässig werden *Interviews* mit bekannten Persönlichkeiten zu astrologischen und philosophischen Themen veröffentlicht.

Verlangen Sie eine Gratis-Probenummer bei:
ASTROLOGIE HEUTE
Postfach, CH-8047 Zürich